新编21世纪远程教育精品教材

· 经济与管理系列 ·

人身保险

主　编　戴稳胜

中国人民大学出版社
· 北京 ·

图书在版编目（CIP）数据

人身保险/戴稳胜主编．-- 北京：中国人民大学出版社，2021.1

新编21世纪远程教育精品教材．经济与管理系列

ISBN 978-7-300-28836-9

Ⅰ.①人… Ⅱ.①戴… Ⅲ.①人身保险-远程教育-教材 Ⅳ.①F840.62

中国版本图书馆CIP数据核字（2020）第254682号

新编21世纪远程教育精品教材·经济与管理系列

人身保险

主编　戴稳胜

Renshen Baoxian

出版发行	中国人民大学出版社		
社　　址	北京中关村大街31号	**邮政编码**	100080
电　　话	010－62511242（总编室）		010－62511770（质管部）
	010－82501766（邮购部）		010－62514148（门市部）
	010－62515195（发行公司）		010－62515275（盗版举报）
网　　址	http：//www.crup.com.cn		
经　　销	新华书店		
印　　刷	北京密兴印刷有限公司		
规　　格	185 mm×260 mm　16开本	**版　　次**	2021年1月第1版
印　　张	14	**印　　次**	2021年1月第1次印刷
字　　数	283 000	**定　　价**	38.00元

总序

我们正处在教育史尤其是高等教育史上的一个重大的转型期。在全球范围内，包括在我们中华大地，以校园课堂面授为特征的工业化社会的近代学校教育体制，正在向基于校园课堂面授的学校教育与基于信息通信技术的远程教育相互补充、相互整合的现代终身教育体制发展。一次性学校教育的理念已经被持续性终身学习的理念所替代。在高等教育领域，从1088年欧洲创立博洛尼亚（Bologna）大学以来，21世纪以前的各国高等教育基本是沿着精英教育的路线发展的，这也包括自19世纪末创办京师大学堂以来我国高等教育短短一百多年的发展史。然而，自20世纪下半叶起，尤其在迈进21世纪时，以多媒体计算机和互联网为主要标志的电子信息通信技术正在引发教育界的一场深刻的革命。高等教育正在从精英教育走向大众化、普及化教育，学校教育体系正在向终身教育体系和学习型社会转变。在我国，党的十六大明确了全面建设小康社会的目标之一就是构建学习型社会，即要构建由国民教育体系和终身教育体系共同组成的有中国特色的现代教育体系。

教育史上的这次革命性转型绝不仅仅是科学技术进步推动的。诚然，以电子信息通信技术为主要代表的现代科学技术的进步，为实现从校园课堂面授向开放远程学习、从近代学校教育体制向现代终身教育体制和学习型社会的转型提供了物质技术基础。但是，教育形态演变的深层次原因在于人类社会经济发展和社会生活变革的需求。恰在这次世纪之交，人类社会开始进入基于知识经济的信息社会。知识创新与传播及应用、人力资源开发与人才培养已经成为各国提高经济实力、综合国力和国际竞争力的关键和基础。而这些仅仅依靠传统的校园面授教育体制是无法满足的。此外，国际社会面临的能源、环境与生态危机，气候异常，数字鸿沟与文明冲突，对物种多样性与文化多样性的威胁等多重全球挑战，也只有依靠世界各国进一步深化教育改革与创新，促进人与自然的和谐发展才能得到解决。正因为如此，我国党和政府提出了“科教兴国”“可持续发展”“西部大开发”“缩小数字鸿沟”“人与自然和谐发展”等战略和思想。其中，对教育在经济建设中的重要战略地位和基础性、全局性、前瞻性产业的确认，对高等教育对于知识创新与传播及应用、人力资源开发与人才培养的重大意义的关注，以及对发展现代教育技术、现代远程教育和教育信息化并进而推动国民教育体系现代化，构建终身教育体系和学习型社会的决策更成为教育界和全社会的共识。

在上述教育转型与变革时期，中国人民大学一直走在我国大学的前列。中国人民大学是一所以人文、社会科学和经济管理为主，兼有信息科学、环境科学等的综合性、研究型大学。长期以来，中国人民大学充分利用自身的教育资源优势，在办好全日制高等教育的同时，一直积极开展远程教育和继续教育。中国人民大学在我国首创函授高等教育。1952年，校长吴玉章和成仿吾创办函授教育的报告得到了刘少奇的批复，并于1953年率先招生授课，为新建的共和国培养了一大批急需的专门人才。在20世纪90年代末，中国人民大学成立了网络教育学院，成为我国首批现代远程教育试点高校之一。经过短短几年的探索和发展，中国人民大学网络教育学院创建的"网上人大"品牌，被远程教育界、媒体和社会誉为网络远程教育的"人大模式"，即"面向在职成人，利用网络学习资源和虚拟学习社区，支持分布式学习和协作学习的现代远程教育模式"。成立于1955年的中国人民大学出版社是新中国建立后最早成立的大学出版社之一，是教育部指定的全国高等学校文科教材出版中心。在过去的几年中，中国人民大学出版社与中国人民大学网络教育学院合作策划、创作出版了国内第一套极富特色的"21世纪远程教育精品教材"。这些凝聚了中国人民大学、北京大学、北京师范大学等北京知名高校学者教授、教育技术专家、软件工程师、教学设计师和编辑们广博才智的精品课程系列教材，以印刷版、光盘版和网络版立体化教材的范式探索构建全新的远程学习优质教育资源，实现先进的教育教学理念与现代信息通信技术的有效结合。这些教材已经被国内其他高校和众多网络教育学院所选用。中国人民大学出版社基于"出教材学术精品，育人文社科英才"理念的努力探索及其初步成果已经得到了我国远程教育界的广泛认同，是值得肯定的。

2005年4月，我被邀请出席《中国远程教育》杂志与中国人民大学出版社联合主办的"远程教育教材的共建共享与一体化设计开发"研讨会并做主旨发言，会后受中国人民大学出版社的委托为"新编21世纪远程教育精品教材"撰写"总序"，这是我的荣幸。近几年来，我一直关注包括中国人民大学网络教育学院在内的我国高校现代远程教育试点工程。这次，更有机会全面了解和近距离接触中国人民大学出版社推出的"新编21世纪远程教育精品教材"及其编创人员。我想将我在上述研讨会上发言的主旨做进一步的发挥，并概括为若干原则作为我对包括中国人民大学出版社、中国人民大学网络教育学院在内的我国网络远程教育优质教育资源建设的期待和展望：

● 新编21世纪远程教育精品教材的教学内容要更加适应大众化高等教育面对在职成人、定位在应用型人才培养上的需要。

● 新编21世纪远程教育精品教材的教学设计要更加适应地域分散、特征多样的远程学生自主学习的需要，培养适应学习型社会的终身学习者。

● 在我国网络教学环境渐趋完善之前，印刷教材及其配套教学光盘依然是远程教材的主体，是多种媒体教材的基础和纽带，对其教学设计应该给予充分的重视。要在印刷教材的显要部位对课程教学目标和要求做明确、具体、可操作的陈述，要清晰地指导远程学生如何利用多种媒体教材进行自主学习和协作学习。

● 应组织相关人员对多种媒体的远程教材进行一体化设计和开发，要注重发挥多种媒体教材各自独特的教学功能，实现优势互补。要特别注重对学生学习活动、教学交互、学习评价及其反馈的设计和实现。

● 要将对多种媒体远程教材的创作纳入对整个远程教育课程教学系统的一体化设计和开发中去，以便使优质的教材资源在优化的教学系统、平台和环境中，在有效的教学模式、学习策略和学习支助服务的支撑下获得最佳的学习成效。

● 要充分发挥现代远程教育工程试点高校各自的学科资源优势，积极探索远程教育优质教材资源共建共享的机制和途径。

中华人民共和国教育部远程教育专家顾问
丁兴富

前言

金融业要“回归本源”和“服务实体经济”，这是习近平总书记在2017年全国金融工作会议上明确提出的要求。党的十九大报告指出，“建设现代化经济体系，必须把发展经济的着力点放在实体经济上”，要“深化金融体制改革，增强金融服务实体经济能力”。值得关注的是，中国银保监会、中国人民保险集团召开会议专题传达学习党的十九大精神时，保险监管部门和保险业龙头企业不约而同地提到，要持续加强保险对实体经济的支持和保障，回归“保险姓保”的本源。

作为保险业的一个重要分支，近几年人身保险行业在我国发展的势头良好，为保障人民群众安定的生活作出了重要贡献。保险业如何才能回归“保险姓保”的本源、如何才能保障与促进实体经济的发展，是本书的写作出发点之一。本书不追求全面介绍人身保险行业运作的各个细节，而是从需求与供给的角度，阐述人身保险在实际中的应用。这样做的目的在于：第一，帮助人身保险行业从业人员更准确地做好自身定位，真正从保险服务实体经济、满足人民群众对美好生活需求的角度去理解人身保险；第二，让一般民众能在了解人身保险基本知识的基础上，有能力按自身经济与财务状况，分析自己基于风险管理需求产生的、自己的财务实力又能支持的人身保险需求，从而能自主选择适当的人身保险产品组合。

本书力图以浅显易懂的方式，诠释人身保险及相关产品的主要原理与原则，希望以这种贴近现实的方式，使读者能在阅读中思考、理解在人身保险业务过程中，不同经济主体之间是如何互动的，各类产品是如何满足自己的需求的，保险从业人员又是如何通过自己的努力来满足人们的风险管理需求的，从而使读者不仅能结合自身需求选择适当的保险产品，管理自己的财务生命周期，而且可以获得一个观察经济运行、观察社会与人的新视角。

本书共十章。第一章讨论了人身保险需求产生的根源、满足人身保险需求的主体分类、可以通过商业保险满足的人身保险需求的特征等内容；第二章讨论了商业保险满足人身风险各种保险需求时应坚守的原则；第三章对保险产品的表现形态“保险合同”进行了分析；第四章至第六章分析了满足人身风险管理需求的各种不同保险产品；第七章分析了产品的定价问题；第八章简单介绍了人身保险企业的内部经营情况；第九章对一种特殊的人身保险经营形式即“团体人身保险”从供需两个角度进行了讨论；第十章分析了我国人身保险市场的发展历史、现状特征及监管问题。

本书在写作过程中得到了宋莉芳、张开、孙茜、范思晴、张耀文等朋友和同学的帮助与支持，也参考了诸多学界前辈的大作和观点，在此向他们一并表示感谢。

编　者

!?
目 录

第一章 财务生命周期中的保险需求

人在一生中总会遇到种种不顺，会面临各种风险，进而产生保险需求。下面我们从财务的角度，对一般的以及特殊的人群进行分析，分析人一生中的不同时期的财务状况都是什么样的，不同时期都有可能遇到什么样的风险，在应对这些风险时，哪些可以求助于保险，哪些是保险无法解决的。这其实就是从“财务生命周期”的视角对保险需求进行分析，这既有助于理解人身保险的起源以及需求的产生，又有助于人们基于对自身财务状况的理解而自主决定是否购买保险。

第一节 财务生命周期的一般规律及周期中的风险

财务生命周期理论最早是 Modigliani 提出的，这个理论为人们研究人生不同阶段对金融产品的不同需求提供了一个整体的分析框架。该理论将人的一生视为理财的一生，在不同的人生阶段，每个人以及他所在的家庭，无论是收入还是支出，其总体的财务状况、财务需求、风险承受能力以及生活重心都有所不同，从而不同人生阶段的理财目标也有所差异，所以人们就需要在不同的人生阶段采取不同的理财策略。本章把从财务角度考察的、不同阶段组成的人的一生称为财务生命周期。相应的，我们把从财务角度考察的、家庭不同阶段财务状况与需求组成的过程，称为家庭财务生命周期。

有若干经济学文献对生命周期的构成要素进行了深入研究。Polachek 和 Siebert 概括了影响收入的因素，Hadjimatheou 则提供了处理消费和储蓄问题的有效方法，Cooper 利用这个框架对英国家庭的储蓄需求进行了分析。下面我们结合我国的状况对财务生命周期的一般规律及财务生命周期中的风险作简单介绍。

一、财务生命周期的一般规律

（一）我国家庭财务生命周期的阶段

就我国的情况而言，一个普通家庭的财务生命周期通常由以下几个阶段组成。

1. 青年单身期

青年单身期一般是指城市青年特别是异地读书工作的年轻人从参加工作到结婚的这段时期，通常为1～5年。这一时期是一个人收入较低但开支较大，从而压力较大的时期，也是一个人提高自身能力、进行人力资本投资的大好阶段，重点是培养未来的赚钱能力。该阶段一个人的总体财务状况是资产较少，可能存在负债（如贷款或向父母借款），有些人的净资产甚至是负数。

2. 家庭形成期

家庭形成期是指从结婚到新生儿诞生这段时期，一般为1～5年。这一阶段的特点是：家庭收入逐步提高，生活比较稳定，生活用品（可能还包括一些高档生活用品）都逐步备齐，家庭有了一定的财力；相当多的年轻人会在结婚前后买房，于是这个阶段每月还需要一大笔开销，即偿还买房的贷款。

3. 家庭成长期

家庭成长期是指从小孩出生直到上大学的这段时期。对于我国家庭而言，在这一阶段，家庭成员一般不再增加而年龄都在增长——自2015年新的计划生育政策出台，今后或小有改变。这一阶段家庭的最大开支是教育费用。此外，保健医疗费占比也不小。在该阶段，随着子女生活自理能力的增强，父母精力充沛，工作经验与投资经验也逐渐积累，因此家庭投资能力大大增强。

4. 子女教育期

子女教育期是指子女上大学的这段时期，一般为4～8年。对我国大多数家庭而言，这一阶段子女的教育费用和生活费用增加较快，家庭的财务负担通常比较重。

5. 家庭成熟期

家庭成熟期是指子女参加工作到父母退休的这段时期，为15年左右。在这一阶段，子女成为独立的家庭单位，而父母自身的工作经验与能力及经济状况都达到顶峰，子女已完全自立，债务负担逐渐减轻，家庭理财重点变为扩大投资。

6. 退休养老期

退休养老期是指退休以后的时期。人们在这一时期的投资和花费通常都比较保守。

（二）收入的一般规律

发达国家现有的研究表明，个人收入在很大程度上取决于年龄与受教育水平，一般的规律如下：

（1）男性技术工人，比如特殊车辆的驾驶员、汽车装配工人等，这一类人群在他们30岁左右时收入达到高峰。

（2）受过高等教育的男性，在其对应的工作岗位上，通常在50岁以前，收入都随着年龄的增长而增长。特别是在中国、日本这样的亚洲国家，很多机构按个人资历提升职位，那么这种增长趋势还有可能会推迟到50岁以后，随后收入随着年龄的增长而减少，直到退休。

（3）单身女性的收入模式很大程度上与单身男性的收入模式类似。

（4）已婚女性的收入在第一个子女出生时会减少，而且很难再增加。

（5）已婚男性的收入最高，原因可能是配偶承担了大部分的家务，使男性能更专心地工作，同时家庭财务负担也激发了男性的进取心。

我国尚未见有数据支持的相关研究成果，但根据观察，大多数情况与发达国家类似，只有两点稍有差异：第一，受过高等教育的人，在相应的岗位上收入会随年龄的增长而增长，至50岁左右收入达到一个平台，不再随年龄的增长而增长，但通常也不会随年龄的增长而下降，这种趋势会一直会延续到退休，部分人员退休时的实际收入会有一个断崖式下跌，然后保持平衡。第二，我国女性的收入不会随着孩子的出生而下降，除非她主动选择不再工作。

（三）支出的一般规律

财务生命周期中，支出的一般规律如下：

（1）全部生命周期中，住房与汽车的支出占相当高的比例。在我国大多数家庭中，汽车支出的占比尚可，住房支出的占比相当高，一方面固然是因为我国的房产价格与收入相比属超高水平，另一方面也是因为国人持有自有住房的意愿较发达国家更强。

（2）教育费用是青少年时期的主要支出。

（3）如果子女出生较早，财务状况会更紧张。花在子女身上的支出大致上会随着其年龄的增加而不断增加，子女离开家庭独立以后，家庭为他们的支出将减少。

（4）医疗费用基本上与家庭成员数成正比，但退休后的医疗费用增加迅速。

（5）退休后其他支出会减少，如果健康状态不佳，其他支出会更少。

（四）储蓄的一般规律

储蓄取决于收支差额，凡影响收入与支出的因素，都会影响储蓄。Smith（1990）提出，收入增加、自雇比例增加、税收激励、收入波动等因素对储蓄都有影响。其他学者有一些其他观点。如果将一对夫妇加上他们还在成长中的子女视为一个家庭单位，那么一个中等收入的家庭单位，大致有如下典型的收支储蓄规律：

（1）20～30岁，学业完成参加工作，组建家庭，子女出生。部分人开始为买房进行储蓄，通常储蓄满足首付之需即可。为首付而储蓄的额度取决于工作时间以及购房所在地，储够首付耗时短则数月，长则数年。通常刚参加工作的时候财务比较紧张，消费也受到限制。一方面是因为刚开始工作，收入水平与其工作能力还不相匹配；另一方面也是因为受风险管理规则所限，贷款机构不太愿意向刚工作不久的年轻人发放贷款。

（2）30～40岁，用购买的住房做抵押按揭。这方面我国与多数发达国家的情况差异较大，一般发达国家的居民通常借入相当于4年年收入的额度，然后以每年收入的20%偿还20年，我国购房者的贷款额度一般而言会远超4年年收入总额，而还款期通常也是20年，因此还款占收入的比例远高于西方，有时甚至达到50%，而且我国的购房者通常会提前还清贷款。虽然父母子女在同一城市时子女通常会与父母共同居住，且住房越贵与父母同住的时间越长，但至少有两点我国与西方不同：一是中国人倾向于拥有自己的住房，租房比例低于西方；二是中国人更愿意为后代着想，为子女准备房屋或至少为子女支付购房首付的比例远高于西方。

（3）40～60岁，理想情况下应按计划为退休生活做准备。西方的研究表明，要想维持退休后相对宽松的经济状况，使退休后的生活与退休前没有大的差别，这一阶段应将年收入的1/4用于储蓄。经济学里把退休收入占最终工资（通常以退休前一年的平均收入表示）的比例称为替代率。替代率低于一半，就会在很大程度上影响生活质量。我国的数据有些特殊，因为我国现金交易占比高，很多人的账面工资收入只占总收入的一部分，而退休后那些非账面部分的收入就会消失，因此不能直接用中国账面替代率与国外数据直接比较——如果直接比较，有不少退休老人的账面替代率会达到85%以上，但实际上的替代率只有35%左右。

（4）60岁以后。退休后的生活很大程度上取决于健康状况，健康状况良好的人可以根据兴趣偏好，选择返聘工作、退休或者两种结合过半退休生活，而健康状况欠佳的人则可能在各方面均需要有人照顾。

一般家庭如果偏离上述规律，就有可能带来若干不利影响。比如中国人爱储蓄，一段时间里储蓄过多就可能影响当前消费，比如购房预算不合理，导致月供过高时，就可能导致家庭财务状况不佳；如果储蓄过少，则可能会影响退休后的生活质量。同时，储蓄规律还会因文化背景、经济阶层的不同而有相应调整，比如拥有大量个人财产的人不需要为养老进行储蓄（这里要注意个人财产与独资企业财产的区别）。对于低收入者，因为其收入较低或者失业，其储蓄也比较困难。这种情况下这类人群很难为自己的养老进行储蓄，从而需要尽量延长工作时间以获得收入。如果延长工作时间仍无法满足消费支出，就需要家庭成员及社会（如社会福利或慈善机构）的帮助。对于那些个人无限责任制企业的拥有者即常说的企业主而言，他们常常需要资本来经营企业，因此他们会将他们的大部分收入储蓄起来（Smith，1990），其储蓄水平取决于企业的资本收益超过筹资成本的程度。这种资产集中于自己企业中的状况也意味着，一旦企业破产，这些人将一无所有。

二、财务生命周期中的风险

人的一生不可避免会遭遇各种风险，与人身直接相关的风险包括生、老、病、死、残等，而从财务生命周期角度看，人终其一生均在理财，因此影响储蓄和投资的社会经济因素也成为影响人身的重要风险因素。无论是与人身直接相关的因素，还是社会经济因素，通常不仅影响收入，也会影响支出，从而一定会影响储蓄。比如疾病通常可能带来大额意外支出，是影响支出的重要风险因素，但是疾病同样可能使人获取收入的能力降低，因此同样是影响收入的风险因素。单个风险主要影响收支的某一个方面，因此下面我们从单一角度考虑主要的风险因素。

（一）收入角度的波动与风险

影响家庭收入的不确定性事件包括：死亡、失能、失业等。

1. 死亡对家庭收入的影响

随着社会经济的发展，各类风险事件日益复杂，生活中面临的死亡风险也复杂多样，下面以几类风险因素为例进行说明。

（1）自然灾害。我国是自然灾害较为严重的国家之一，2010 年全国各类自然灾害导致 4.3 亿人受灾，因灾死亡、失踪 7 844 人；2015 年相对较好，全国各类自然灾害造成 1.86 亿人次受灾，819 人死亡，148 人失踪。2019 年全国各类自然灾害共造成 1.3 亿人次受灾，909 人死亡或失踪，直接经济损失 3 270.9 亿元。

（2）火灾事故。据公安部消防局统计，全国每年平均发生火灾约为 15 万起，平均损失约 16 亿元。其中家庭火灾 5 万余起，约占总数的 1/3，死亡 800 余人，占火灾死亡人数的 70%以上。

（3）工矿商贸意外。据官方统计，各种工矿商贸企业安全事故已成为我国职工意外伤亡的“头号杀手”，我国每年各类工矿商贸意外事故导致非正常死亡约 1.5 万人。

（4）非生产意外。根据一些发达国家的统计结果，非生产意外事故导致的生命风险是生产性意外事故的 2～3 倍。

（5）交通事故。自 20 世纪 90 年代起直至 2007 年，我国每年因交通事故死亡人数一直高居世界第一，直到 2008 年让位于印度。据公安部数据，2011 年我国发生道路交通事故1 000多万起，死亡 6.84 万人（2008 年前每年死亡人数 10 万人以上）。

（6）因病而死。因病而死严重影响家庭收入目标，导致家庭因病致贫、因病返贫，若是主要收入者英年早逝，更是会导致家庭收入中断、家庭债务无法偿还、小孩教育金无法保证、老人无人赡养。

（7）各类伤害事件。我国每年发生各类伤害事件约 2 亿人次，因伤害死亡人数 70 万～75 万人（平均每天 2 000 人左右）。

上述意外事件导致原本有收入的人死亡，获取收入的人不在了，来自此人的收入就会中断。这种中断有时不仅仅是工资性收入的中断，还会产生其他的一些间接影响。比如合伙企业的出资人死亡，就有可能使其出资额无法收回，合伙企业也可能因出资人死亡而无法持续经营，家庭和企业遭受双重影响。家族企业的企业主意外死亡，则可能会导致家族遗产分割纠纷、家族企业传承未能有效安排、家族企业接班人缺失，进而导致整个家族企业走向衰亡。

从保险的角度讲，如果家庭的主要收入甚至全部收入来自一个人，那么家庭这一支柱人物应该参加人身保险。

2. 失能对家庭收入的影响

与残疾的意义不同，失能是指造成收入能力降低的身体状态，这种状态可能是由疾病引起，也可能是由意外导致。不管是哪种原因导致，只要是造成暂时的或永久的收入损失的状态，均称为失能。失能与健康状况不佳是有区别的，比如很多人即使四肢不能动弹，眼睛或耳朵失去功能，也照样可以获得收入自食其力。有些身体虚弱的人也同样可以继续工作，但是他们失业的可能性会高于健康状况较好的人，特别是在经济不景气的时候。研究表明（Smith，1998），不健康的身体状态对赚钱能力和资产累积有着长期的负面影响，而这种损失却难以通过保险得到保障，只有少部分的保障需求可以通过重大疾病保险得到满足。

3. 失业对家庭收入的影响

Duncan（1988）的研究表明，一般人群总收入下降的最主要因素是工作时间减少或者完全失业。为保持总收入水平不变，第一职位工作时间减少的人需要加班或者从事第二职业，从而他们的加班工资或第二职业收入占比较高。

随着技术的进步、生产制造业效率的提高以及全球化的发展，企业人力资本会受到较大压力。技术进步也可能带来新兴行业，这些新兴行业对人力资本的需求可能会与现有人才储备的知识结构不相对应。这种趋势一方面迫使老企业裁员以解决人力成本问题，另一方面又出现了对新知识结构人才的需求，两方面同时起作用，可能会使未来结构性失业问题更加严重，失业保险需求可能会因此而加大。当然，保险并不能满足所有需求，此时人们可能需要寻求其他帮助，比如家庭支持、政府援助，或者提前退休以提前支取养老金，与此同时人们还需要减少支出。

4. 其他因素对家庭收入的影响

影响家庭收入的其他因素也很多。比如：自然灾害的直接、间接损失都可能导致受损企业员工和企业主收入减少；个人或企业主遭遇重大风险事故对责任主体收入影响较大（如安全责任事故）；法律风险导致的责任主体索赔，会影响责任主体企业和个人收入；婚姻风险比如离婚可能会导致对家庭的投入时间更多从而影响工作收入；离婚的财富分割会导致某些高净值客户（含企业主）的理财收入降低，其企业规模缩小（如夫妻中一方抽走了出资额的一半）、客户资源流失都会影响企业的当期收入和预期收入。

（二）支出规律中的波动与风险

支出规律中同样有若干风险因素，比如疾病或意外导致的医疗费用、身体虚弱或年老时的护理费、离婚、利息负担、通货膨胀、寿命过长等。

1. 医疗费用

医疗费用是几乎会影响到所有人支出的一个非常重要的风险因素。随着工业化的发展，人类物质生活、医疗技术等都得到大幅度提升，但在工业文明影响下的人类生存环境却有恶化趋势，食品安全也日益被提上日程。类似的相关问题对人们健康的影响日趋严重，如癌症的发病率与死亡率不是在降低，而是在升高（发病率与死亡率的升高，也有可能是由于医疗技术的进步提升了检出率）。据我国卫生计生委（2013 年）对 24 个省 72 个监测点、覆盖 8 500 万人的调查数据，全国每年新发癌症病例约为 312 万例，平均每天确诊 8 550 人，每分钟就有 6 人被诊断为癌症，每年新增癌症患者占全球新增癌症患者的 20%以上，每年因癌症死亡病例达 270 万例。

随着医疗技术的进步，医疗费用也越来越昂贵。表 1-1 和表 1-2 是 2011 年医疗费用示例。随着通胀水平提高及新技术发展，治疗费用现在更是远超 2011 年。

表 1-1　我国重大疾病治疗费用

序号	疾病种类	治疗康复费	备注
1	恶性肿瘤	12 万～50 万元	CT、伽马刀、核磁共振等治疗项目为社保不报销或部分报销项目
2	急性心肌梗死	10 万～30 万元	需要长期的药物治疗和康复治疗
3	脑中风后遗症	10 万～40 万元	需要长期护理和药物治疗
4	重大器官移植术或造血干细胞移植术	20 万～50 万元	心脏移植/肺脏移植不属于社保报销项目，器官移植后均需终身服用抗排斥药物
5	冠状动脉搭桥术（或称冠状动脉旁路移植术）	10 万～30 万元	冠状动脉造影属于社保部分费用报销项目
6	终末期肾病（或称慢性肾功能衰竭尿毒症期）	10 万元/年	换肾或长期依赖透析疗法，透析费用属于社保部分报销项目
7	多个肢体缺失	10 万～40 万元	义肢 3～5 年需更换一次，并需要长期康复治疗
8	急性或亚急性重症肝炎	4 万～5 万元/年	该病并发症多，并且需长期药物治疗
9	良性脑肿瘤	5 万～25 万元	需要长期的诊疗及药物治疗
10	慢性肝功能衰竭失代偿期	3 万～7 万元/年	需要长期药物和护理治疗

数据来源：某人寿公司网站。

表 1-2　我国部分重大疾病治疗费用等情况

疾病名称	出院人数（人）	出院者平均住院日（天）	出院者人均医药费（元）
病毒性肝炎	194 220	17.9	7 683.9
急性心肌梗死	107 261	10.1	16 793.1
急性白血病	54 198	15.9	12 989.3
脑出血	357 106	14.9	11 802
脑梗死	1 351 752	12.7	7 325.3
胃恶性肿瘤	179 913	14.7	15 459.2
肺恶性肿瘤	275 036	14.9	11 536.4
食管恶性肿瘤	111 004	17.3	13 631.2
心肌梗死冠状动脉搭桥	4 177	14.2	38 802.0
老年性白内障	281 513	5.0	5 004.3

数据来源：某人寿公司网站。

医疗费用中，一般疾病门诊费用之类的小额医疗费用对大多数人的财务状况影响甚微，不一定需要专门考虑；美容手术费用及其他高档医院就诊费用较为高昂而且并非必要，因此不会得到保险的保障；只有那些必须花费数额较大的医疗费用才可能通过医疗保险得到补偿。

由于医疗服务和医疗费用几乎可以无限增长而且具有一定的随意性，因此逆选择与道德风险的影响很大。保险公司为避免风险，通常采用两种方式对此进行管理：一是增加保费；二是限制费用补偿最高额。在由国家免费或以优惠价格提供医疗服务的经济体系中，国家通过明确费用限额或要求人们排队等待的方式来控制风险。

2. 利率

利率的波动对负债尤其是长期负债有非常重要的影响，比如购房抵押贷款未偿期限很长，那么未偿付额中相当一部分都是利息，利率只要增长一半，就可能导致抵押贷款偿还额显著增加，时间越长增加越多，多数时候增加额将远远超过 25%，甚至可能大于 40%，比如 1989 年到 1990 年，南非的贷款利率从 12%调整到了 18%，1998 年至 1999 年间从 18%调整到了 25%，两次利率调整使得银行的住房贷款坏账率明显升高，很多人因此失去住房。

3. 通货膨胀

如果人们的收入增长率赶不上通货膨胀率，则人们的实际收入是下降的。特别是退休后，人们通常还会存活较长一段时间，有时会达到 30 年或更久，这段时间里物价水平意外波动的影响就更大。以美国近 60 年来的物价水平为例，尽管美国是世界上规模最大、最为稳定的经济体，但它依然经历了两次严重的通货膨胀期。研究表明，通货膨胀率虽然与人均收入上涨率保持高度一致，但对不同收入特征的人群的影响却不一样。通货膨胀对那些只有固定收入比如靠领取养老金生活的人的影响最大。1940 年退休的人领取的固定金额养老金到 20 世纪中期实际购买力损失了一半，到 20 世纪 70 年代又损失了一半。

4. 寿命过长

这类风险本质上属于收支曲线不匹配的风险，即高收入阶段支出不见得高，而到了老年低收入的时候，支出却有可能相当高。随着寿命延长，这种风险就更加明显。

实际上，随着经济社会的发展和医疗技术的进步，我国人均寿命的确在稳步增加。据《2013 世界卫生统计报告》数据，2011 年我国人均寿命为 76 岁，高于同等发展水平国家，甚至高于一些欧洲国家。人均寿命提升的同时，我国的家庭结构已走进小型化和核心化结构中，家庭的老人抚养比上升，家庭养老的财务功能趋向减弱。我国在未富先老的背景下，逐步走进了人口老龄化阶段，而社会和个人的养老财富累积还相对有限，与此同时，企业年金等制度建立也较晚，使当前我国中人和老人自身的养老金财富累积时间短、额度小。对于如今仍在工作的一代人而言，如果没有做好预先管理，仅仅靠银行储蓄应对退休后的生活，则寿命过长可能会带来后期储蓄余额不足以应对支付的问题。

（三）储蓄规律中的波动与风险

影响储蓄的风险因素包括投资风险、信用风险等。重大的投资失误可能会导致家庭资产和储蓄减少；经济不景气会导致较多企业主和个人收入降低，从而降低他们的储蓄水平；宏观经济政策变化，比如对高碳产业限制、产业结构调整都会影响该类产业群体的收入；同一产业不同周期、产业或产品的替代性、商业营销模式变化（如目前实体店经营萎缩）等极大地影响产业群体特别是企业主的收入，进而影响储蓄。投资风险中最糟糕的情况是在临近退休或者退休以后，实际投资收益率为负。此时人们很难再有机会增加储蓄，只能忍受这种负收益率导致实际资产减少的煎熬。在实际生活中，即使是精心设计的完全分散的投资组合，仍然存在许多实际收益率波动的问题。现代意义上的信用风险包括交易对手直接违约和交易对手违约概率变化而给投资组合造成损失的风险。在西方国家，导致终生积蓄完全丧失的危险因素包括：财务顾问的个人欺诈、销售储蓄产品的金融机构破产、集中投资的失败等。

财务生命周期给了人们一个分析保险需求的视角，使人们在清楚了解人生不同阶段的收支特点，以及对应的风险因素的基础之上，对保险需求能作出合理的筹划并能自主进行产品的适当组合。

（四）人身风险的特征

1. 客观性和普遍性

人身风险是客观存在的，它不以人的意志为转移。具体到个人，无论他如何加强对人身风险的管理和控制，都不可能做到完全消除人身风险。人身风险普遍存在于人类生活的方方面面。一个人即便天天坐在家中，也不可能完全杜绝“人在家中坐，祸从天上来”——人类历史上喝水呛死、洗澡淹死的案例都发生过。

2. 不确定性

风险最重要的特征就是不确定性。对于人身保险而言，这种不确定性主要表现在四个方面：一是特定事故发生与否的不确定；二是引发风险发生的原因不确定；三是损失发生的时间不确定；四是损失的结果不确定。

3. 损失性

风险的另一特征就是损失性。人身风险会造成人的生命、健康的损害，进而带来经济利益的损失，因此人们有必要通过人身保险等手段进行风险管理。

4. 可测性

对个人而言，人身风险难以确定，但对于社会整体而言，可以在大量死亡及损失数据的基础上，根据精算原理，测算出人身风险发生的概率及损失分布。如果是可保风险，可计算出人寿保险的保险费；如果不是可保风险，提供保障的部门也可以估计出损失可能，从而提前做好准备。

第二节　财务生命周期中财务需求的满足

整个财务生命周期中客户的理财需求多样，针对这些需求，金融领域创造了若干金融产品与服务，以满足客户的不同需要，并基于基本的金融产品产生了若干衍生工具。这里仅仅介绍一些简单的满足家庭财务需求的金融产品。

一、长期储蓄型金融产品

长期储蓄的根本目的在于拧平个人收入曲线，将部分收入存储起来以与支出曲线相重合。从个人整个财务生命周期的收支规律看，长期储蓄的主要目的还是保障未来舒适的退休生活。当然，企业主储蓄的目的与个人有所不同，他们的目的可能是扩大再生产或者应付不测事件之需。这里仅从个人角度出发，介绍一些传统的长期储蓄型金融产品。

长期储蓄是指储蓄期较长的存款。银行的长期储蓄有个特点，就是有固定的到期期限。这种产品比较简单，这里不再赘述，仅介绍一些有长期储蓄特点的其他金融产品。

（一）退休基金

退休基金也称养老金或公积金，是规定所有参加人员都在自己退休时一次给付或分期给付养老金的一种储蓄产品。为退休雇员提供养老金的做法最早开始于19世纪。

发达国家的养老金品种多种多样，而且也非常普及。这反映了发达国家人们生活水平的提高，健康的退休生活越来越长。在大多数国家，退休金享有不同的税收优惠，所以通常也会规定若干约束条件，比如在合理的退休年龄前不能领取养老金等。

常见的养老金种类有确定给付计划、固定缴费计划、职业养老金、行业养老金、公众养老金等。其中确定给付计划中员工生活可以得到保障，在退休后可以定期收到约定数量的退休收入。在固定缴费计划中，雇主和员工都按工资的一定比例为养老金计划缴纳一定金额，退休时一次领取所缴费用的本息和，或者以年金形式，全体参与人员在统计意义上领完本息之和。职业养老金则是指雇主发起退休基金，由雇主建立与资助的养老金。行业养老金则是以行业为单位，为全行业雇员提供的养老金。公众养老金则是为全社会公众建立的，一些国家允许所有公司以自身名义向公众退休基金缴费。

（二）传统储蓄型寿险产品

传统储蓄型寿险产品的主要特征是，在所缴纳的保费中，既有生命保障的内容，又有储蓄的部分。在整个19世纪和20世纪的大部分时间里，传统的储蓄型寿险产品在西方国家一直占有重要地位。这类产品通常规定，投保人在约定的期限内定期缴纳均衡保费，在保险期满或被保险人死亡的时候给付保险金，产品通常有分红的内容，即保单持有人有权参与公司经营利润的分配。传统储蓄型寿险产品的一般做法是将红利加到保险金额上，但具体分配方案主要由公司决定。这类储蓄型寿险产品主要有三种，即两全保险、生存保险和延期年金。这些险种的具体概念在后续章节中将详加阐述。

（三）投资连结产品

投资连结产品是为满足客户分享投资收益需求而开发出来的与投资相关联的金融产品，最为常见的包括开放式基金、集成信托等。

1. 开放式基金

美国称开放式基金为共同基金，法律上它属于信托基金。每个信托都有其特定的目标，目标中包括的内容很广泛。受托人必须保证基金经理经营基金的方式与目标保持一致。

基金按不同标准可以分为不同的类别。

按投资对象，基金可以分为股票型基金、债券型基金、混合基金与货币市场基金等。股票型基金也称权益基金，其资产主要投资于股票；债券型基金的资产主要投资于债券；混合基金的资产投资于股票、债券和其他证券；货币市场基金则将资产投资于短期、低风险证券。需要注意的是，这里的短期和长期，是按到期日计算而不是证券票面上规定的期限。

按经营目标，基金可以分为保守型、成长型、收入型、成长与收入型、均衡型、价值型。保守型基金的首要目标为资本保值，而成长型基金则以长期资本增值为目标，提供基金价值的长期增长，但当前股利收入很低。成长型基金的目标是获取高回报，从而也比其他类型基金承担的风险更大，面临更大波动。收入型基金则以当前收益最大化为目标，强调较高的当前股利或利息收入而不是资本收益。成长与收入型基金以长期资本收益与某些当前收益为目标，其目标在于超过收入型基金的资本增值和超过成长型基金的股利与利息收入。均衡型基金以资本保值、适中收入和价值增长为目标。价值型基金以长期资本增值为目标，并投资于股票价格低于其价值的公司。

资产拥有者通过购买基金单位的方式参与基金，基金单位的价值会不断被重估，必要时，投资者可以将基金单位按净资产价值卖回给基金（称为赎回）。有些国家将上市基金或封闭基金也称为投资基金，这类基金可以在证券交易所以与资产价值完全不同的价格购买或赎回。

2. 集成信托

集成信托即投资于其他开放式基金的开放式基金，也可视为一揽子基金或服务。它与组合式基金的作用类似，但投资者可以以其自身的名义持有原始资产，并且还会为比较富有的客户提供一套先进的管理系统。

3. 其他长期储蓄产品

其他长期储蓄产品包括万能寿险、投资连结寿险等，相关理论将在后续章节详解。

最后，随着交易费用降低、金融与理财知识不断普及，投资者越来越多地通过股票经纪人直接投资。

上述各类长期储蓄型金融产品，从人身风险角度可以分为两大类：一类产品提供了对生命不确定性的保障，这类产品包括退休基金、传统储蓄型寿险产品以及投资连结保险。另一类则是单纯的投资或储蓄，产品本身不包含生命不确定性因素，如开放式基金、信托基金及股票等。由于这类产品本身不包含生命不确定性因素，用以管理生命不确定性风险时需要其所有人具有更丰富的金融知识与技能。

二、非长期储蓄型金融产品

非长期储蓄型金融产品就是一些不具备长期储蓄特征的金融产品与服务。这种类型的金融产品品种非常丰富，包括货币服务、其他交易服务、短期储蓄、信贷产品、若干人寿保险、退休收入产品、失能保险、失业保险、医疗费用保险以及非寿险等产品。年金与保险类产品将在后续章节中详细讲解，本小节仅对货币与其他交易服务及短期储蓄产品等不包含人身风险因素在内的产品进行简单介绍。

（一）货币与其他交易服务

相信大家在中学的政治经济学与历史课程中就了解到各种实物形态的货币与纸币的产生过程，如今最基本的货币是各国央行发行的纸币和硬币，属于M0或M1的一部分。更广义的货币供给有各种定义与表达方式，包括M2、M3等，包括了所有的流动性好的金融工具。人们通常使用的货币包括现金、支票、银行货币基金的市场账户等，它们的实现方式如下：

（1）支票：即预先印刷好的银行支付指令。

（2）借记卡：只要出示此卡，卖方即可从客户账户中收取款项。

（3）委托收费（debit order）：服务提供者（例如公用事业供应商或保险公司）可以自动通知银行从客户账户中划取款项。

（4）止损单（stop order）：户主可以通知银行定期向服务提供方支付款项。

（5）电子银行或网上银行：户主可以通知银行将款项从一个账户转移至另一个账户。

（6）从分支银行或自动取款机（ATM）上提取现金。

货币还包括所有银行短期存款、银行发行的可转让定期存单以及政府或法人团体发行的短期证券。

（二）短期储蓄产品

中外对短期储蓄的理解有一些不同。在我国，短期储蓄也是储蓄，属于资金富余者将资金存放于银行等金融机构的资金转让行为，因此金融机构应为此短期借贷的资金支付利息；而在美欧地区，短期储蓄被视为客户需要的一种资金短期保管服务，因此金融机构无须为此支付利息。为使短期转让资金也能获取收益，资金富余者会使用其他有短期储蓄特征的金融产品，包括货币市场基金或者现金管理信托。这些金融工具使持有者能参与到短期组合投资，其中可能会包括高风险和高收益的债券投资。

（三）信贷产品

个人可以使用的信贷产品有以下四种类型。

1. 融资租赁

融资租赁也称租购，是一种购买货物的方式，购物者以租赁方式占有货物，以租金方式分期付款。整个付款期内货物的所有权仍属于卖方，直到货款付清为止。分期所付款项除一部分是分期所付货物的货款外，还有一部分利息，通常计息利率较高。这种类型的贷款常用来购买较昂贵的商品，或者用于购买较大型生产设备。

2. 消费信用

消费信用包括银行信用卡和零售商提供的消费信用或账户。如果每月在约定的最后期限前还清信用卡透支额，通常情况下会免去利息，但如果超过了约定期限，收取的利息则较高，因为这种消费信用相当于小额无担保贷款，小额意味着管理费较高，无担保意味着较大的贷款风险。

3. 购房抵押贷款

购房抵押贷款由银行或类似于房屋抵押贷款协会的单位提供。这是一种长期、大额、安全性较高的贷款，因此通常利率较低。

住房抵押贷款可以采用浮动利率，也可以采用固定利率。浮动利率贷款条件下，借贷双方承担的利率变动的风险较小；固定利率贷款合同实际上是为借款人提供了还款选择权，使借款人可以在利率较低时提前还款，这对贷出款项的一方是极为不利的。

Asher（1994）列举了其他一些借款方式，其中一种称为双指数抵押贷款，另一种称为工资连结抵押贷款。双指数中的一个指数是指分期付款的增长率，这个指数通常与平均工资相一致；另一个指数是指未偿还贷款的利率。工资连结是指事先确定分期付款占收入的百分比，由贷款额除以期限再除以当前工资。这种借款方式除了可以防止借入者由于利率浮动而遭受损失以外，还可以为投资者提供一种收益随着工资膨胀率而增长的投资工具。

4. 透支限额

银行还为比较富有的客户提供透支权利，但是会规定一个透支限额。这种方式收取的利率依赖于客户的信用程度，但比抵押贷款利率高。

除个人以外，公司也可以通过在证券交易所发行债券或利用一系列银行工具贷款。

三、其他财务来源

除了上述各类金融产品外，一些其他机构和角色也是人们财务需求的来源，包括家庭的其他成员、政府、雇主等。

（一）家庭的其他成员

对大多数人而言，家庭的其他成员都是财务的重要来源，不管是直系亲属还是几代同堂的大家庭都是这样。只是当保险市场不断发展，人们逐步富裕起来以后，家庭的其他成员在财务来源上的重要性才逐步降低。保险使人们可以为被抚养者提供保障，为自己的失能和退休提供保障，以及通过借贷购买房屋等大额资产。

富有的人通常希望将自己的财产不受阻碍地留给子孙。在西方国家，富人大部分的财务规划都是围绕着这个目标进行的。对于穷人而言，“养儿防老”还是一个现实可靠的财务规划，可以在年老时依赖子女生活。不过不管穷富，当老年人不能自我照顾时，家人都会在照料中扮演重要角色。

代际财务的转移有以下三种主要形式：

（1）父母转移到子女，直至他们离开家庭。

（2）子女转移到年老体弱的父母。

（3）以遗产或债务形式从父母转移到子女。

此外，还有一种家庭间的财务转移，即从富裕亲属转移给其直系亲属或大家庭中的其他成员，这不一定是代与代之间的，流动的形式既可能是借贷也可能是赠予。

（二）政府

政府提供的金融产品或服务包括政府贷款、社会救助、强制保险、社会养老体系等。

1. 政府贷款

大多数国家和地区政府保持着货币发行的垄断地位（美联储是私人机构，苏格兰有三家银行发行的银行券是合法的，我国香港地区的货币也是由银行发行的）。政府贷款流向多样，出于政治压力，政府贷款一般很难收回从而很少会有利可图，但有一个例外，这就是教育贷款。教育贷款通常规定毕业生在毕业后的一定时期内，按工资的特定比例进行偿还。

2. 社会救助

为防止贫困，几乎所有政府都提供补助金，这些补助金主要来源于税收或者国外援助款项，通常援助前要进行贫困调查。政府也可能在特殊情况下支付补助金，比如发生洪水、地震、干旱、火灾后。补助金也可能支付给所有需要帮助的人，包括看护幼儿的人、失业者、老年人以及残疾人等。社会救助的给付水平由需求决定，与受惠者的缴费水平无关，这是社会救助与商业保险最大的不同之处。

3. 强制保险

政府可以依靠强制性缴费提供各种保险给付，通常这些缴费会在雇主支付工资前先进行扣除，比如英国的社会保险费和澳大利亚的医疗保险费。法定保障还有更严格的保障形式，即通过法规规定某些情况下雇主支付的最低金额，比如照顾子女的假期期间必须支付最低工资。

以这种方式提供的保障包括：给父母的生育假期、工作场所意外死亡或伤残的劳工补偿保险、为机动车意外事故中死亡或伤残的第三方提供补偿的法定第三者责任险（交强险）、失业保险、公共医疗保险等。这种强制保险可能采取实际公平的保费，比如使预期给付现值等于缴费额，也可能存在富人对穷人、低风险者对高风险者的补贴。

4. 社会养老体系

除了上述社会救助的部分以外，大多数政府还强制或鼓励雇主或个人进行额外的退休金计划缴费。有些国家实行现收现付制，即当期国民缴纳的费用就用于支付现在的养老金，很少或根本不累积资产。现在越来越多的国家要求建立个人账户型计划了。这部分属于社会保障的相关内容，可参考相关专业教材深入学习。

（三）雇主

政府可以通过雇主收取法定保险和退休储蓄计划的保险费，同时雇主也可以向雇员另外提供法定计划以外的给付，像团体年金、团体保险以及其他保险，这种以团体作为投保人的保险有着费用较低、投保简便等优势。雇主提供的影响较大的产品是企业年金。我国目前对发展企业年金较为支持与鼓励，与企业年金相关的内容可参考相关专业教材。

第三节　财务生命周期中人身保险需求的测算

如前所述，传统长期储蓄产品及非长期储蓄产品以其是否在产品中包含人身风险因素分为两大类，其中一类产品本质上以理财为主，目的是获取投资收入以及管理部分家庭财务生命周期不同阶段收支不平衡风险，另一类则可以管理诸如死亡、疾病、失能等影响收入支出及储蓄的人身风险因素等。这些影响收入或支出的风险因素，可以通过及早作出保险安排，以保险的机理对其加以管理。此时就需要大致测算财务生命周期中的人身保险需求。

一、人身保险需求测算的原理

人身保险需求测算是基于稳健原则，以家庭主要成员万一不幸作为分析情景，在基于财务生命周期理念、给定不同阶段财务管理目标的前提下，分析测算该家庭实现既定财务目标的资源缺口，以此缺口作为人身保险的需求额。因此需求的测算基于以下三个假设。

（一）以家庭风险为分析基础

尽管保险购买是以个人为单位进行的，但保险需求是以家庭为单位测算的。家庭风险包括人身风险、财产风险、责任风险等，人身风险无非是指个体所遇到的生、老、病、死、残等。

（二）以家庭主要成员万一不幸为假设

稳健原则是指在确定保险需求的时候，要把可能的最大不幸考虑到。从财务角度考虑，家庭单位的最大不幸就是某家庭收入主要成员在测算需求当年身故了。此时在考虑保障客户家庭原有合理财务管理目标实现的前提下，最大不幸万一发生，就需要保险保障弥补财务缺口。当然，实际测算时可以作出不同假设，比如不同现金流假设下的情形、不同年度发生意外的影响等，在不同假设下最大风险发生时，将此时的财务缺口作为保险需求测算值。

（三）测算继续实现家庭原有合理财务目标所需资源缺口

财务目标的合理性就体现在应该主要考虑保障型需求，如家庭债务余额、子女教育金现值、遗属未来生活费用现值、婚丧嫁娶费用现值等。

二、人身保险需求测算方法

基于上述测算假设，人身保险需求可基于个人财务状况作测算评估。但是到底需求额多少足够呢？从保障需求的角度看，如果不考虑成本，那当然越多越好，财务保障越充足，万一不幸事件发生，对家庭财务状况的影响就越小。问题在于，任何保障都是需要成本的，因此也要确定一个合理的限度。一般来说，人身保险需求总额可以依保障对象的个人年均收入水准而定，但具体的额度却是因人而异的，因为每家每人的财务需求、财务目标都不一样。简便起见，有不少保险公司和业务员以倍数法简单测算，即以被保险人家庭税后收入的 10 倍为应有保额。这种测算方法虽然简单，但其缺点也比较明显。除此之外，还有生命价值法、遗属需求法等测算方法。下面对各种测算方法简单加以介绍。

（一）倍数法

这是最简易的计算法，此法允许在基本资料（年龄、收入、家庭人口、负担等）最少的状况下，推算应有的保险金额。它是以简单的倍数关系来估计人身保险保障的经验法则，比如“十一法则”（或称“双十一法则”），即家庭需要全家税后总年收入的 10 倍数额的人身保险，保费支出不超过家庭税后收入的 1/10。这个法则与理财规划中的“六三一法则”结果一致，“六三一”是指家庭税后收入中，60%用于生活消费，30%用于储蓄投资，10%用于保费预算。

倍数法则测算简便，也比较好理解，但是它没有考虑同一家庭不同财务生命周期的财务特点，也没有考虑不同家庭不同的财务状况，因此适应性相对较差。做家庭财务需求的保险规划时，运用倍数法则得出的测算结果可作为初步参考。

（二）生命价值法

生命价值法可以做如下简单的类比：一个家庭的主要经济支柱，就是这一家的现金流生产系统；人身保险需求总额，就是该系统未来能产生的现金流贴现总额。计算某人的生命价值，就是将其个人未来收入或新增价值，减去个人消费后的余额贴现求和，所得总额就是此人的生命价值，其本质就是个人未来工作期间净收入的资本化价值，因此生命价值法也称收入法。该测算法认为，如果被保险人的生命不发生风险，在既定的工作期限内他创造的经济价值将成为其个人或家庭的经济保障；反之，如果生命发生风险，其生命价值就会减少直到灭失。人身保险需求额就是假定人身风险发生时，仍然能使家庭或个人原有的财务目标可以不同程度予以实现。所以估算家庭成员不幸给家庭造成的净收入损失，就是生命价值的损失，也就是人身保险保障的需求基础。

生命价值法测算人身保险需求额有四个步骤。第一步是确定个人工作年限；第二步是估计未来工作期间的年收入；第三步将其年收入扣除税收及本人消费；第四步是选择一定的贴现率将第三步所得净值贴现求和，求得的总额就是用生命价值法测算所得人身保险保障需求额度。

生命价值法反映了不同个体预期收支的差异，体现了不同生命周期的收入支出的特征，因此比倍数法要先进，对生命个体人身保险需求具有相对较好的适应性。

但生命价值法也有缺陷，主要表现在以下几个方面：

（1）该方法对未来收入成长率、生活消费通货膨胀率、贴现率的假设要求较高，需求测算时的参数假设很难与实际保持一致。

（2）该方法不是基于整个家庭情况考虑而是基于个人情况考虑的。

（3）该方法没有考虑遗产需求、目前生息资产状况等。

例1 老马目前40岁，预计再工作25年退休。目前税后年收入120万元（作为CEO从企业中获取年收入50万元，目前年分红约70万元）；个人年消费支出20万元，预计年通货膨胀率3%，收入增长率5%，贴现率（投资收益率）5%。请按生命价值法计算老马的人身保险需求总额。[这里假设收入均发生在年底（年收入年底一次获得），消费发生在年初。]

解：

按生命价值法测算需求为：

$$T=\sum_{t=0}^{24}\left(\frac{120\times 1.05^{t}}{1.05^{t+1}}-\frac{20\times 1.03^{t}}{1.05^{t}}\right)\approx 5\ 320(\text{万元})$$

其中，T为生命价值法测算所得人身险保障需求总额，t为工作的年份，0即为测算当年，1为测算次年，依此类推。

（三）遗属需求法

遗属需求法是从需求角度出发，测算假定某家庭成员遭遇不幸，可能给家庭带来的财务资金缺口。该方法也称收入者养生负债法或遗属一生支出法。

遗属需求法符合每个家庭的实际情况，一般包括家庭或遗属的以下保障需求：第一是债务清偿需求，比如房贷余额、民间借贷余额等；第二是子女独立前所需费用，比如生活费、教育基金等；第三是配偶终身所需，比如配偶日常生活费用、未来养老基金等；第四是其他费用，比如老人赡养费、遗产规划所需支出（比如大笔固定资产遗产继承发生的遗产税收支出，虽然我国目前还没有该项规划），另外还有家庭应急基金、死亡丧葬费等。

遗属需求法的测算过程可以分为以下四个步骤：

第一步：确定未来财务目标，比如还清住房贷款、抚养子女、赡养父母、子女教育基金、未来退休基金、全家日常生活费用目标等。

第二步：参数假设。结合理财目标，根据自身家庭现有收支状况，对未来现金流进行测试时，需要对收入增长率、支出通货膨胀率、贴现率（投资收益率）进行假设。通常这种假设与现实的偏离程度和测试人对宏观经济的分析判断能力有关，当然，也可以对参数做多种假设组合，通过敏感度测试来判断相关测度与规划的可行性和稳健程度。

第三步：确认现有资源与责任。根据家庭目前收入资源与负债状况，编制家庭资产负债表、收支储蓄表、现金流量表，对家庭财务状况进行财务诊断，分析目前家庭存在的财务风险。

第四步：测算资金缺口。计算不同事件下在收支约束下的资金缺口，以此作为人身险保险需求结果。

例 2　仍以上例中的老马家为例测算老马的保险需求。

目前老马夫妻俩都是 40 岁，有两个孩子，长子 12 岁，次子 2 岁（二孩政策放开后出生）。目前老马税后年收入 120 万元。他的妻子暴女士今年投资开办了一家书店，今年纯收入 4 万元，预计今后将以每年 10%的速度增加。目前的家庭主要收支项目及资产负债为：

房屋 2 200 万元，房贷余额 1 100 万元；

汽车 108 万元，车贷余额 65 万元；

家庭储蓄 300 万元；

年家庭消费支出 38 万元，其中含长子课外教育支出 8 万元。

基于上述已知信息，老马为保持家庭稳健，决定在他的朋友、保险经纪人包先生的帮助下，制定一份综合人身保险规划，首先需要确定保险总保额。

解：

第一步：确定未来财务目标。

这些目标以现值计算，包括：

贷款偿还	1 165 万元
应急基金	50 万元
养老基金（65 岁后使用）	200 万元
临终与丧葬费支出（含墓地）	40 万元
两子大学后教育基金	100 万元

除上述相对固定的财务目标，假定老马突然身故，他的收入就会中断，暴女士的收入将不足以应付家庭开支。因此需要测试每年的收支缺口。如前述已知条件，如老马突然身故，家庭收入将只有暴女士的书店收入，而家庭支出将包括：（1）两个孩子大学前每年的教育支出（各种课外班的开支）；（2）暴女士自己退休前每年的生活费用等。

第二步：参数假设。

按老马对经济新常态的理解，他作出了这样的假设：

可实现的税后投资收益率　　6%

平均年通货膨胀率　　3%

暴女士收入年均增长率　　10%

第三步：确认现有资源与责任。

第四步：测算资金缺口。

第三步与第四步这里一并计算，具体如表1-3、表1-4所示。

表1-3　老马遗属家庭费用现值测算表　　单位：元

年度	暴女士年龄	消费支出	教育支出	年收入	年收支缺口	缺口现值
1	40	200 000	80 000	40 000	160 008	10 000
2	41	206 000	824 000	44 000	162 008	152 838
…	…	…	…	…	…	…
4	43	218 545	87 400	53 240	165 314	138 801
5	44	225 102	180 100	58 564	166 556	131 928
6	45	231 855	185 500	64 420	167 453	125 131
7	46	238 810	191 000	70 862	167 967	118 410
8	47	245 975	98 400	77 949	168 036	111 753
…	…	…	…	…	…	…
16	55	311 593	124 600	167 090	144 516	60 301
17	56	320 941	128 400	183 799	137 155	53 991
18	57	330 570		202 179	128 391	47 680
…	…	…	…	…	…	…
25	64	406 559		393 989	12 570	3 104
26	65	418 756		433 388	−14 633	−3 409
总额					1 849 984	

注：1. 假定老马不幸身故，家庭开支削减1/3，首年度假定为20万元。

2. 表中家庭支出、教育支出年增长率相同，为3%；收入增长率为10%，贴现率为6%。

3. 教育支出指两个儿子上大学前的课外培训支出，始于6岁，结束于18岁。

4. 暴女士44岁时次子6岁，教育支出翻倍直至46岁长子满18岁。

5. 暴女士56岁时次子满18岁，次年教育支出停止，额度为0。

表1-4　老马的人身保险保障需求　　单位：元

应急基金	500 000
教育基金	1 000 000
养老基金	2 000 000
临终与丧葬费用开支	400 000
偿还贷款	11 650 000

续表

遗属生活费用	1 849 984
小计	17 399 984
现有储蓄	3 000 000
老马人身险保障金额	14 399 984

当然，上面讲述的只是基本原理，在实际规划中会因若干因素需要调整。比如老马还经营一家公司，万一老马遭遇不幸，可能需要将老马的股份进行处理；如果公司能够继续运营且老马的股份被暴女士继承，则每年可能有投资收入，同时对经济假设的若干因素也可能要进行调整测试，比如按此额度买保险，保费支出是否合理、有没有目标的增加和金额修正、对宏观经济的假定条件是否合理、是不是可以在多个假设下进行测试、要不要随着时间的变化而调整等。这些复杂的因素在此不进行讨论。

第四节　人身风险管理工具的提供者

前文讨论了财务生命周期中满足人们不同财务需求的各类金融产品，包括各种保险产品。事实上，人身风险的特征不同，人身风险管理工具的提供方是有所不同的，主要包括国家对养老、大病、意外提供保障的社会保障，企业成立以管理老年风险为目标的企业年金，以及由商业保险提供管理各类满足商业保险需求的风险的商业保险产品。

一、社会保险

社会保险通常称为社会保障，广义的社会保障可划分为社会保险、社会救济、社会福利、优抚安置和社会互助。其中基本养老保险属于社会保险。社会保险一般由政府提供，通过法律规定实现国民收入的再分配，具有强制性，本质是为了实现一定的社会目标。政府为了保障国民生活质量的最低水平，维护国家治安和社会稳定等多层次需要，会提供一系列的福利保障措施，使国民都能达到一个最基本的生活水平。

由我国政府提供的与国民人身相关的社会保险有养老保险、医疗保险、失业保险、工伤保险和生育保险，亦即用人单位常提及的“五险一金”中的五险。由于我国的社会保障属于社会共济模式，因此社会保障的保费并不是完全由国家负担，而是由国家、企业和个人三方共同为社会保障的基金融资。

我国的社会保障制度较西方国家而言建立较晚，但是发展速度较快。从美国每次总统大选都会提及医疗改革来看，并不是所有的发达国家的福利制度都已经十分健全。

（一）养老保险

从性质上来说，养老保险属于生存保险中的年金保险。在我国，养老保险是我国保险制度中的一种形式，是社会保险的重要组成部分，它是为保障劳动者年老丧失劳动能力、退出社会劳动领域后的基本生活需要而设立的保险。其具体保险方式是：由被保险人在退休前向政府养老保险机构或其他提供养老保险的合法机构缴纳养老保险金，在被保险人退休后，由保险人向被保险人定期或一次性给付养老保险金。

养老保险通常有三大支柱：第一支柱是政府所提供的养老保险，是最基础的养老保险措施，也就是人们常说的基本养老保险；第二支柱是企业年金，不是所有的企业都会为其员工提供企业年金，即不是所有人都能够享受到第二支柱的养老保险福利，因此企业年金的覆盖率没有政府所提供的养老保险高；第三支柱是个人储蓄性养老保险，主要构成是商业养老保险，也有其他类似性质的机构提供的个人储蓄性养老保险，其模式和税收优惠制度在我国仍旧处于试点发展状态，基本未普及。这里讲的仅指社会保障中的养老保险。

养老保险在国际上大致有四种类型：（1）西欧国家大多使用福利国家型养老保险，养老保险待遇水平高，但国家财政负担重；（2）日本、美国实行社会保险型养老保险，对不同社会成员适用不同的保障标准；（3）俄罗斯等国家则使用国家保险型养老保险，国家和企业负担全部养老保险费用；（4）新加坡等国家则实行强制储蓄型养老保险，保费进入职工个人账户，退休时连本带利发放给职工个人。

养老保险的模式也大致有四种：（1）现收现付制，是以当年在职职工缴纳的养老保险费来支付当年已退休的人员的养老支出；（2）完全积累制，是将职工个人和企业缴纳的养老保险费存入其私人账户，职工退休后，将其个人账户中的本利用于自己的养老支出；（3）统账结合的部分积累制，是前两种模式的结合，职工和企业缴纳的养老保险费一部分用于即时的社会统筹，另一部分计入职工的个人账户；（4）个人账户的部分积累制，是将所有缴纳的养老保险费计入个人账户，但是个人账户只记载缴费记录，职工退休后，按照个人账户中的记录计算养老保险金，所缴纳的费用的一部分则用于支付当年已经退休人员的养老保险金。我国现在实行的养老保险制度属于独立创新的“社会统筹和个人账户相结合”模式。

养老保险的作用可以从宏观、微观两个角度来体现。从微观角度来说，对于劳动者个人而言，养老保险使得劳动者老有所养，在其有劳动能力时为社会贡献了自己的劳动力，推动了社会的进步。当劳动者由于年老而丧失劳动能力时，正是因为养老保险才使得他们能够获得必要的生活保障。从宏观角度来说，养老保险对国家和社会的安定具有保障作用，促进了社会的发展，还可以调节国民收入，实现收入二次分配。在人口老龄化到来的时代，养老保险更是国家社会保障制度和国民生活中不可或缺的重要部分。

（二）医疗保险

我国政府提供的医疗保险也被称为基本医疗保险，是为了补偿劳动者因为疾病风险造成经济损失而建立的社会保险制度。我国基本医疗保险的费用由企业和个人共同负担，一旦参保的个人因患病产生了医疗费用，基本医疗保险的经办机构则会对参保个人补偿一定的保险金，以减少参保人因患病而产生的经济负担。

我国目前的基本医疗保险制度由三部分组成：城镇职工基本医疗保险制度、新型农村合作医疗制度和城镇居民基本医疗保险制度。这三项制度基本包含了城镇职工、城镇居民和农村居民在内的大部分公民。城镇所有的用人单位，包括企业（国有企业、集体企业、外商投资企业、私营企业等）、机关单位、事业单位、社会团体、民办非企业单位及其职工，都需要依法参加基本医疗保险。

基本医疗保险设立有统筹基金和个人账户。职工个人缴纳的基本医疗保险费将全部计入个人账户，而职工所在单位缴纳的基本医疗保险费则分为两部分，一般将其中的30%划入个人账户，剩余部分则用来建立统筹基金，统筹基金用于支出给医疗保险中需要享受待遇的参保人员，一般用于支付起付标准之上、统筹基金最高支付限额以内的特定项目的基本医疗费用，常用于大病或者住院的费用。

（三）失业保险

失业保险指的是国家通过立法强制缴费建立基金，对因为失业而暂时中断生活来源的劳动者提供一定程度的物质帮助的社会保障制度。根据《中华人民共和国社会保险法》（2018年修正）第44条的规定，职工应当参加失业保险，由用人单位和职工按照国家规定共同缴纳失业保险费。

失业保险保险费的缴纳按照《失业保险条例》第6条的规定进行：城镇企业事业单位按照本单位工资总额的2%缴纳失业保险费；城镇企业事业单位职工按照本人工资的1%缴纳失业保险费。城镇企业事业单位招用的农民合同制工人本人不缴纳失业保险费。

只要符合以下三个条件，即可从失业保险基金中领取失业保险金：失业前用人单位与本人已经缴纳失业保险费满1年的；非因本人意愿中断就业的；已经进行失业登记，并有求职要求的。

（四）工伤保险

工伤保险是为了保障因工作遭受事故伤害或患职业病的职工能够获得医疗救治和经济补偿，促进工伤预防和职业康复，并且分散用人单位的工伤风险而制定的社会保险的组成部分。根据《工伤保险条例》第2条的规定，中华人民共和国境内的企业、事业单位、社会团体、民办非企业单位、基金会、律师事务所、会计师事务所等组织和有雇工的个体工商户应当依照《工伤保险条例》的规定参加工伤保险，为本单位全部职工或者雇工缴纳工伤保险费。

工伤保险与人身意外伤害保险有重合的部分，但是二者在性质、适用范围、偿付水平上都有着本质的不同。工伤保险属于社会保险，人身意外伤害保险大多属于商业保险的范畴。工伤保险是法定强制参与的，然而除了极个别法律规定强制购买的人身意外伤害保险外，是否购买人身意外伤害保险是由投保人自行决定的。

（五）生育保险

生育保险是国家对女职工在怀孕和分娩期间给予的一种物质帮助制度。建立生育保险制度是为了维护企业女职工的合法权益，保障她们在生育期间得到必要的经济补偿和医疗保健，均衡企业间生育保险费用的负担。

依据《企业职工生育保险试行办法》，生育保险根据“以支定收，收支基本平衡”的原则筹集资金，由企业按照其工资总额的一定比例向社会保险经办机构缴纳生育保险费，建立生育保险基金。生育保险费的提取比例由当地人民政府根据计划内生育人数和生育津贴、生育医疗费等多项费用确定，并可根据费用支出情况适时调整，但最高不得超过工资总额的1%。职工个人不需要缴纳生育保险费，而由职工所在企业代为缴纳。

二、企业年金

（一）企业年金的概念与设立条件

企业年金能够管理的只是收入曲线与支出曲线不匹配中的老年风险，即寿命过长个人储蓄不足以养老的风险。它由企业提供资金为职工设立，多用于职工养老保险的补充。企业年金是多层次养老保险体系不可或缺的组成部分，是企业及其职工在依法参加基本养老保险的基础上，自愿建立的补充养老保险制度。

所有企业只要符合规定的条件，便可依法建立企业年金，这些条件包括：依法参加基本养老保险并履行缴费义务；具有相应的经济负担能力；已建立集体协商机制。

（二）企业年金的管理

企业年金的资金来源于员工个人缴费、企业缴费和基金投资收益，而建立企业年金的单位，必须确定企业年金的受托人，由专门的受托人管理企业年金。专门的受托人可以是符合国家规定的法人受托机构，也可以是企业自己成立的企业年金理事会。如果是法人受托机构，则应当选择具有管理基金资格的商业银行或者专业托管机构作为托管人负责管理企业年金筹资后的基金。企业年金基金应当以签订书面合同的方式与受托人、账户管理人、投资管理人和托管人确立委托关系。

建立了企业年金基金后，年金应按照个人账户进行管理。企业年金的投资渠道与比例应当按照国家《企业年金基金管理办法》的相关规定进行。企业年金基金财产限于境内投资，投资范围包括银行存款、国债、中央银行票据、债券回购、万能保险产品、投资连结保险产品、证券投资基金、股票，以及信用等级在投资级以上的金融债、企业（公司）债、可转换债（含分离交易可转换债）、短期融资券和中期票据等金融产品。《企业年金基金管理办法》对每项投资产品都有相应的投资比例限制。

（三）企业年金的领取

员工在达到法定退休年龄时，可以从本人企业年金个人账户中选择一次性或者定期领取企业年金。若员工未达到国家规定的退休年龄，不得从企业年金个人账户中提前提取企业年金。员工或者退休员工死亡后，其企业年金个人账户余额由其指定的受益人或法定继承人一次性领取。

（四）企业年金的作用

企业年金的作用也可以从微观和宏观两个角度来理解。从宏观角度来看，企业年金不仅能够减轻国家养老财政负担，还可以促进国家经济发展。从微观角度来看，企业年金可以提升参与人的晚年生活水平，并有助于提升企业竞争力。

1. 补充完善养老保险体系，提高退休人员退休后的生活水平

早在1991年，我国就提出要建立以基本养老保险为第一支柱，补充养老保险（企业年金）为第二支柱，个人储蓄性养老保险为第三支柱的养老保险体系。

随着人口老龄化的加剧，在养老金并轨后，养老金的替代率问题更加引人关注，我国过低的养老金替代率已经成为影响社会和谐程度的一个因素。随着经济的发展和社会的进步，越来越多的国民已经不满足于社会提供的养老保障，他们迫切需要提高自己退休后的生活水平，达到更高的养老金替代率水平。作为养老保险体系第二支柱的企业年金和养老保险体系第三支柱的个人储蓄性养老保险正是提高养老金替代率、提高退休人员退休后生活质量的不可或缺的保障。

2. 提高企业竞争力

由于企业年金是企业和职工自愿参与的养老保险组织形式，且需要企业拥有一定的经济实力，因此，只有优秀的企业才能够建立企业年金制度，为员工补充养老保险。能够提供丰厚福利待遇的企业又可以吸引到更多的优秀员工和人才加入和留在企业。此外，企业年金还可以成为企业员工参与企业利润分配的一个途径，让员工的利益与企业的利润紧密联系起来，促进员工积极参与企业管理和努力提高自身工作能力。

3. 丰富完善资本市场，促进经济发展

企业年金基金的建立，会形成一个需要通过投资获取收益的累积了巨额资产的庞大基金池。将企业年金基金的资金投入资本市场，将使得资本市场获得更多的资金来源，为资本市场注入活力，并在丰富资本市场的同时促进融资，调动创新产业的积极性，从而加速国家整体经济发展，提升国家经济上的竞争力。

从宏观管理角度看，企业年金也有助于减轻国家养老方面的财政负担，提高退休人员的养老金替代率。

三、商业人身保险

（一）商业人身保险的概念

本书阐述的主要是商业性人身保险，简称“人身保险”。商业人身保险是指由专门的保险企业经营，通过订立保险合同运营，以营利为目的的人身保险形式。商业人身保险由当事人双方自愿订立合同，投保人根据合同约定，向保险公司支付保险费，保险公司根据合同约定，在发生被保险人人身死亡、伤残、疾病或达到约定的年龄或期限时给付约定保险金，包括寿险、意外险和健康险。

人身保险就是人身风险管理的一种转移风险的手段。但在人身保险发展的历程中，保险经营者逐渐认识到，人身风险的普遍性、复杂性，往往与保险经营的商业性特别是其营利目标相冲突，如果对人身风险不加甄别地一律加以保险，则有可能给保险经营带来危机，使保险经营者陷入危机境地。因此，保险人根据人身保险的一些特征，可将人身风险划分成可保风险与不可保风险。当然，可保与不可保的标准会随着经营理念的改变、技术的进步而有所变化，但其一般的原则是不太容易改变的。

（二）可保人身风险

传统上，可保人身风险具体包括以下几个基本条件。

1. 人身风险必须有大量同质风险标的

人身保险的基本原理在于，大量有出险可能的同质人身风险单位集合在一起，以所缴纳的保费作为对价，换取其中部分人身风险单位出险时获得经济补偿。因此其运作的数理基础就是大数定律。如果只有单个的或少量标的的风险，大数定律就不再起作用，保险经营就难以持续。以死亡风险为例，如果只有个别或少数人，就无法对单个被保险人的风险发生进行预测，保险经营者无法确定某个人什么时候死亡、什么时候伤残、什么时候生病，如果对个别人进行承保，该个别被保险人一旦出险，保险经营者的损失就会远超其所收取的保费，如果仍以保险经营的原理对该个别风险单位进行风险管理，这就相当于赌博了。相反，如果有一组相同风险的人群，人数足够多的话，保险人就可以在大量风险统计数据的基础上，通过大数定律比较精确地预测死亡率、伤残率、住院率、损失率等，编制出生命表、发病率表、伤残率表等，并在此基础上确定保费，进行保险经营。

所谓同质风险，是指风险单位在种类、品质、性能、价值等方面大体相近。人身风险天然就存在着一定的同质性。如前所述，人身风险无非生、老、病、死、残，这些风险都是客观存在、无法规避的，其发生与否、什么时候发生，对于每一个个体而言都是难以预知的而且是平等的，在外围环境相同的情况下，客观存在的物理世界并不会对某一个人产生偏爱或鄙视。以死亡风险为例，影响这一风险同质性的因素包括人的年龄、性别（在年龄相同的情况下，男性的死亡概率高于女性）、职业、健康状况、性格、家族病史、生活（包括饮食习惯、居住环境）等，因此，在不违背法律精神的原则下，保险人应在这些方面对被保险人进行核保，以尽可能使大量的同质性的人身风险分到一组，使保险人能根据长期经营形成的经验测定风险，确定出相对准确的费率，从而从事并完成保险经营的各个环节。

2. 人身风险应有发生重大损失的可能

通常情况下，对于不会影响家庭财务稳健性的微小损失（比如一般性的感冒、手指划破了到医院去包扎一下等产生的医疗费用），一方面家庭不需要专门购置保险加以应对，另一方面其发生频率较高，保险公司核保理赔费用因此较高，保费确定与损失预期相比并不经济。供需双方对这类风险均不会寻求保险的方式来管理。只有那些可能会给家庭或个人带来重大损失的人身风险才被认为是可保的。比如，家中有学龄期子女的双职工家庭，如果父母双方有一位因故致残，无法继续工作，就会导致家中收入急剧减少，为了防范这种潜在风险损失的可能，他们就应该也可以通过购买人身保险来规避这类人身风险带来的财务风险。

3. 人身风险的发生是偶然的、意外的

人身风险发生的偶然性，是指人身风险的发生与否、损失程度，对单个风险主体而言是偶尔的、不可预测的，具有随机性。人身风险要成为可保风险的必要条件就是其发生与否要具有偶然性，应由不可预料的、非投保人或被保险人故意引发的意外事件导致，可预料性越强，越易发生逆选择，而投保人或被保险人故意引发的意外事件属于道德风险，道德风险导致的损失，保险公司不会予以赔偿。比如重大疾病、意外伤亡的发生往往是难以预料的，而人的死亡虽然是必然事件，但是什么时候死亡通常却是偶然的。

虽然风险事故是否发生及万一发生其损失程度如何，这个问题对于单个主体而言事前是无法预知的，但是如前所述，保险人可以通过收集大量的数据对这些事故进行分析，找出其发生的规律性，计算出风险事故在不同时间段的发生概率、发生时的损失期望与方差，从而将偶然的、不可预知的风险损失，转化为可知的保险费支出，从而顺利实现保险经营的全过程。这就是保险公司风险池的理念，即保险人向所有希望转移人身风险所造成损失的个人或团体收取保险费，将人身风险造成的经济损失在面临相同风险并参保的个体与团体中共同分担。

4. 同质人身风险单位必须是独立的

对保险人而言，不能形成巨灾风险。比如像战争导致的死亡伤残风险，对于同一地区的被保险人而言，其风险就不是独立的，有可能一次损失事故的发生造成大量风险单位的损失，就会对保险公司造成灾难性打击。这种风险对保险人而言，通常就是不可保的，因为保险公司无力承担为这种损失给付保险赔偿金的责任。为了防止类似巨灾损失发生给保险公司造成巨额损失从而影响公司经营的稳健性，保险公司通常不承保这些巨灾风险；即使承保了这类风险，保险公司也会将其承保的风险进行分散，比如承保了某地活火山爆发导致当地居民死亡的风险，保险公司可以通过再保险将可能遭遇的巨额损失转移到再保险人手中，只留下部分保额，即自留限额，而再保险公司又可以通过全球承保对所接受的分保业务再次进行风险分散。

5. 人身风险损失具有确定的概率分布

损失具有确定的概率分布是保费计算的前提。计算保费时，保险人对客观存在的损失分布要有正确的判断。比如医疗费用损失，如果保险人对该损失分布没有相对明确的分布判断，就无法计算期望损失及其波动，从而无法相对准确地计算保费。实际上，保险人经营中采用的风险事故发生率及损失额的分布只是真实概率与分布的近似估计结果，是靠经验数据统计、计算得出的。因此正确选取经验数据对于保险人的保费确定至关重要。有些统计数据，如人口死亡率、医疗费用等，具有一定的“时效性”，像这种经验数据，保险人必须随着时间的推移适当作出相应调整。

6. 个别人身风险损失必须是明确的

对于大多数险种而言，可保风险都要求风险损失在时间与金额上都是可以明确界定的，也就是说，保险人必须明确规定保险金额和保险金的给付时间。人身风险有一些特殊的地方，这就是，人的身体与寿命是无价的，无法用金钱衡量，所以死亡、疾病、残疾和年老等风险事件导致的经济损失就难以用经济指标加以度量，尽管这些风险事件的状态是易于识别的。因此，人身保险中，保险人通过与被保险人或投保人商定的办法，在保险合同中规定所承保事件发生后保险人给付的保险金额。

有人可能会说，如果以上述可保风险的标准衡量现有保险产品会发现，有若干保险产品丝毫不符合上述要求。比如运动员刘翔的双腿投保了1亿元；詹妮弗·洛佩兹为头发投保5 000万美元，脸投保5 000万美元，胸部投保2亿美元，臀部投保3.5亿美元，腿部投保10亿美元，总计保额16.5亿美元……类似的保险还包括世界上最贵的耳朵、最贵的鼻子等。这些被保险对象都是人的身体的一部分，在全球都属于独一无二的。如果有“大量同质的风险单位”，这些脸、鼻子、耳朵就无法投保了。再比如英国某保险公司推出的外星人绑架险、怪兽攻击保险等，这些风险事件发生的概率根本不可测。那么，如何理解这些保险呢？

我们认为，上面的这些产品，虽然是以“保险”命名的，但它们本身并不属于真正的保险。第一类世界上独一无二的人，他们购买的，其实是一种综合风险管理服务，而所谓的外星人绑架险等，本质上只是一种文化娱乐活动，与保险毫不相干。那么，可保风险有什么样的特征呢？这里我们不加推理地给出一些参考答案，供读者思考补充。我们认为，凡符合以下几种特征的风险，均可以成为可保风险：（1）如果确实存在风险事件，那么风险事件的发生必须是随机的、意外的；（2）产品运营在经济上是可行的；（3）精算上可行（能计算出运营成本）；（4）法律上合法；（5）不违背公序良俗。凡是符合这几点要求的均可作为保险产品加以开发。当然，上述标准仅供读者参考，尚不能作为严格的学术结论加以论证与推广。

(三) 商业人身保险与储蓄的区别

从财务生命周期的角度讲，金融产品在很大程度上都是满足人们规避人生财务生命周期中不确定性的需求的产物。对于生命周期中的不确定性，人们既可以求助于保险解决，也可以求助于其他金融产品解决。比如应对人身风险意外事件造成的支出或收入波动，既可以通过购买人身保险加以管理，也可以自留风险，以储蓄余额加以应对，为对抗通货膨胀或获取高额收益，人们还可以投资于证券市场，以投资收益对抗未来面临的各种经济风险。随着经济发展，目前主要的人身保险产品，尤其是长期人寿保险，保险公司对投保人缴纳的保费计息并在满期后全部或部分地返还给受益人的产品很多，由于其返还数目大大多于投保人所缴纳的保费，所以被人们普遍认作是一种投资手段。那么人身保险与这些产品的区别在哪里呢？在此仅主要对比储蓄、投资与人身保险的不同。

在比较它们的不同之前，我们先简单讨论一下它们的相同之处。如前所述，有一些人身保险如终身寿险、教育保险、年金保险等都具有明显的储蓄性质。从整个社会的角度看，无论是储蓄、投资，还是人身保险，其实都是将现有的剩余资金，通过储备或投资以应对未来的意外支出。生存类保险与储蓄类似，都是以准备财产的形式，为未来安定的生活做储备。两者都是减少现在的消费，把一部分货币使用权暂时让渡给其他经济主体，经过一段时间形成储备，为未来的风险事件的发生做准备，以保障家庭和个人生活的正常进行，但是两者又有根本性的区别。

1. 风险处理技术不同

储蓄是纯粹的个人行为，利用储蓄管理未来自然灾害及意外事故，本质上属于一种风险自留的财务手段。投资虽然较储蓄复杂，但其出发点都是获取投资收益。从理财规划的角度来看，投资与储蓄的差别无非是面临的风险不同，收益也有所差异，但从应对人身风险的角度来看，两者是一致的，都属于一种风险自留。

人身保险是一种互助行为，是由众人共同参加、缴付保险费，建立保险基金，帮助少数人克服自己或他人发生人身风险而引起的生活困难或是改变生活倚仗和生活水准。人身保险体现的是“人人为我，我为人人”的保险宗旨，目的在于分散风险、分摊损失。

2. 所得性质不同

储蓄活动转让出去的资金，其所有权仍然属于储蓄人，转让的只是暂时的使用权，最终所得是本息之和，属于个人财产。这种个人资金原则上可以自由地、无条件地提取使用，所以有“存款自愿，存取自由”的说法。而投资转让资金未来所得，本质与储蓄类似，获得的都是本金与投资收益（亏损则意味着收益为负）。

人身保险缴纳的保费本质上属于购买服务的对价，是直接的所有权转让。投保人缴纳保费，本质上是以所缴纳的保费购买一份服务，这份服务就是保险人的承诺，保险人承诺在未来发生合同约定的风险事件时给予保险金补偿。当然，如果没有发生风险事件，所缴纳保费的保障部分，保险人也不予退还，这是因为这份服务已经提供过了——虽然看不见摸不着。因此人身保险的所得属于射幸性的，只能是以一定的概率获得。投保人缴纳的保费会受到保险合同的制约，不能自由提取，即便是保费中储蓄的部分，提取也需要经过保险人审核后才能执行，并非投保人的个人自由行为。

3. 保障性不同

虽然人身保险的所得是射幸性的，但人身保险所得与储蓄、投资相比数额相差甚大，因此真正出现风险事件时，两者的保障性也相差很大。

储蓄投资的回收值是本息之和，经过一段时间的积累，由固定收益或浮动收益、单利或复利累积而成。意外需要时储户最终只能取得本息之和，保障也在此之内。投资收获的也是出资额与投资收益之和，对意外事件的保障也在此之内。

人身保险出险时，被保险人或受益人所得绝非保费积累之和，而是合同约定的保险金，且该保险金通常远远大于投保人所缴纳保费的本息和，从而对风险事件的保障水平，也远高于储蓄。当然，如果没有发生人身保险合同约定的风险事故，而且在满期之前退保，投保人能取回的只能是保费积累值中被称为“现金价值”的部分，这部分的价值，要在保费本息之和的基础上扣除保险人分摊至本保单上的各项经营费用，还要扣除相应的退保惩罚金。

4. 经营技术不同

储蓄的技术就是单纯的利息技术，有单利和复利两种。通常都采用复利技术，因为复利技术更符合利息的经济性质。储蓄技术的关键就是利率的确定，与储蓄有关的参数包括利息率、时间长度等。而利率可以视作资金价格，由一国金融市场、金融政策、物价水平、资金供需态势等因素共同作用。投资技术属于金融市场的内容，虽然相当复杂，但这些技术主要处理投机风险，属于金融技术。计算所得时仍然采用的是简单的复利技术。

人身保险的定价技术要比单纯的复利技术复杂得多，它是一整套的精算技术。寿险产品的定价技术称为寿险精算，基于生命表、利息理论对寿险产品进行定价；非寿险包括意外险、医疗保险等，需要用到更复杂的数理统计技术，计算出险概率、损失额度的各种分布，以及对这些分布的调整。所以人身保险的保险费率的精算技术要求更高，考虑的问题更复杂，要求的专业性更强，这些都远远超出了对储蓄的要求。

关键词

财务需求　　生命周期　　收入及其风险因素　　支出及其风险因素

储蓄及其风险因素　　养老金　　社会保险　　企业年金
可保人身风险

复习思考题

1. 总结整个财务生命周期中个人在不同阶段可能遭遇的各类风险，包括不同时期的短期风险、生命周期中的长期风险等。

2. 结合风险管理基础理论，试分析个人生命周期中面临不同风险时可选择的风险管理手段。

3. 简述社会保险的概念、分类及社会保险与商业保险的区别。

4. 简述企业年金的设立条件，并理解企业年金委托人、受托人、账户管理人、投资管理人和托管人之间的关系，及各自的职责与权利。

5. 简述可保人身保险成立的条件。

第二章　人身保险的基本原则

前一章讨论了人身保险需求因素，包括需求产生的原因——生命周期中理财规划、防范财务生命周期中的各类风险导致的财务危机（包括收入的减少、支出的增加及相应的储蓄受损）等，讨论了需求的测算、保险能够管理的风险的特征及满足哪些特征的人身风险能够寻求保险的帮助，并以储蓄为例讨论了其他管理人身风险的工具与保险的区别。这些分析结果还不足以完整描述能够以保险产品进行管理的人身风险的特征，至少还差两个角度：第一，这种需求是否是有货币支付能力的需求。因为在市场经济年代，商业保险服务必须以保费作为对价才能获得，没有货币支付能力的需求只能算是潜在需求。本章对这一问题暂不讨论，留待后续章节。第二，这种需求从原理、保险公司安全且持续经营的要求上，能不能被满足，如何加以满足。本章将针对这些问题展开相对详细的讨论。

关于从保险经营角度某些人身风险管理的要求能不能以保险产品加以满足以及如何加以满足，在保险业发展之初人们对此并无很清晰的认知，也因此发生了一些在现代保险看来根本不可能发生的事情，比如毫不相关的人以社会名流作为被保险人投保人身保险，实质上是在以被保险的社会名流的生命与健康作赌注的事情。经过若干的实践，保险在发展的过程中逐渐形成了一些被人们公认的基本原则，这些原则成为保险业健康发展必须遵循的准则，也是人们开展保险活动的基本准则，它们贯穿于整个保险业务（不仅仅是人身保险业务）的始终。坚持这些基本原则有利于维护保险双方的合法权益，更好地发挥保险的职能和作用；有利于保障人们的生活安定、社会进步，从而能够切实满足人们管理人身风险的一些需求。这些原则具体包括四大方面，即保险利益原则、最大诚信原则、近因原则和损失补偿原则。其中保险利益原则就是继续回答“什么样的保险需求才能被满足”；最大诚信原则回答的是“投保人及保险人应如何做，投保人的保险需求才能被满足”；近因原则和损失补偿原则回答的是“保险需求最终是如何被满足的”。

第一节 保险利益原则

一、保险利益的含义

保险利益即投保人对保险标的所具有的法律上承认的利益，又称可保利益或可保权益。它是投保人可以向保险人投保的利益，体现了投保人对保险标的所具有的法律上承认的利害关系，即投保人因保险标的未发生风险事故而受益，因保险标的遭受风险事故而受到损失。应特别注意的是，保险利益建立在保险标的之上，但并非保险标的本身，它是一种经济利益关系。

（一）保险合同成立的前提

《中华人民共和国保险法》（以下简称《保险法》）第 31 条规定，投保人对保险标的应当具有保险利益，投保人对保险标的不具有保险利益的，保险合同无效。

保险利益是保险合同生效的依据和根本前提。投保人只能为其具有保险利益的标的投保；否则，保险人可宣布合同无效。

（二）是否具有保险利益

判断投保人或被保险人对保险标的是否具有保险利益的关键，是看投保人或被保险人是否会因保险标的的损害或丧失而遭受经济上的损失。

（三）保险利益与保险标的

人们容易对保险利益与保险标的的含义产生混淆。保险利益是建立在保险标的之上的经济利益关系，保险标的是保险利益的载体，但保险利益不是保险标的本身。

（四）保险利益不是保险合同的利益

保险利益是保险合同的客体，是保险合同生效的依据，但它并非保险合同的利益。保险合同的利益是指由保险合同本身带来的直接和间接利益，比如某人如果有一份 1 000 万元的寿险合同，在某些时候此合同就可以成为其经济实力乃至信用等级的明证，从而有利于其他商业合同的签订，这就是保险合同给人们带来的收益。

二、保险利益的构成要素

一种利害关系要成为保险利益，必须具备以下几个要素。

（一）必须是合法利益

保险利益必须是合法利益。比如，一些犯罪分子控制残疾儿童在街头乞讨，虽然这些犯罪分子会因为乞讨儿童的死亡、疾病而有利益损失，但他们对乞讨儿童的利益关系本身就是非法的，因此他们对所控制的乞讨儿童就不具备可保利益。

（二）必须是客观确定、能实现的利益

人身保险投保时保额超过一定限额（很多时候是 30 万元），保险公司就需要对被保险人进行财务调查（比如要求投保人提供被保险人的收入证明等），其本质是，以投保人的财务状况，确认所投保额是客观的、能够实现的，而非投保人完全按照主观意愿来决定的。

（三）必须有经济价值

保险利益必须是能以货币衡量的。这一点严格而言其实并不适用于人身保险，因为人的身体与寿命是无价的，但是在人身保险实践中却需要落实这一条，比如投保意外伤害保险时，尽管人的身体与寿命对本人而言是无价之宝，但合同双方还是要确定一个保额，肢体受损时保险人还是要按总保额的一定比例来确认一个货币额度，不能以一个抽象的价值进行投保。

三、为什么规定保险利益原则

（一）避免赌博行为

保险合同是一种射幸合同，人身保险的被保险人或受益人能否获得保险人的给付，取决于保险事件是否发生，而风险事件的发生又具有一定的概率性，因此从表面上看，保险与赌博投机有相似之处。如果不规定保险利益原则，听任任何不具有保险利益的当事人以投保人的身份将他人生命或健康作为保险标的投保，并指定自己为受益人的话，那么这种行为就相当于投保人以所缴纳的保费作为赌资参与赌博，赌被保险人发生约定的人身风险事故时，他可以获得远超保费的保险赔偿——在这场交换中，投保人根本不会因为被保险人的人身风险事件而遭受任何损害，他期望的只是以较少的保费，获得大额的保险赔偿金。规定了保险利益原则，这种行为就不会发生，从而使得保险与赌博完全区分开来。

（二）防范道德风险

道德风险是保险学上的一个特有名词，它是指投保人为了获取保险赔款而故意促使保险事故的发生，或者在保险事故发生时，放任损失的扩大。规定保险利益原则的目的就是防止道德风险的发生。如果没有保险利益的要求，则继续往下衍生赌博行为的逻辑——投保人或者为了自己，或者为了与其有共同利益关系的受益人获得保险赔偿，而故意促使被保险人发生合同约定的人身伤害事件，毕竟，没有保险利益时，被保险人受到伤害，投保人不会有任何损害。而保险利益原则就使得这个问题能较好地被避免。

（三）限制损害赔偿程度

保险事故发生时，受益方请求的损害赔偿额不得超过保险利益的金额或价值，若不坚持保险利益原则，受益方请求的损害赔偿额超过保险利益的金额或价值，也就是说获得和所受损失不相称的利益，这将可能引致道德风险，损害保险人的合法利益，更深层次将否认或是减损保险活动的价值。

（四）使风险因素相对稳定

风险因素的变化会直接影响保险关系，而保险利益的变动正是导致风险因素发生变化的一个重要原因。

四、人身保险的保险利益分析

（一）人身保险保险利益的决定

人身保险以被保险人的生命或身体为保险标的，所以，只有当投保人对被保险人的生命或身体具有某种利益关系时，投保人才对被保险人具有保险利益。这种利益不直接体现为投保人对保险标的的利害关系，而体现为投保人和被保险人之间的人身依附关系或者经济依赖关系，其特征包括无法衡量，不存在代位求偿，必须是确定的、现有的。

1. 为自己投保

投保人对自己的生命或身体具有无限的保险利益（当然，这种无限只是对投保人自己而言的。对保险人而言，这种利益还必须是基于现实基础的可实现的利益），因此，投保人可以为自己投保人身保险。

2. 为他人投保

当投保人以他人的生命或身体为标的投保时，保险利益的确定在国际上有不同的规定，主要有两种不同的原则，即利益主义原则与同意主义原则。

英美法系国家基本上采用利益主义原则，即保险利益的判断取决于投保人与被保险人是否具有经济上的利害关系。

大陆法系国家则通常采取同意主义原则，即无论投保人和被保险人之间有无经济利益关系，只要被保险人同意，就视为具有保险利益。

根据我国《保险法》的规定，投保人除对本人、近亲属等有利益关系的人具有保险利益外，被保险人同意投保人为其订立合同的，视为投保人对被保险人具有保险利益。在实务操作中，一般要求投保人和被保险人之间必须存在合法的经济利益关系，并且保险金额须限制在投保人对标的所具有的保险利益限度内；以死亡为保险金给付条件的人身险合同，须被保险人书面同意（父母为自己未成年子女投保的除外）。可见，我国实际实行的是“利益和同意相结合”的原则。

（二）人身保险利益的种类

《保险法》第31条规定："投保人对下列人员具有保险利益：（一）本人；（二）配偶、子女、父母；（三）前项以外与投保人有抚养、赡养或者扶养关系的家庭其他成员、近亲属；（四）与投保人有劳动关系的劳动者。除前款规定外，被保险人同意投保人为其订立合同的，视为投保人对被保险人具有保险利益。"

因此，人身保险利益可以分为以下四种：（1）本人的保险利益；（2）家庭成员之间的保险利益；（3）劳动关系产生的保险利益；（4）债务关系、合作经济关系产生的保险利益。需要注意的是，在人身保险中，保险利益是对投保人的要求，而不是对被保险人或受益人的要求。

（三）人身保险保险利益的适用时限

和财产保险的规定不同，在人身保险中，只强调投保人必须在合同订立时对被保险人具有保险利益；当保险事故发生时，保险金请求不以此时投保人是否仍具有保险利益为条件。之所以这样规定是因为：人身保险中，保险事故发生后，保险金给付对象是受益人或被保险人，而不是投保人。因此，保险事故发生时，投保人是否具有保险利益并不影响保险金的正常给付。

这一规定的实践意义是，只要投保人在投保时对被保险人具有保险利益，即使之后发生离异、雇佣合同解除等事项，投保人丧失了保险利益，也不影响保险合同的效力，保险人仍须向被保险人或受益人给付保险金。

对于投保人同时作为受益人的情况，受益人的指定须经被保险人同意；当被保险人因受益人的故意行为受到伤害时，受益人丧失受益权，从而保障了被保险人的生命安全和利益。

（四）人身保险利益的变动

在人身保险中，若投保人死亡，并且投保人和被保险人不是同一人，如果被保险人的利益属投保人专有，如因亲属关系、赡养关系而产生的利益，保险利益不得转移；如果被保险人的利益并非属投保人专有，如因债权债务关系而产生的利益，则保险利益由投保人的继承人继承而继续存在。同时，因债权债务关系而订立的人身保险合同，保险利益也可以随债权一同转让。

第二节　最大诚信原则

在保险活动中，最早以法律形式出现的最大诚信原则，是英国1906年《海上保险法》中的规定："海上保险是建立在最大诚信原则基础上的保险合同，任何一方不遵守合同规定，其他方可以宣告合同无效。"《保险法》第5条也有相关规定："保险活动当事人行使权利、履行义务应当遵循诚实信用原则。”

一、最大诚信原则的含义

（一）诚信原则

一般认为，诚信原则要求人们在民事活动中诚实守信，一方当事人对另一方当事人不得隐瞒和欺骗；同时，任何一方当事人都应善意地、全面地履行自己的义务。诚信原则是市场经济活动的一项基本道德准则，是现代法治社会的一项基本法律规则，是一种具有道德内涵的法律规范。我国《民法典》第 7 条规定，“民事主体从事民事活动，应当遵循诚信原则，秉持诚实，恪守承诺”。事实上，诚信原则是各国立法对民事、商务活动的基本要求，是订立各种经济合同的基础。

（二）最大诚信原则

在保险合同关系中，对当事人的要求比一般的民事活动更为严格，这就表现为最大诚信原则。最大诚信的含义是指当事人向对方充分而准确地告知有关保险的所有重要事实，不允许存在任何的虚伪、欺骗和隐瞒行为，同时绝对信守合同订立的约定与承诺。例如，被保险人患有先天性疾病，即便这种疾病一般的体检查不出来，投保人也必须将这一情况如实告知保险人。

这里有必要对“重要事实”进行详细解释。所谓“重要事实”，即对保险人决定是否承保以及以何种条件承保起影响作用的事实，它将影响保险人决定是否接受投保人的投保及如何厘定保险费率等重要合同内容。比如某人投保人身保险时，如果他曾经做过心脏手术，这就属于重要事实；但他如果只是因为打网球受伤，做过左脚拇指的止血手术，这就不属于重要事实。

二、为什么要坚持最大诚信原则

（一）要求投保人坚持最大诚信原则的理由

一方面，投保人对被保险人的风险状况最为了解，而保险人对此并没有充分的信息，如果不坚持最大诚信原则，投保人有可能以自己的信息优势获得一种不当的优势地位（比如被保险人可能带病投保），而保险人为了抵消投保人的这种优势地位，就必然要花费更大的财力物力去对信息进行甄别（核保更严格）。另一方面，保险合同成立后，被保险人的行为也会严重影响其风险状况，如果被保险人不信守承诺，就可能提高出险概率与损失幅度，如果不要求坚持最大诚信原则，保险人为保障稳健经营，就要花费大量资源控制这种不诚信行为。上述两种可能产生的费用，必然由全体投保人承担，从而对于那些坚持最大诚信原则的客户不公平。

（二）要求保险人坚持最大诚信原则的理由

要求保险人遵守最大诚信原则的根本原因是保险不是一种实体商品，而是对未来某项作为的承诺，信息不对称在类似的业务中起很大作用。

具体对保险人而言，要求他们坚持最大诚信原则主要出于以下两个理由：

第一是技术壁垒。保险费是由保险人确定的，费率确定技术是复杂的精算原理。费率是不是合理，一般的被保险人很难了解。

第二是保险合同由保险人单方面拟定，一般的被保险人对保险合同内容，特别是医学、法律方面的专业知识也不是太了解。

此外，保险人也愿意遵守最大诚信原则，因为遵守最大诚信原则，能够保证保险人获得良好的声誉，吸引更多的投保人，从而能广泛收取保费，形成更大的风险池与对应的资金池，进而更能够发挥大数定律的作用，使得保险人的经营更为稳健。

三、最大诚信原则的基本内容

最大诚信原则主要包括三方面内容：告知、保证、弃权与禁止反言。

（一）告知

保险的最大诚信原则中的告知是指广义的告知，又称如实告知。它约束了保险合同双方的行为，即保险人和投保人都要履行各自的如实告知义务。概括来说，它包括在保险合同订立前、订立时以及合同有效期内，投保人对已知或应知的风险和与标的有关的实质性重要事实向保险人做口头或书面的申报；保险人将对投保人利害相关的实质性重要事实据实向投保人说明。

告知集中体现了最大诚信原则中的诚实。保险人根据投保人的告知作出承保决定，即是否承保以及以何条件承保；投保人根据保险人的告知作出投保决定，即是否向该保险人投保，以及是否需要协商附加条款以投保。

1. 投保人的告知

投保人的告知有客观告知和主观告知两种形式。

客观告知又称无限告知，即无论法律或保险人对告知内容有没有明确规定，与保险标的的风险状况有关的任何事实，投保人都有义务向保险人据实说明。可见，客观告知对投保人的要求非常高。在保险立法中，目前仅有英美法系国家采用这种形式。

主观告知又称询问回答告知，即对于保险人有关标的的询问，投保人必须如实回答；对于保险人没有询问的事项，投保人无须主动告知。在保险立法中，大多数国家采用主观告知形式。我国亦属此类。

对于投保人，应告知的内容有以下五个方面：

（1）在保险合同订立时，根据保险人的询问，投保人须对已知或应知的与保险标的及其风险状况有关的重要事实进行如实回答。在实务操作中，保险公司会要求投保人填写投保单，提供投保人、被保险人及保险标的等的详细情况。

（2）保险合同订立后，在整个保险合同有效期内，对于保险标的的风险程度增加，投保人应及时告知保险人。

(3) 保险标的发生转移（如搬家）或保险合同有关事项（如投保人联系方式）发生变动，投保人或被保险人应及时通知保险人，经保险人确认后可变更合同并保证合同效力。

(4) 保险事故发生后，投保人应及时通知保险人。

(5) 有重复保险情况的，投保人应向保险人说明具体情况。

2. 保险人的告知

保险人的告知有明确说明和明确列示两种形式。

明确说明是指保险人须将保险的主要内容在保险合同中明确列出，并且还要对投保人进行正确解释。明确说明对保险人提出了较高的要求。我国保险法要求保险人对保险合同进行明确说明，特别要求保险人对保险合同中的免责条款向投保人作出明确解释。

明确列示是指保险人只需将保险的主要内容在合同中明确列示。国际上一般要求保险人进行明确列示，以履行其告知义务。

保险人告知的内容主要有：

(1) 在保险合同订立时，保险人应向投保人说明保险合同条款的内容，或在合同上明确列示保险的主要内容。

(2) 在保险事故发生或保险合同约定的条件满足时，保险人应按合同的约定履行赔偿或给付义务；如果作出拒赔决定，应寄送拒赔通知书。

（二）保证

保证是指保险人要求投保人或被保险人在保险合同有效期内，对某一事项的作为与不作为、某种事态的存在与不存在作出许诺。保证是最大诚信原则中恪守信用的集中体现。

保证的规定，目的在于控制风险。保证对投保人和被保险人的要求相当严格，一旦违反保证，无论其事实是否对标的的风险状况有重要影响，保险人都可宣告合同无效。

保证分为明示保证和默示保证两种形式。

1. 明示保证

明示保证是以文字或书面的形式在保险合同中载明，作为合同条款的保证。明示保证根据其保证的内容不同，又可分为认定事项保证和约定事项保证。

认定事项保证又称确认保证，它是投保人对过去或现在的某一特定事实存在或不存在的保证。如在车险投保中，投保人保证其车辆在此之前未曾出险。

约定事项保证又称承诺保证，是指投保人承诺对未来某一特定事项的作为或不作为。如投保人承诺今后将保险标的置于某一约定的条件下储藏。比如一般寿险保单会将高风险性的飞行运动列为免赔事项，这实际上就是一种约定的事项。

2. 默示保证

默示保证是指并未在保险合同中明确列出，但是双方在订立合同时都清楚的保证。默示保证无须在保险合同中进行书面表述，通常是国际惯例所通行的准则或社会公认的在保险实务中遵守的规则，一般包括以往的法庭判例、行业惯例的合法化。默示保证在海上保险的实际操作中应用广泛。

（三）弃权与禁止反言

弃权与禁止反言也是最大诚信原则的一项重要内容，主要约束保险人行为。

弃权是指保险合同的一方当事人放弃其在保险合同中可以主张的权利，通常指保险人放弃合同解除权与抗辩权。禁止反言是指合同一方既已放弃其在合同中的某项权利，日后不得再向另一方主张该项权利。

弃权的成立，要具备以下两个条件：

（1）保险人须有弃权的意思表示，可以是明示的，也可以是默示的。

（2）保险人必须知道投保人或被保险人有违背约定义务的情况及由此享有抗辩权或解约权。

> 在人寿保险合同中，对弃权与禁止反言有特殊的时间规定。保险人只能在合同订立之后的一定期限内（一般为两年）以被保险人违反告知义务为由解除合同；超过这一期限，视为保险人放弃该权利，不得再以此为由解除合同。

第三节　近因原则

保险的第三个基本原则称为近因原则。投保人购买保险拿到的保单上会列明承保风险，也就是保险公司承担赔偿责任的风险。然而，就算发生了规定的承保风险，也造成了实际的损失，保险公司并不是对所有的承保风险带来的损失都负有赔偿责任，通常在保单上还会写明：“保险人对由其承保风险近因造成的损失，承担赔偿责任；对非由承保风险近因造成的损失，不承担赔偿责任。”这就是所谓的近因原则。

一、近因原则的含义

甲乙两人外出旅游，归程遭遇不幸两人都身故了。但是甲得到保险公司 20 万元给付，乙只得到了 5 万元给付。同样是身故，为什么保险公司的赔付额不同呢？乙的家属不服。在与保险公司理赔人员交涉的过程中，理赔人员告诉乙的家属：两人虽然最终都因车祸身故，但两人身故的“近因”不同，给付 20 万元的甲是车祸当时即过世，近因就是车祸，而给付 5 万元的乙车祸当时断了一条腿，就医过程中因心脏病发作身故，公司给付的近因是“一下肢 100％残疾”，其本人身故的近因则是心脏病。近因是什么概念？如何根据“近因”判断保险公司应该作出的赔付，这既是保险公司关注与坚守的原则，也是保险消费者应该了解的概念。

（一）什么是近因

要了解近因原则，必须先明确近因的概念。所谓近因（proximate），并不是其字面含义上所体现的发生时间上最为接近的原因，而是指直接促成结果的原因，也即最有效的原因。在保险中，近因是指引起保险标的损失的直接的、最有效的、起决定作用的因素。

早在1907年，英国的法庭就曾对近因下过定义：“近因是指引起一连串事件，并由此导致案件结果的能动的、起决定作用的原因。”英国著名学者约翰·T. 斯蒂尔在其《保险原则与实务》一书中对近因的定义是：“近因是引起一系列事件发生，由此出现某种后果的能动的、起决定作用的因素；在这一因素的作用过程中，没有来自新的独立渠道的能动力量的介入”。

（二）什么是近因原则

各国保险法都对近因原则有明确的规定，将其确立为保险的重要原则之一。但近因原则并不是保险专有的原则，保险中的近因原则是经历了几个世纪才被普遍接受的，其最初的确立大多与海上保险案例有关。虽然近因原则是保险中的重要原则，各国学者对它却并没有形成完全一致的解释。

英国1906年《海上保险法》规定：保险人对以承保风险为近因的损失承担赔偿责任，对承保风险非近因所造成的损失不承担赔偿责任。在我国，一般情况下近因原则（principle of proximate cause）可以表述为：若引起保险事故发生，造成保险标的损失的近因属于保险责任，则保险人需要承担损失赔偿责任；若近因属于除外责任，则保险人不负有赔偿责任。简而言之，只有当承保风险是被保险人损失发生的近因时，保险人才需要进行赔偿。比如上述案例中，心脏病致使身故，是乙身故的近因，但心脏病并非旅游意外险承保的风险，因此对于乙的身故，保险公司无须承担给付责任。但乙一下肢残疾是车祸所致，车祸是下肢残疾的近因，又是旅游意外险承保的风险责任，保险公司就必须承担该项事故的理赔责任5万元。

二、近因原则的运用

近因原则是确定保险中损失原因与损失结果之间关系的一种理论，运用近因原则对保险人和被保险人双方都有利。保险人的赔偿限于以承保风险为近因造成的损失，就有效避免了某些不合理的索赔；对被保险人而言，也可以对保险人以损失原因是非近因为借口拒不履行赔偿责任的行为进行有效预防。

从上面的介绍来看，近因原则似乎并不难理解，但在实际操作的过程中，保险公司要准确判断每件保险事故的近因还需费一番脑筋。事实上，用好近因原则的关键就是准确分析和判断出保险事故的近因。

（一）近因的认定方法

认定近因的过程，也就是确定风险因素和损失之间的关系的过程。尽管近因不是时间上最为接近的原因，但在分析近因的时候，我们可以以事件发生的先后顺序链条为线索来有序寻找近因。基于这种理念，近因的认定有以下两种基本方法。

1. 从原因出发推断结果

这种方法是从整个事件链条的第一个事件开始，合乎逻辑地推断下一个事件，再由这个事件引出下一个事件，这样依次类推直至最终的事件也就是损失的发生，那么这个逻辑体系中第一个事件就是最后一个事件的近因。假如这个逻辑链条并没有顺畅地发展，在中间某个环节中断了，也就是某两个环节之间不存在明显的因果关系，那么整个事件链条就会中断，造成损失的原因必然是另外的某件事情。

2. 从结果出发推断原因

这种方法的思想与上述方法类似，只是是一种逆向的操作，也就是从损失出发，由后往前推测，在这个事件链条的每个环节上寻找这一事件发生的原因，在整个事件链条不中断的情况下推测至最初的事件，那么这一最初的事件就是损失发生的近因。同理，如果其中出现了不符合逻辑的情况，那这一事件肯定就不是近因。

（二）近因原则的具体应用

在运用近因原则时，最先遇到的问题是，造成这一损失可能的原因有几个，是由唯一的原因引发还是存在着多种原因？经过漫长的司法实践，人们在保险中对近因的认定已经总结出一些较为行之有效的规律。我们可以从以下几种情况出发来认定近因。

1. 单一原因情况下近因的认定

这是最常见的一种情况，相对比较简单，与其他事件之间也没有紧密的联系。如果事故发生后导致损失的原因只有一个，那么这个原因就是损失的近因。若该原因属于保险责任，保险人就应承担赔付责任；若该原因不属于保险责任，保险人就无须对该损失进行赔偿。对于这种情况，在近因认定时没有较大分歧。

2. 多种原因存在时近因的认定

当导致损失发生的原因有很多种时，我们要区分不同的情形，在不同情形下判别近因的方式存在一些差别。总体而言，在造成保险标的的损失为多种原因的情况下，近因为持续地起决定作用或支配作用的原因。

单一风险合同： 指只承保一种风险责任的保险合同。比如航空意外险只对航空意外造成的人身伤亡负给付责任。

综合风险合同： 指承保两种以上的多种特定风险责任的保险合同。这种保险合同必须把承保的风险责任一一列举出来，只要损失是由于所保风险造成的，保险人就负责赔偿。比如有些公司销售的特定交通工具意外险，明确指明只承

（1）多种近因并存。

多种近因同时存在的情况下，认定近因时可以分成两步来完成：先判断多种原因中是否存在除外原因，然后再看所造成的损失这一结果是否可分解。

如果导致事故发生的多种原因都是保险公司承担的风险，没有一个除外责任，那么保险人理所应当赔偿所有损失；如果同时发生的所有原因都是除外责任，保险人自然就没有必要承担任何赔偿责任。

还有一种复杂的情况，即在所有的原因中，既有承保责任又有除外责任，此时就要对损失的结果进行分析，看是否可以分解。假如损失的结果是可以分解的，那么保险人只需要赔偿承保风险导致的损失就可以了；但如果损失的结果是无法分解的，那么只要所有近因中有一个属于除外责任，保险人就无须赔偿，也就是说，除外责任优于保险责任。例如，人身伤亡发生是由多种并列因素导致的，因人身伤亡结果无法分解，此时只要有一个因素是除外责任，保险人就不予给付；但如果是多种因素导致被保险人入院治疗，而治疗费如果可明确分解为不同因素所致，则保险人需要赔付承保因素导致的医疗费。比如某人遭遇车祸入院治疗，治疗过程中心脏病复发，医院同时加以救治，保险人需要承担因车祸所带来的医疗费用损失，但不会承担治疗心脏病的费用。

保航空意外、火车与轮船意外及汽车意外三大类意外所致人身伤亡。

一切险合同：指保险人承保的风险是合同中列明的除外不保风险之外的一切风险的保险合同。凡未列入责任免除条款中的风险，均属于保险人的承保范围。定期寿险就属于这类合同，它约定在合同约定的期限内，被保险人由除外责任约定原因之外的其他任何原因致死，保险人均给予约定额度的给付。

（2）多种原因连续发生。

当多种原因连续发生时，假如这多种原因之间依次存在因果关系并且不曾中断，那么最先发生的那个原因就是这一损失的近因。

此时，保险人是否承担赔偿责任可以分为以下四种情况：

1）连续发生导致损失的原因都是保险责任，保险人应当承担赔付责任。

2）连续发生导致损失的原因都是除外责任，保险人不用承担任何赔付责任。

3）连续发生的多种原因不全在保险责任范围内，此时若最先发生的原因是近因，且属于保险责任，其后发生的原因中不论是保险责任还是除外责任，当后因是前因的必然结果时，保险人就应该承担赔偿责任。

4）连续发生的多种原因不全是保险责任，此时若最先发生的原因是近因且属于除外责任，其后发生的原因中不论是保险责任还是除外责任，当后因是前因的必然结果时，保险人不需承担赔偿责任。

例如，某人投保了定期寿险，在保障期内其房屋起火导致本人身故，但房屋起火是由于他所在国家正处于战争状态、敌国投放燃烧弹所致。此时此人身故的近因就不是火灾，而是战争。而此人投保的定期寿险保单中列明的 11 项除外责任包括了战争除外，所以此时保险人就不需要承担赔偿责任。

（3）多种原因间断发生。

多种原因间断发生是指前因与后果之间没有必然的联系，在各种连续的原因中，有新的独立的原因介入，后因不是前因的必然结果，前因后果之间的连续性被打断。

在这种情况下，如果是一连串发生的原因中由于新的独立原因的介入导致原有关系链条断裂，并且这些原因最终造成了损失，那么这种新介入的独立原因就是近因。保险公司在判断是否应该赔付时，只需看近因也就是这一新介入的独立原因是否属于保险责任，如果这一原因是保险责任，那么保险公司就要赔偿，如果这一原因不属于保险责任的范围，保险公司就不负赔偿责任。但在后一种情形下，当新介入的独立原因是除外责任时，在新原因发生之前属于保险责任的原因造成的损失，保险人仍应该进行赔偿。

举个简单的例子，某人投保了人身意外伤害保险，在回家的途中不幸发生交通事故，导致双足伤残，但经抢救已脱离生命危险。然而在他住院逐渐恢复的过程中，该人原有的心脏病突发，并导致他死亡。在这个事件中，突发心脏病即为上述新的独立介入因素，这是该人死亡的近因，心脏病并不属于人身意外伤害保险的保障范围，因此保险公司对该人的死亡不负有赔偿责任。但是在心脏病突发前，由于交通事故造成了该人伤残，这部分损失保险公司是要赔偿的。

总之，近因原则的应用并不是简单随意的判定，需要根据具体情况进行全面细致的分析，需要我们在保险实践中不断总结完善。

第四节　损失补偿原则

一、损失补偿原则的基本内容

保险的基本职能是进行经济补偿，人们之所以购买保险，也是为了在遭受风险事故后能及时得到偿付，因此损失补偿是保险的重要原则，也是保险法中许多原则的基础。必须注意的是，损失补偿原则不同于前述的三个基本原则，它并不适用于所有的保险合同，对于补偿性的保险合同，损失补偿原则是理赔时必须遵循的重要原则，但是对于给付性的保险合同，比如绝大多数的人身保险合同，并不适用损失补偿原则。

（一）损失补偿原则的定义

所谓损失补偿原则（principle of indemnity），是指当保险标的在保单有效期内发生保险事故，遭受保险责任范围内的损失时，被保险人有权按照合同的约定获得赔偿以弥补其损失，但是保险人的赔偿不能使被保险人获得额外的利益。《保险法》第 55 条规定：“保险金额不得超过保险价值。超过保险价值的，超过部分无效，保险人应当退还相应的保险费。”这就是《保险法》中有关损失补偿原则的体现。

具体来看，损失补偿原则主要有以下两层含义。

1. 投保人或被保险人得到补偿的前提是保险责任范围内损失的发生

投保人或被保险人只有在发生了保单中约定的保险事故并造成了损失时才能得到补偿；而发生了保险事故后，如果投保人或被保险人没有遭受损失，那么保险人就不必赔偿。

2. 保险人补偿的量必须与投保人或被保险人实际遭受的损失的量相等

投保人或被保险人不能通过保险赔偿获得额外的利益，而只能使其经济状况恢复到保险事故发生前的状态，既不能多于实际的损失，也不能少于实际的损失。值得注意的是，这里所讲的保险事故发生前的状态并不是指让保险标的恢复原有的价值，而是使保险标的恢复到保险事故发生前的事实状态，保险人需赔偿的金额不但包括保险标的真正遭受的损失，也包括投保人或被保险人为防止或减少保险标的损失所支付的必要的、合理的施救费用，以及须由被保险人承担的相关诉讼费用等。

（二）损失补偿原则的适用范围

上面已经提到，损失补偿原则不仅仅指补偿保险标的本身的实际损失，也包括其他的一些费用支出。具体来看，损失补偿原则适用的补偿范围主要包括以下几个方面。

1. 保险标的本身在保险事故中遭受的实际损失

在计算保险标的的实际损失时，一般情况下，依据的是保险标的实际的现金价值。以财产保险为例，保险的赔偿金额不得超出保险标的的保险金额，如果有分项保险金额，则该项下保险标的赔偿上限即为该项保险金额。

2. 必要的、合理的费用

上文中已经提到，这些必要的、合理的费用既包括在保险事故发生时或事故发生后，投保人或被保险人为防止或减少保险标的损失而支付的必要的、合理的施救费用，还包括与其相关的诉讼费用。这样既能全面保障被保险人的损失，使保险标的真正恢复到事故发生前的实际状态，也易于被保险人及时尽力维护保险标的以最大可能减少损失，对被保险人与保险公司双方都是有利的。

《保险法》中对此有明确的规定，其中第 57 条第 2 款规定：“保险事故发生后，被保险人为防止或者减少保险标的的损失所支付的必要的、合理的费用，由保险人承担；保险人所承担的费用数额在保险标的损失赔偿金额以外另行计算，最高不超过保险金额的数额。”第 66 条的规定进一步指出：“责任保险的被保险人因给第三者造成损害的保险事故而被提起仲裁或者诉讼的，被保险人支付的仲裁或者诉讼费用以及其他必要的、合理的费用，除合同另有约定外，由保险人承担。”这就使得被保险人能够获得的保障在法律上有了明确的定义。

3. 其他相关费用

要准确合理地确定以上两部分费用并不是一件容易的事，被保险人或保险公司往往要请公估机构进行检验和评估，以便确定保险责任范围内的损失和必要的、合理的费用的数额，这里的其他相关费用指的就是由此支出的对受损标的勘验、评估、定价、售卖等的费用。这在《保险法》第 64 条中也有明确表述：“保险人、被保险人为查明和确定保险事故的性质、原因和保险标的的损失程度所支付的必要的、合理的费用，由保险人承担。”

（三）损失补偿原则的补偿限制

根据损失补偿原则，被保险人最终获得的赔偿主要受到以下三个方面的约束。

1. 实际损失

保险人损失补偿的金额要以被保险人的实际损失为限，保险标的全部损失时全部进行赔偿，部分损失时只需要对部分进行赔偿。当然也有例外，在重置价值保险中，保险人根据重置或重建保险标的所需费用或成本来确定保险金额时，由于受到通货膨胀等因素的影响，可能会出现赔款金额大于实际损失的情形。

2. 保险金额

保险人损失补偿的金额要以保险金额为限。根据保险合同的约定，无论在何种情况下，损失补偿的金额均不得超过合同中规定的保险金额，只能低于或等于保险金额。其原因是，保险金额的制定依据是保险人收取的保费，若超过了保险金额，则保险人的利益将受到损害。

3. 保险利益

保险人损失补偿的金额要以被保险人所具有的保险利益为限，也就是说，被保险人得到的赔偿金额不能超过其对受损的保险标的所具有的保险利益，比如在财产保险中，若保险事故发生时被保险人对保险标的已不具有保险利益，则被保险人无权对此进行索赔。

（四）损失补偿的方式

在对损失进行补偿时，不同的保险标的、不同的保险事故、不同的保险合同都有可能采取不同的补偿方式，不同的国家所奉行的惯例也可能有所区别。从国际范围来看，损失补偿的方式通常有以下几种。

1. 现金赔偿

现金赔偿是最为常见的方法，一般情况下保险人都采用此种方法，这也是我国保险实践中使用最广泛的赔偿方法。使用现金赔偿时，保险人通常在计算出被保险人应得的金额后，直接将现金或支票支付给被保险人。另外，我国保险法也规定，在责任保险中，被保险人给第三者造成损害需要赔偿时，可以依照法律规定或合同约定，由保险公司直接向第三者赔偿保险金。

2. 重置

采用重置的方式进行赔偿，即对保险标的重新修建，使得其恢复到损失前的状况。若要使用这种方法，一般被保险人会要求在保单中加上重置条款。重置只适用于财产保险，在由保险人负责修复或重建房屋等建筑物时较为常见，但由于此方法在实际操作时有较大的困难，通常保险人不采取此法。

3. 修理

在汽车保险日益普及的时代，修理的赔偿方式也越来越多地在实际中得到应用。在汽车保险方面，世界各国都将修理作为重要的赔偿方式。通常各保险公司都有自己指定的汽车修理处，专门负责对被保险人受损汽车在保险金额范围内的免费修理。在修理前，保险人会与被保险人协商确定修理的方式、项目以及具体费用。

4. 更换

这种方法本质上接近于重置，即对彻底受损废弃的保险标的更换新的，在玻璃保险中最为常见。严格来讲，这种方式是背离损失补偿原则的，故采用此种方式赔偿时，保险人会要求一定的折扣。

（五）遵循损失补偿原则的意义

1. 遵循损失补偿原则可有效避免被保险人通过保险获得额外的利益

损失补偿原则规定了有损失才赔偿，无损失不赔偿，以及被保险人相同的损失累计赔偿金额不得超过保险金额，这种规定断绝了被保险人利用保险得到额外利益的念头。

2. 遵循损失补偿原则可防止道德风险的发生

损失补偿原则避免了被保险人获得额外利益的可能，也就有效防止了被保险人企图获得赔款而故意制造保险事故的不良行为，维护了社会的安定与和谐。

3. 遵循损失补偿原则可维护保险双方的正当权益，使得保险的经济补偿职能真正得到发挥

损失补偿原则是保险基本职能的具体体现，按照保险合同约定的责任范围和投保额度内的实际损失进行赔付，维护了保险合同双方的正当权益。对被保险人而言，保证了被保险人在保险事故发生后能够及时得到赔偿；对保险人而言，超过保险金额或实际损失的部分，被保险人无须赔偿。

二、损失补偿原则的派生原则

损失补偿原则是保险中最重要的原则之一，其派生原则在保险中也有着广泛的应用，主要有代位原则和保险委付。这两者都是在损失补偿原则的基础上，在保险实践中得到充分推广的原则。

我国保险法明文规定，人身保险中保险人向被保险人赔付后，不得向第三方追偿；2006 年发布的《健康与意外险管理办法》中明文规定，医疗费用报销型保险，保险赔付额不超过实际产生的医疗费用。可见，在我国，只有部分健康保险的赔付方式体现了补偿原则，人身保险原则上并不适用补偿原则，当然也不适用补偿原则的派生原则（包括代位追偿、委付等原则）。

关键词

最大诚信	告知	保证	重要事实	主观告知
客观告知	明示保证	默示保证	弃权	禁止反言
保险利益	近因			

复习思考题

1. 什么是最大诚信？什么是最大诚信原则？此原则的主要内容包括哪些？

2. 为什么要规定最大诚信原则？违反最大诚信原则会有什么后果？

3. 什么是保险利益和保险利益原则？

4. 为什么要坚持保险利益原则？简述保险利益原则在我国人身保险实践中的体现。

5. 简述近因与近因原则。如何判定近因？简述近因原则在人身保险实践中的体现。

6. 补偿原则为什么不适用于人身保险？如何理解报销型医疗保险？

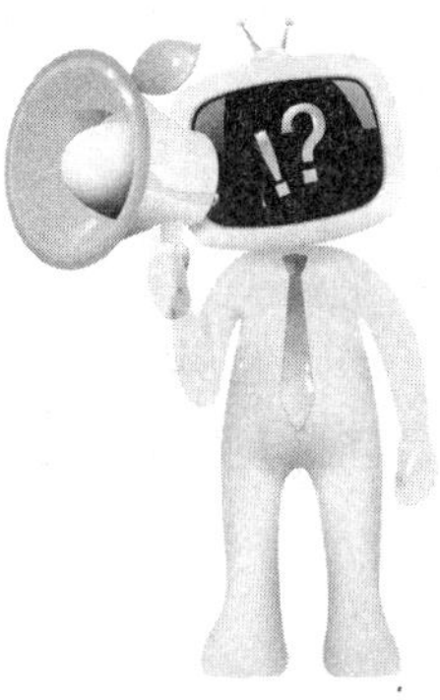

第三章　人身保险合同

随着我国人身保险普及程度的加深和群众人身保险意识与维权意识的加强，投保人与保险人之间的法律纠纷问题时常见诸报端。要对人身保险事件作出合理的分析判断，首先要对人身保险合同相关的理论及具体条款等内容有相应的了解。

第一节　人身保险合同概述

与买一件实物产品有所不同，我们购买一份人身保险产品，只是与人身险保险公司签订了一份合同，合同约定了若干事项，其中最重要的就是约定了投保人与保险人之间的一系列法律上的权利义务关系。只要人身保险合同生效，投保人与人身险保险公司就是这份合同的当事人，两者之间就有了一种法律上承认的权利义务关系。人身保险合同是贯穿整个人身保险行为始终的最重要的凭据，人身保险过程实际上就是人身保险合同订立与履行的过程。

一、人身保险合同的概念与特点

（一）人身保险合同的概念

根据我国《民法典》的规定，合同是平等民事主体之间设立、变更、终止民事法律关系的协议。人身保险合同作为人身保险合同的一大类，自然是该法约束的“合同”。

人身保险合同就是投保人与保险人之间订立的、以人的寿命或身体为人身保险标的的保险合同，是投保人与保险人约定当被保险人发生死亡、伤残、疾病或生存到约定的年龄期满时保险人根据约定承担给付保险金责任的协议。

合同签订并成立后在法律上便可执行，这意味着合同双方当事人必须履行其在签订合同时所作出的承诺。无故不履行承诺的一方被认为违约，须补偿无辜一方因违约而遭受的损失。

（二）人身保险合同的特点

人身保险合同首先是合同的一种，同时也是保险合同的一种，因此它具有合同与保险合同的一般特征。同时，与其他保险合同一样，人身保险合同又是一种特殊的合同，它有着区别于其他合同的特点。

1. 人身保险合同是要式合同

关于这一点业内有争议，但对于投保人而言不是太有意义，毕竟，不管人身保险从业人员视人身保险合同为要式合同还是非要式合同，投保人拿到的合同，一定是一份正式的、具有法律效力的书面合同。

要式、非要式的区别是针对合同成立而言的。要式合同是指一种因合同当事人满足协议的特定形式要求而具有法律效力的合同。一般情况下，这种合同要求采用书面形式，并在书面文件上加盖一些图章以保证合同的法律效力。非要式合同是一种因合同当事人满足协议的各项实质要求而不是形式要求而具有法律效力的合同，既可以采取口头形式，也可以采取书面形式。

对于人身保险合同乃至所有保险合同是要式合同还是非要式合同，各国立法规定不尽相同，有的认为财产保险合同是要式合同，而人寿和健康保险合同是非要式合同。我国《保险法》第 13 条规定："投保人提出保险要求，经保险人同意承保，保险合同成立。保险人应当及时向投保人签发保险单或者其他保险凭证。保险单或者其他保险凭证应当载明当事人双方约定的合同内容。当事人也可以约定采用其他书面形式载明合同内容。"从该条规定可以非常明显地看出，人身保险合同的成立，保险人同意承保在先，人身保险单或其他人身保险凭证签发在后，人身保险合同成立于保险人同意承保之时，而非人身保险单或其他人身保险凭证签发之时。我国保险法并未强制要求人身保险合同采取人身保险单或其他人身保险凭证的形式。人身保险合同成立与否，与人身保险合同采取何种形式并无必然的联系。

当投保人购买人身保险的时候，只要投保人提出投保，与人身险保险公司协商一致后，人身险保险公司也同意承保，人身保险合同即告成立，也就是说投保人与人身险保险公司之间建立了合法契约关系，而不论当时人身险保险公司是否已向投保人签发人身保险单或其他人身保险凭证。从这个意义上说，人身保险合同属于非要式合同。

需要注意的是，根据我国保险法的规定，人身保险合同的内容应该通过人身保险单或其他人身保险凭证的形式固定和载明，至少也应采取书面形式。鉴于人身保险合同的射幸性和复杂性，口头承诺是靠不住的，如果没有书面形式的保单，就很可能引发合同当事人对协议条款的争议和纠纷，因此在人身保险实务上，无论是投保人提交的投保单还是保险人的核保结论，都采取了书面形式，而签发人身保险单或其他人身保险凭证则早已成为人身保险业的行业惯例，未采取书面形式的人身保险合同几乎不存在，因此从这个意义上说，坚持人身保险合同为非要式合同在实践上没有意义，这也是一些学者包括本书作者认为人身保险合同为要式合同的原因。在此本书只展示两种观点，不进一步深入讨论。

2. 人身保险合同是单务合同

> **单务合同**与**双务合同**的不同之处是仅有一方作出合法的可实施的承诺还是双方都需要作出。

人身保险合同通常是双方当事人之间的协议，即购买人身保险的个人或组织与人身险保险公司之间的协议。具有两方当事人的合同可能是单务合同，也可能是双务合同。双务合同需要双方当事人在签订合同时都作出在法律上可执行的承诺；而单务合同仅需一方当事人在签订合同时作出在法律上可执行的承诺。

例如，某装饰品专卖店开张前需要装修，店主将这一任务承包给一家装修公司，双方协商确定工作内容并谈妥价格后签订了合同。在合同中，该装修公司承诺按双方议定的价格在规定时间内完工，而店主承诺装修完毕后按双方议定的价格付款。这份合同即为双务合同，店主与装修公司都作出了在法律上可执行的承诺，装修公司有负责装修工作的义务和收取费用的权利，店主有支付费用的义务和得到满意的装修结果的权利。

在人身保险中，签订人身保险合同后，只要保险人作出了法律上可实施的承诺，便具有向人身保险被保险人提供赔付和满足其他服务需求的责任。投保人一方负有缴纳人身保险费的义务，但如果只支付了首期保费，人身保险合同生效后，保单的购买者并没有对保费的缴付作出承诺，法律就不能强制他缴付保费或遵守保单条款，保单所有人有权在任何时候停止缴费并终止人身保险合同。

例如，某企业家购买了终身人寿保险，若想要他的儿子在他死亡后能得到人身险保险公司赔偿的人身保险金，该企业家就必须缴纳人身保险费，但法律上并不能强迫他这么做，也就是说，从严格的法律意义上讲，如果规定该企业家缴纳人身保险费为一种法定义务，那么该企业家不缴费即为违法，现实中法律不可能这样强调。而对保险人而言，只要该企业家缴纳了人身保险费，人身险保险公司就必须接受保费，并且按照合同的约定继续履行义务，为该企业家提供保障。

3. 人身保险合同是射幸合同

与射幸合同对应的是等价交易合同。如果一方当事人应向另一方当事人提供对价，用以交换某种有条件的承诺（通常指若特定的不确定事件发生即实施约定方案的一种承诺），那么这种合同就是射幸合同。在射幸合同中，如果约定的不确定事件发生了，一方当事人就必须履行承诺；如未发生，则不必履行承诺。另外，射幸合同的交换不一定是等价的，某一方当事人的所得有可能大于其实际的付出。等价交易合同事先规定将要交换的价值，而且一般交换当事人认为产品或服务的价值相等，如上面提到的例子中，装饰品专卖店店主与装修公司签订的合同就属于等价交易合同。

人身保险合同是一种典型的射幸合同，其履行与否以及何时履行是随机的。在人身保险合同有效期内，若人身保险标的发生人身保险责任内的损失，人身保险被保险人就能得到人身险保险公司的赔偿，且一般情况下该赔偿金额远远大于投保人支付的保费；反之，若无人身保险事故发生，则保险人只收取保费而无须履行任何义务。在上面提到的例子中，某企业家购买了终身人寿保险，人身险保险公司的赔付是肯定的，但该企业家何时死亡却是未定的，也就是说在合同履行的时间上有很大的不确定性，通常这还会影响到该企业家的儿子最终能获得的人身保险金额的多少。财产人身保险、健康人身保险以及意外伤害人身保险在射幸方面的特征就更加明显了。

> **射幸合同**的履行以约定的不确定事件发生为条件，且其交易不一定是等价的。

4. 人身保险合同是附和性合同

有的合同是双方协商订立的，例如装饰品专卖店店主在与装修公司签订合同时，就合同中涉及的施工进度、材料选用和施工方法等进行了多次协商，双方经过了一个讨价还价的过程，最后达成双方都能接受的协议，这就是协议合同的一个例子。在协议合同中，双方当事人确定合同条款和合同条件的身份是平等的。附和合同的订立则是不平等的，合同条款由一方当事人拟定，另一方当事人必须完全接受或完全拒绝，双方没有协商的余地。

人身保险合同的附和性体现在投保人可以选择合同的某些条款，但通常投保人只能接受或拒绝人身险保险公司事先拟定的合同。在前述的例子中，当该企业家购买人寿保险时，他不具有像订立装修合同的店主那样有与对方不断进行协商的权利，只能从人身险保险公司的产品中进行选择，接受保险公司事先拟定好的合同条款。也正因为这样，如果投保人对保单条款的理解有歧义，法院在判决时通常会作出最有利于保单所有人或受益人的解释。

5. 人身保险合同是最大诚信合同

诚实守信是所有商业行为均应遵循的准则，人身险保险公司也不例外。最大诚信作为人身保险的基本原则之一，其要求远远超出了一般意义下的诚实信用。每份人身保险合同的订立、履行都应遵循最大诚信原则，人身保险合同也就理所当然是一种最大诚信合同。

如果投保人在订立人身保险合同时违反了最大诚信原则，则无论人身保险事故发生前还是发生后，即使事故发生的原因与投保人违反最大诚信原则无关，人身险保险公司也有权在投保人违反最大诚信原则之时起解除人身保险合同，无须履行给付人身保险金的义务。

二、人身保险合同的种类

根据不同的标准，人身保险合同可以进行如下分类。

（一）按保险责任分类

本书后续章节对险种的阐述，即以这种分类标准为主线展开。按保险责任的不同，人身保险合同可分为人寿保险合同、人身意外伤害保险合同和健康保险合同。

1. 人寿保险合同

人寿保险合同是指以被保险人的生命为保险标的，以被保险人的生存或死亡为保险事故的保险合同。在实务中，人们习惯性地把人寿保险合同分为定期寿险合同、终身寿险合同、两全保险合同和年金保险合同。人寿保险是人身保险中最重要的部分。

2. 人身意外伤害保险合同

人身意外伤害保险简称意外伤害保险。意外伤害是指在人们未能预见到或违背被保险人意愿的情况下，突然发生的外来致害物对被保险人的身体产生明显、剧烈的侵害的客观事实。意外伤害保险合同是以被保险人因遭受意外事故造成的死亡或伤残为保险事故的人身保险合同。这类险种保费低廉而保额很高，投保简便，无须体检，所以承保人次较多，如旅行意外伤害保险、航空意外伤害保险、综合意外伤害保险等。

3. 健康保险合同

健康保险合同是指以被保险人的身体为保险标的，保证对被保险人因疾病或意外事故所致伤害带来的费用或损失进行补偿的一种人身保险合同，包括重大疾病保险合同、住院医疗保险合同、手术保险合同、意外伤害医疗保险合同、收入损失保险合同等。

（二）按保险期间分类

按保险期间的不同，人身保险合同可分为长期险合同和短期险合同两类。长期险合同的保险期间在 1 年以上，短期险合同的保险期间在 1 年以下。寿险保单大多属于长期业务，比如终身保险、两年以上定期寿险、年金保险等，这类保险的期间长达十几年、几十年甚至终身。长期性的特点决定了这类保险的储蓄性较强。人身保险中的意外伤害保险保单和健康保险保单大多为短期业务，其保险期间为 1 年或几个月，部分险种甚至短至以小时乃至分钟计，比如单次航空意外险，保障期从飞机起飞起生效，飞机安全落地效力终止。短期业务的储蓄性较低，保单现金价值较小。

（三）按承保方式分类

按承保方式的不同，人身保险合同可分为团体保险合同和个人保险合同。团体保险是指一张保单为某一单位的所有员工或其中的大多数员工（银保监会规定至少75%以上的员工，且绝对人数不少于 8 人）提供保险保障的保险。团体保险又可分为团体人寿保险、团体年金保险、团体健康保险等。个人保险是指一张保单只为一个人或一个家庭提供保障的保险。

（四）按是否分红分类

按产品经营过程中是否对投保人分红进行分类，人身保险合同可以分为分红保险合同和不分红保险合同。分红保险合同是指保险公司将其实际经营成果优于保守定价假设的盈余，按一定比例向保单持有人分配的人寿保险合同。一般来说，在分红保险保费计算中，预定利率、预定死亡率及预定费用率的假设较为保守，都附加了较大的安全系数（比如对定期寿险，预定死亡率比理论值定得高，收益率确定得较低等），因而保费相对较高，保险公司理应将其实际经营成果优于定价假设的盈余以红利方式返还一部分给保单持有人。而在不分红保单中，附加安全系数较小，即便经营过程中有成本结余，也不能事后退还保单持有人，同时为业务竞争需要，保费计收必须反映提供保险的实际成本。因此，不分红保险的正常利润，仅以红利分配给股东或提存准备金。

（五）按是否确定收益率分类

按是否确定收益率，人身保险合同可以分为传统型人身保险合同和创新型人身保险合同。这种分类通常只针对长期人寿保险产品，长期寿险中保险公司收取投保人的保费后要将保费进行投资增值，如果保险公司进行产品设计时已经确定了（实际是承诺了）该类险种收取保费后的投资收益率（称为隐含收益率），则该类险种为传统型人身保险；反之，如果产品设计时对隐含收益率未加明确，则统称为创新型人身保险产品，简称“新型产品”。新型产品包括投资连结保险、万能保险、分红保险以及中国银行保险监督管理委员会认定的其他产品。

除上述分类外，人身保险合同还可以按其他标准划分为不同种类，只要在确定分类标准时达到“不重不漏”的标准即可，比如“人身保险原保险合同”与“人身保险再保险合同”等。这里不再一一赘述。

三、人身保险合同的主体和客体

（一）人身保险合同的主体

人身保险合同的主体是指与人身保险合同直接或间接发生关系的人，没有主体也就不存在人身保险合同。人身保险合同的主体一般包括当事人、关系人和辅助人。

1. 人身保险合同的当事人

人身保险合同的当事人是指直接参与订立人身保险合同、确定合同权利与义务的行为人，主要有投保人与保险人。

（1）投保人。投保人又称要保人，是向保险人申请订立人身保险合同，并负有缴纳人身保险费义务的人身保险合同的一方当事人。投保人可以是自然人，也可以是法人，但必须具备以下几个条件：

1）投保人要有完全民事权利能力和行为能力。作为民事法律关系的一种，人身保险合同关系的成立需要投保人是有法人资格的组织或是有民事行为能力的自然人。民事权利能力是指民事主体依法享有民事权利和履行民事义务的资格，公民的民事权利能力始于出生，终于死亡。民事行为能力是指民事主体以自己的行为，享有民事权利和履行民事义务的资格或能力。我国《民法典》规定：18 周岁以上的自然人为成年人。不满 18 周岁的自然人为未成年人。成年人为完全民事行为能力人，可以独立实施民事法律行为。16 周岁以上的未成年人，以自己的劳动收入为主要生活来源的，视为完全民事行为能力人。8 周岁以上的未成年人为限制民事行为能力人，实施民事法律行为由其法定代理人代理或者经其法定代理人同意、追认；但是，可以独立实施纯获利益的民事法律行为或者与其年龄、智力相适应的民事法律行为。不满 8 周岁的未成年人为无民事行为能力人，由其法定代理人代理实施民事法律行为。不能辨认自己行为的成年人为无民事行为能力人，由其法定代理人代理实施民事法律行为。8 周岁以上的未成年人不能辨认自己行为的，由其法定代理人代理实施民事法律行为。不能完全辨认自己行为的成年人为限制民事行为能力人，实施民事法律行为由其法定代理人代理或者经其法定代理人同意、追认；但是，可以独立实施纯获利益的民事法律行为或者与其智力、精神健康状况相适应的民事法律行为。限制民事行为能力人和无民事行为能力人均不能充当投保人。法人的民事权利能力与民事行为能力完全一致，始于设立，终于消灭。

2）投保人必须对人身保险标的具有人身保险利益。人身保险利益体现了投保人和人身保险被保险人对人身保险标的具有合法的经济利益，代表着与人身保险标的间存在利害关系。要求投保人对人身保险标的具有人身保险利益是为了保证投保的合法性，防止投保人利用人身保险合同获取非法利益，避免逆选择和道德风险，维护国家利益、社会道德和保险人的合法权益。

3）投保人须按规定缴纳人身保险费。投保人以自己的名义与保险人订立人身保险合同后，必须按照人身保险合同中的约定向保险人支付人身保险费。人身保险合同的生效是以投保人缴纳保费为前提的，只有投保人履行了缴纳人身保险费的义务，保险人才有按照合同约定承担在人身保险事故发生后给付人身保险金的责任。投保人如不按期缴纳保费，保险人可以要求其补缴保费并支付利息，也有权终止人身保险合同。

（2）保险人。保险人又称承保人，是指依法成立的，在人身保险合同成立时有权收取人身保险费，并于人身保险事故发生时承担赔偿责任的法人。与投保人一样，人身保险的保险人也须具备以下几个条件：

1）保险人必须是依法成立的经营人身保险事业的组织。由于保险人经营的好坏不仅关系到人身保险合同当事人的利益，还会影响整个社会的稳定，因此各国法律都对保险人作出了严格的规定，只有符合国家规定条件的公司才能经营人身保险业务。我国人身保险的保险人必须是依法成立的人身险保险公司，有国有独资和股份有限公司两种形式。

2）保险人要以自己的名义订立人身保险合同。作为合同的一方当事人，保险人只有以自己的名义订立人身保险合同，此合同才是有效的，也只有这样，它才能成为该合同的保险人。

3）保险人有权收取保费，并有义务承担赔偿责任。作为承担人身保险赔偿责任的对价，保险人在人身保险合同成立时及合同中规定的时间向投保人收取保费，当合同中约定的人身保险事故发生时，保险人须对人身保险被保险人进行赔偿。

2. 人身保险合同的关系人

人身保险合同的关系人是指与人身保险合同有经济利益关系，但不一定直接参与人身保险合同订立的人，主要包括人身保险被保险人和人身保险受益人。

（1）人身保险被保险人。人身保险被保险人是指身体或寿命受人身保险合同保障，并享有人身保险金请求权的人。人身保险被保险人的生命、身体等都是人身保险合同的人身保险标的，是人身保险事故发生的主体对象。投保人与人身保险被保险人可以是同一个人，也可以是不同的人。当投保人与人身保险被保险人不是同一个人时，投保人为人身保险被保险人投保必须征得人身保险被保险人的同意。保险法还规定，不得以无民事行为能力人为人身保险被保险人投保以死亡为给付人身保险金条件的人身保险。人身保险被保险人必须满足以下两个条件：

1）人身保险被保险人须是受人身保险合同保障的人。如果不受人身保险合同保障，人身保险被保险人也就不成其为人身保险被保险人了。

2）人身保险被保险人须享有人身保险金请求权。人身保险事故发生后，通常是人身保险被保险人的身体健康受到伤害，因此人身保险被保险人有权要求人身险保险公司进行赔偿。

（2）人身保险受益人。人身保险受益人又称人身保险金受领人，是指在人身保险合同中约定的，当人身保险事故发生时享有人身保险金请求权的人。人身保险合同中的受益人可以是投保人或人身保险被保险人指定的一人或多人，也可以是投保人或人身保险被保险人自己。人身保险受益人必须满足以下两个条件：

1）人身保险受益人必须是享有人身保险金请求权的人。人身保险金请求权是指在人身保险事故发生后可行使的，要求人身保险的保险人赔偿或给付人身保险金的权利。人身保险金请求权是人身保险受益人的一项基本权利，当有多个人身保险受益人时，人身保险金请求权由多人同时行使，其受益顺序和受益份额由投保人或人身保险被保险人在合同中事先指定，若未指定则各人身保险受益人按照相等的份额平分人身保险金。人身保险受益人所应领取的人身保险金不能作为人身保险被保险人的遗产。

2）人身保险受益人必须由投保人或人身保险被保险人指定。人身保险受益人可以是自然人，也可以是法人。当由投保人指定人身保险受益人时，须经人身保险被保险人同意。

3. 人身保险合同的辅助人

人身保险合同的辅助人是指协助人身保险合同当事人签署或履行人身保险合同，并办理有关人身保险事务的人，通常包括人身保险代理人和人身保险经纪人。

（1）人身保险代理人。人身保险代理人也称人身保险代理商，是指根据保险人的委托，向保险人收取代理手续费，并在保险人授权的范围内代为办理人身保险业务的单位或个人。若保险人委托人身保险代理人代为办理人身保险业务，双方需要签订委托代理协议。人身保险代理人必须以保险人的名义进行人身保险活动，也只能在保险人的代理权限内进行人身保险活动，但人身保险代理人有独立进行意思表示的权利，其代理活动产生的法律后果由保险人承担。人身保险代理人有专业代理人、兼业代理人和个人代理人三种类型。

（2）人身保险经纪人。人身保险经纪人是指基于投保人的利益，代投保人与保险人洽谈并订立人身保险合同，同时向承保的保险人收取佣金的单位或个人。在我国，只有依法设立的人身保险经纪公司才能成为人身保险经纪人。人身保险经纪人收取保费的行为对人身保险人无约束力，法律上不能将其视为人身保险合同已生效。人身保险经纪人的业务范围比人身保险代理人广，有时人身保险经纪人也可接受人身保险人的委托开展咨询、评估、勘察、理赔等业务。

（二）人身保险合同的客体

人身保险合同的客体是人身保险合同权利义务所指向的对象。人身保险标的是人身保险利益的载体，也是人身保险合同的核心。人身保险合同的客体不是人身保险标的而是人身保险被保险人或投保人所具有的人身保险利益，这是因为人身保险合同保障的不是人身保险标的的安全（实际上也保障不了，投保了人身保险并不能保障被保险人的健康与长寿，只是对健康状态受损等事件实施经济补偿），而是补偿人身保险标的受损后投保人或人身保险被保险人遭受的经济利益上的损失。因此人身保险合同中权利义务指向的对象是投保人或人身保险被保险人对人身保险标的具有的人身保险利益。

第二节　人身保险合同的订立和履行

一、人身保险合同的订立

要订立一份人身保险合同，至少要经过两个主要的过程：要约和承诺。其一般的订立过程是：投保人填写投保申请书，保险人同意后签发人身保险单或其他人身保险凭证。投保人即要约人，保险人就是承诺人。具体来说，客户若想购买一份人身保险，一般情况下，人身险保险公司的代理人找到客户，向其推销该公司的人身保险产品，客户有购买意向，就填写投保申请书，代理人将其带回人身险保险公司，经过必要的程序后，人身险保险公司若同意承保则签发保单。

（一）要约

人身保险界广泛流传着这样一句话："大多数人身保险是卖出的而不是买进的"。尽管如此，保险人在卖人身保险的时候，还是会要求投保人提交购买人身保险的申请。我们通常所见的人身保险代理人的职责就是推销人身保险产品，"诱使"投保人填写人身保险申请书，这个过程称为要约邀请。在实践中，若客户对人身保险相关条款不了解或不愿亲自填写，则有可能是代理人根据客户的描述为其填写，然后交由客户阅读审核无误后签署姓名即可。

当客户提交了投保单，即代表他向人身险保险公司提出订立合同请求，这个过程就是要约。要约是一种法律行为，也是订立合同过程中的一个重要程序。一个合法有效的要约需要具备三个条件：合同的主要内容、明确表示订约的愿望和在其有效期内对要约人具有约束力。人身保险合同的要约除具备一般的要约条件外，还有其自身的特征，其要约人通常是投保人，要约的形式一般为投保单，要约的内容也更加具体、明确。

（二）承诺

承诺由保险人作出，当投保人提出要约后，保险人表示同意并作出与其缔结人身保险合同的意思表示即为承诺。具体操作中，代理人将客户签名的投保单带回人身险保险公司，人身险保险公司相关部门人员审核后表示同意，并以保单或其他人身保险凭证的形式告知客户即作出了承诺。法律上有效的承诺也须符合三个条件：承诺要在要约的有效期内作出；承诺须由受约人或其代理人作出；承诺是无条件的。

若人身险保险公司不完全同意客户填写的投保单，则是拒绝原要约而不是承诺，在这种情况下可以有相反的过程，即人身险保险公司根据自己的意愿向客户提出新的要约，由客户选择承诺或拒绝。由此可见，人身保险合同的订立过程也可能是一个反复要约的过程。

（三）成立与生效

人身保险合同的成立和生效之间是有区别的，人身保险合同的成立是指投保人与保险人达成协议，也就是说，只要投保人提出要约，保险人进行承诺，人身保险合同即告成立。但人身保险合同成立并不等同于生效，合同成立后生效前是不具有法律效力的，这段时间发生人身保险事故，人身险保险公司并不负有赔偿责任。已成立的人身保险合同要生效还需要经过一个对价的过程，即人身保险被保险人同意遵守保单的规定并支付或承诺支付首期保费，同时保险人承诺履行合同指定的某些义务。一般情况下，人身保险合同成立后，投保人支付首期保费，已订立的人身保险合同即生效。

暂保单是一种临时人身保险合同，可以是口头的，也可以是书面的。暂保单使得人身保险合同可以立即生效，人身险保险公司在收到投保单与签发正式保单之间的这段时间也负有人身保险责任。正式保单签发后，暂保单就自动失效。人寿保险则不同，人寿保险的代理人无权代表保险人接受要约，因此其投保单通常都是书面形式，通常程序是投保人填写投保单并支付首期保费。由于我国不承认口头形式的承保，也就不存在上述问题。

二、人身保险合同有效的要件

一份人身保险合同要具有法律效力，必须符合以下五个条件。

（一）人身保险合同的内容是合法的

人身保险合同必须是合法的合同，要有合法的目的，任何违反国家法律法规的合同均是无效的。

（二）人身保险合同当事人必须具有行为能力

人身保险合同有效的另一个重要因素是合同各方必须具有行为能力。正如前面所讲的，投保人必须具有完全民事行为能力，如果投保人不具有行为能力，就不是合格的投保人，其签订的人身保险合同也就没有法律效力。同样，保险人也必须具有法定的资格，不能超越经营范围签订人身保险合同。

（三）人身保险合同当事人的意思表示要真实

人身保险合同的订立要经过要约和承诺的过程，但若当事人在签订人身保险合同时的意思表示是违背其真实意愿的，那么这份人身保险合同依然是无效的。例如，人身保险合同是在一方当事人被胁迫的条件下订立的，或者投保人对人身保险合同的某些条款有重大误解，以及代理人的解释偏离了人身险保险公司的实际等。

（四）人身保险合同必须是对价的

合同是双方权利义务的体现，要使非要式合同生效，合同的各方当事人必须交换对价，即合同每一方必须向其他方提供或保证提供某种有价之物，且所交换的对价必须在法律上是相当的。一般来说，法院并不关心当事人是否交换了相等的对价，而是关心当事人是否交换了有价值的对价。对价的价值本身并不是很重要，但如果缺少了对价，合同就丧失了强制性的限制，更像是单方面的给予。

（五）人身保险合同必须具有法律形式

有效的合同，不论是口头的还是书面的，都要遵循一种特殊的法律形式，人身保险合同也不例外。尽管这种法律形式在不同的国家和地区存在着较大差异，但是当地的法律都会对此作出明确的规定，这既指合同订立的形式，也涉及合同中所应包括的条款等。双方当事人对人身保险合同相互同意，当事人必须愿意接受合同条款的约束，也必须用明确的方式表明愿意接受约束的意向。

三、人身保险合同的履行

投保人与保险人订立合同后，就开始履行合同规定的义务，并享有相关权利。人身保险合同双方当事人依法全面完成合同约定义务的行为就是人身保险合同的履行。

（一）权利义务的履行

投保人在人身保险合同有效期内，负有如实告知、支付人身保险费、通知出险和提供相关单证等义务；投保人的权利主要有两个，即发生损失时向保险人索赔的权利和了解人身保险条款真实性的权利。保险人的义务主要有承担人身保险责任、向投保人说明人身保险条款、及时签发保单等；与之相对应，保险人的权利只是收取人身保险费、提供风险管理建议等。

（二）人身保险合同的变更

基于合同自由的原则，各国保险法都允许投保人和保险人在一定条件下对人身保险合同进行变更。人身保险合同的变更通常是指合同内容的变更，包括人身保险责任、人身保险期限、人身保险金额的变化，还可能涉及人身保险被保险人职业的变化、人身保险受益人的变更等。理论上，人身保险合同双方当事人都可提出合同变更，但在实务中通常由投保人提出变更申请，经保险人审查同意，签发批单或对原人身保险合同添加批注后，变更合同继续有效。一般来说，人身保险合同的保险人与人身保险被保险人不会变更，少数特定情况下也可能变更，比如人身险保险公司重组时保险人的变更。

（三）人身保险合同的转让

人身保险合同的转让实质上也是人身保险合同变更的一种，只不过变更的对象是合同的主体，即合同一方当事人将其合同权利或义务部分或全部转让给第三人，而不涉及权利义务具体内容的变化。人身保险合同的转让一般指投保人或人身保险被保险人权利义务的转让，只有在人身险保险公司破产的情况下才有可能涉及保险人一方的变更。合同转让后，受让人即承受原投保人在人身保险合同项下的权利义务。

（四）人身保险合同的终止

人身保险合同的终止是指合同成立后，由于法定或约定事由的发生，当事人根据合同所确定的权利义务消灭，人身保险合同的法律效力终结，当事人的合同关系客观上也就不复存在。人身保险合同的终止一般有以下几种情况：

（1）人身保险期限届满，保险人的人身保险责任自然终止。

（2）人身保险事故发生后，保险人履行了人身保险金赔偿责任，或人身保险被保险人达到合同规定的年龄、期限后，保险人依约支付了人身保险金，人身保险合同即终止。

（3）人身保险期间内，由于人身保险责任以外的事故导致被保险人身故，则人身保险关系结束，人身保险合同终止。

（4）人身保险合同解除，即双方当事人协商一致或一方当事人依法行使解除权，提前终止人身保险合同。

第三节　人身保险合同争议的处理

在合同履行的过程中，双方当事人等有关主体之间常会因为各种原因发生纠纷，比如对合同条款理解有分歧，对理赔索赔的处理意见不一致等。发生争议后的一般处理方式包括协调、诉诸法律、仲裁。不管哪种方式，争议处理过程中很重要的一环是对人身保险合同的解释，而且能进行争议处理的合同必须是有效的合同。

一、人身保险合同的内容

各种人身保险合同的具体内容有着较大的区别，但是它们都有相似的格式布局以及合同条款。人身保险合同是比较复杂的，但通常我们还是可以将其内容划分为以下几个部分。

（一）声明

一般人身保险合同的第一部分是声明，即对所要投保的标的（人的身体健康状况等）或行为的情况做的说明，通常位于保单的第一页或插页中。声明中包含的信息主要用于核保、费率厘定，及对所要投保的标的及行为进行界定。通常保单声明的信息涉及保险人的确认、人身保险被保险人的姓名、人身保险费的金额、签发日期和保单号等。

（二）定义

人身保险合同中的定义部分是为了对保单中出现的关键词或关键短语进行清晰的界定与说明，以便投保人理解，也更有利于明确人身保险的范围。定义指明的关键词和短语通常会用引号或黑体字标出，便于辨认。例如，我国保单向通俗化转变后，在定义这一节中就需要说明“我们”是指保险人，“你们”是指投保人或人身保险被保险人。

（三）承保条款

人身保险合同的核心部分就是承保条款，该条款总结了保险人所作的主要承诺，即保险人同意做的事情。大部分人身保险合同的承保条款中都会包含属于给付或赔偿责任范围内的风险事件、保险人提供的风险管理服务等。按照人身保险承保范围分类，人身保险合同可以分为人寿保险、意外伤害保险和健康保险，这三类合同的区别就是通过承保条款具体体现在保单上的。

（四）除外责任

人身保险合同的另一个重要组成部分是除外责任。除外责任既包括保险人不承担的损失赔偿给付责任和不属于承保范围的风险，也包含了保险法中规定的保险人依法不应当或可以不承担赔偿或给付责任的损失风险。值得注意的是，保单中的除外责任不只出现在“除外责任”这一栏，还会以不同的形式出现在合同的其他部分。

之所以规定除外责任有多方面的原因。首先，存在着一些特殊风险，这些风险是不可保的；其次，避免人身保险被保险人的逆选择和道德风险问题；再次，有些风险在其他人身保险合同中已提供了保障，要避免双重补偿；最后，限制对非偶然事故和自然发生的损失的补偿。总的来看，规定除外责任是防止保险人遭受灭顶之灾、维护人身保险市场健康稳定发展的一个重要手段。

人身保险保单中的除外责任主要有除外风险和除外损失两大类。

（1）除外风险：排除某些风险事故和引起损失的原因，如人身保险通常将战争、地震等风险排除在外，自杀也是人身保险常见的除外风险。

（2）除外损失：排除某些损失，比如健康人身保险中不必要的花费，以及法律变动引起的损失等。

（五）条件条款

条件条款是指保单中对人身保险被保险人所要履行的承诺施加限制或使之生效的相关条款，列出了人身保险合同双方的职责。实际上，条件条款是保险人对人身保险被保险人的约束，如果保单规定的条款没有得到满足，保险人可以拒绝赔偿。因此，人身保险被保险人必须清楚了解合同上的条件条款。常见的条件条款有：人身保险事故发生后保险人必须及时得到通知，人身保险被保险人必须与保险人合作，保险人可因某些行为、条件或情况暂停补偿，等等。

（六）附加条款

多数人身保险合同的最后部分会列出附加条款，主要用于对合同的内容作出补充规定，使其有一些改变。这是人身保险合同不可分割的一部分。

（七）其他条款

除了以上内容外，人身保险合同还包括一些其他规定，比如宽限期条款、保单失效复效条款、年龄和性别误告条款以及保单贷款条款等。

二、人身保险合同的解释

现实生活中时常发生因对合同内容理解各异引起的人身保险纠纷。经过较长时间的积累和改善，立法和判例逐渐形成了一套人身保险合同解释的原则和方法。人身保险合同的解释就是对人身保险合同条款的理解和说明。由于解释一般是针对人身保险条款的，所以人身保险合同的解释通常称为保单的解释或条款的解释。

（一）人身保险合同解释的原则

人身保险合同解释的基本标准是：合同所用语言的含义应当是一个熟悉该词语使用状况的、具有合理智力的人使用该词语时应当具有的客观含义。人身保险合同的解释主要有以下五项原则。

1. 文义解释

这是人身保险合同解释的基本原则。文义解释就是人身保险条款中的文字词语必须按照其普通的和惯常的意义来解释。文义解释需结合合同的整体内容进行理解，不能片面解释（该原则有时也被单独列出，称为"完整合同解释原则"），要尽可能按照人身保险文句公认的表面含义和语法意义解释。其一般标准是：日常用语按照普通词义，法律术语按照法律含义，技术用语按照技术含义。文义解释注重合同双方意思表示的本身，可以最大限度避免主观臆断和牵强附会。

2. 意图解释

意图解释是指按照人身保险合同当事人订立合同的真实意思对合同条款所作的解释。当文义解释无法确定合同条款的含义时，可以结合其他背景材料进行逻辑分析和推理，如订立合同时的具体环境，当事人订立合同的真实目的、心理状态等，尽可能作出最符合事实的判断。

3. 专业解释

人身保险条款常会使用某些专门术语或行业习惯用语。专业解释就是对人身保险合同中使用的专业术语按照其所属专业的特定含义进行解释。人身保险行业的专业术语是在长期的人身保险实践过程中形成的，应当尊重人身保险行业的惯例。此外，人身保险条款还有可能涉及法律、医学等行业的专业术语，这时应该按照其所属的行业或公认的标准进行解释。

4. 冲突条款或词语的解释

同一份合同、同一张保单也可能出现前后不一致的情况，这时在实际操作中通常按如下方法进行：既有书面约定又有口头约定的，以书面约定为准；投保单与保险单等人身保险凭证不一致时，以人身保险单及其他人身保险凭证为准；特约条款与基本条款不同时，以特约条款为准。

5. 有利于被保险人的解释

人身保险合同解释原则中极为重要的一条是疑义条款的解释原则，也称有利于被保险人的解释原则。人身保险合同的条款由保险人单方面制定，是一种典型的格式合同，根据相关法律规定，对格式条款的理解发生争议的，应当按照通常理解予以解释，对格式条款有两种以上解释的，应当作出不利于提供格式条款一方的解释。这一规定体现在人身保险合同中，就是对合同条款有疑义且有两种以上解释的，应当作出有利于人身保险被保险人和人身保险受益人的解释。这是因为保险人在订立人身保险合同时已经充分考虑了自身的利益，而投保人或人身保险被保险人只能被动接受或不接受。但在实际应用的过程中，我们也要避免对疑义解释条款的滥用。

（二）人身保险合同解释的意义

1. 人身保险合同的解释可使专业化的保单通俗易懂

人身保险是相当专业的行业，人身保险合同中列明的人身保险条款所用的语言、术语往往不容易被理解，再加上我国的多数投保人对人身保险了解不够，认识水平参差不齐，因此极易产生对保单条款理解不一致的情况。人身保险合同的解释可大大缓解这一现象的发生。

2. 人身保险合同的解释有助于合同双方真实意图的落实

要澄清模糊的合同含义，确定合同双方的真实意图，就必须确定合同语言的词句和含义，只有合同双方当事人都在对合同条款有完全正确理解的基础上签订的人身保险合同，才能反映出投保人真实的意思表示，也只有这样的合同才是有效的合同。

3. 人身保险合同的解释有助于保护投保人的利益

作为一种附和性合同，现代人身保险中人身保险条款一般是保险人事先拟定好的，由其单方面提供给投保人或人身保险被保险人，对格式条款进行解释是保护相对弱势一方的体现，可使人身保险行为更加公平。

三、保险合同争议的处理方式

当保险合同双方产生合同争议时，可以采取协商或调解的方式处理，也可以按照合同中的仲裁条款或事后达成的书面仲裁协议，向仲裁机构申请仲裁。需要注意的是，仲裁必须是双方自愿的，且仲裁与诉讼有同等法律效力。如果双方没有在合同中订明仲裁条款，事后也没有达成书面仲裁协议，则可以在诉讼时效内向法院提起诉讼。同时要注意，仲裁为一裁终局，不存在诉讼中有二审或再审的情况。

关键词

人身保险合同　单务合同　双务合同　补偿性合同　给付性合同
要式合同　保险代理人　保险经纪人　基本条款与特约条款

复习思考题

1. 简述人身保险合同的特点。
2. 人身保险合同有哪些种类?
3. 简述人身保险合同的要素。
4. 简述人身保险合同的订立程序及变更事项。
5. 人身保险合同的解释原则有哪些?合同的争议处理方式有哪些?

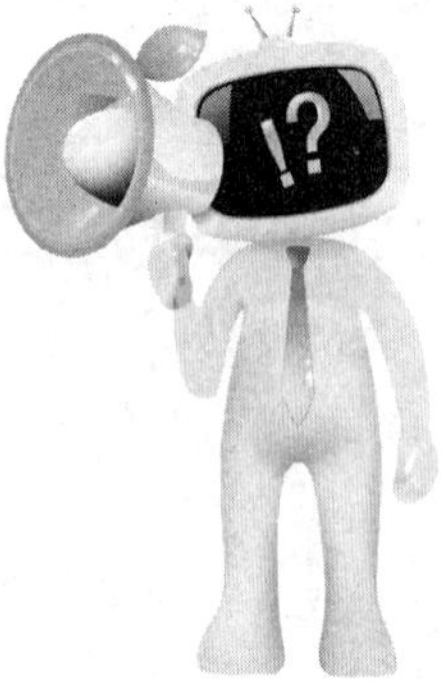

第四章　个人寿险分析

人生各阶段均存在人身风险，为了对不同阶段的人身风险进行管理，每个人除积极参加社会保险以外，也应综合考虑自身需求，购买相应的人身保险的组合进行风险管理。

通过人身保险，被保险人可以达到下述目标：

（1）减轻医疗费用增加带来的压力。

目前各类意外或疾病带来的医疗费用的增长率在全球范围内都超过了各国 GDP 的增长率，同时医疗技术的进步也使若干以前无法提前发现的疾病能得以检出，这提高了人们的平均寿命，但客观上也带来了医疗费用的增加。就个人而言，某些意外可能导致医疗费意外开支，甚至会导致现有收入能力下降，因此需要提前规划预防，以健康险及意外险组合对这些风险加以防范。

（2）管理债务、身后费用甚至遗产税。

某人给妻儿贷款买下了一幢别墅，目前尚有一千余万元的住房抵押贷款，他不希望自己万一不幸身故这套房子被银行收走。同时现在的身后费用也比较高昂：一个比较能寄托妻儿哀思的墓地少则十多万元多则三五十万元且还有可能上涨。此外，虽然我国还没有开征遗产税，但谁也说不准今后会不会开征。如果该人过世时国家开始征收遗产税，其妻儿可能需要出售部分资产抵缴遗产税。而被迫出售资产时价格往往要比市价低，从而使该人遗属遭受经济上的损失。上述情况均有可能通过寿险保单保险金来弥补损失。

（3）满足受抚养扶助者的财务需求。

某人公司开得红红火火，年均收入使全家生活无忧。但万一他有什么不幸，其子女的教育支出、妻子的生活所需、夫妻双方四位老人的赡养，均有可能出现问题。与其将这些需求的满足寄托于他人，不如自己先做好规划。

（4）为退休及其他需求做财务准备。

一个人在退休后，其主要财务需求应该就是退休养老方面的支出了，此时除保留部分弥补身后所需的寿险保单外，其他人寿保险的现金价值或许可以成为养老财务需求的支持。

上述各种个人及家庭的风险管理需求，可以通过各类人寿保险（包括年金保险）、健康保险与意外保险进行管理。

第一节　普通人寿保险

若被保险人在寿险保单有效期内死亡，寿险保单都会提供死亡保险金，但如前所述，不同的人在不同的时期可能有不同的需求，这些不同需求可以通过不同特征的寿险保单加以满足，有些只需要提供寿险保障，有些还需要提供储蓄功能。本节讨论普通人寿保险，即保单在设计之初已经确定了保费水平、保障水平的保单。

一、定期寿险

定期寿险，是指在保险合同约定的期间内，如果被保险人死亡或者全残，则保险公司按照约定的保险金额给付保险金，若保险期满被保险人健在，则保险合同自然终止，保险公司不再承担保险责任，并且不退回保险费。

定期寿险保障通常由一张保单规定，也可以由某一保单的附加条款约定。定期寿险通常不积累保单现金价值，保障期内如果投保人停止缴纳保费，则保单终止，除非在两年内复效，保单双方当事人不再承担对另一方的责任（有现金价值的保单，像后面要讲的终身寿险等，投保人不缴纳保费时，保单现金价值仍然归投保人所有，保险人有义务对其保值增值或退还投保人一方）。

（一）定期寿险保障计划

定期寿险保单或附加条款的保险金额通常在整个保险期间保持不变。不过，保险金额在保险期间有增减变动的定期寿险也是可以买到的。

1. 定额定期寿险

大多数常见定期寿险属于定额定期寿险。定额定期寿险保单的死亡保险金在整个保险期间保持不变，并且通常年缴保费在整个保险期间保持不变，这种保持不变的保费称为平准保费。

2. 递减定期寿险

递减定期寿险的死亡保险金在整个保险期间不断减少。这种保单通常给出一个初始的死亡保险金，然后根据保单规定的方法逐年递减。这种保单通常包括三种类型：抵押贷款偿还保险、信用人寿保险、家庭收入保险。

3. 递增定期寿险

这种保险规定一个初始的死亡保险金，然后在整个保险期间按照约定的时间间隔递增。比如，某递增定期寿险初定死亡保险金为 100 000 元，然后在整个保险期间于每个保单周年日递增 5%。保额也可以根据生活费用的增加而增加，而生活费用的增长用诸如消费者物价指数（CPI）等标准指数测定。递增定期寿险的保费一般随保额的增加而增加，保单所有人通常有权在任何时候固定递增定期寿险所规定的保险金额。这种保障可以由一个递增定期寿险保单提供，也可以作为某一保单的附加条款提供。

（二）定期寿险保单的两个特殊选择权

定期寿险保单有两个特殊选择权：一个是允许保单所有人延长保单保障期间的选择权，含这种选择权的保单称为可续保定期寿险保单；另一个是允许保单所有人有权在保险期末将定期寿险保单改为终身保险计划，这种保单被称为可转换定期寿险保单。

可续保定期寿险保单包含可续保条款，该条款允许保单所有人在特定保险期末有限制地续保一个定期寿险而无须提供可保证明。为最小化逆选择风险，通常可续保条款会对保单所有人的续保权利作一定限制，包括要求被保险人只能在规定的年龄之前续保、规定续保的最高次数等。

可转换定期寿险保单则包含一个转换权条款，该条款允许保单所有人将定期寿险保单改变或转换为终身寿险而无须提供可保证明。同样，为了尽可能避免逆选择，保险公司通常采取一些方式对可转换权作一定限制，比如要求持有定期保单达约定的时间之后即不允许转换，而且通常转换后的保额可能限制为只能是原保单保额的一个百分比等。转换权条款还分为到达年龄转换与签约年龄转换两种。

二、终身寿险和两全保险

（一）终身寿险

终身寿险能为被保险人提供终身保障，只要按时缴纳必要的续期保费，被保险人在任何时候死亡，保险人都会给付死亡保险金。按不同标准，终身寿险可作如下分类。

1. 普通终身寿险、限期缴费终身寿险和趸缴保费终身寿险

按缴费期长短不同，终身寿险可以分为普通终身寿险、限期缴费终身寿险和趸缴保费终身寿险。

普通终身寿险在被保险人生前每个缴费期都要缴纳保费；限期缴费终身寿险则约定被保险人生存的前提下，在规定的期满日前缴纳保费，期满则无须再缴纳保费；趸缴保费终身寿险则要求一次性缴清保费。任何一种终身寿险保单一旦缴费，就立即产生现金价值。

2. 修正保费终身寿险和修正保额终身寿险

修正保费终身寿险是指在约定的开始一段时间内（比如 5 年、10 年、15 年或

20 年）缴纳低于均衡保费的保费，超过这一期限后年缴保费将提高到约定的数额，大多高于一般（无修正的）保费水平的寿险。只要保单继续有效，就应缴付这一新增的年度保费。这种寿险的保额在整个保险期间保持不变。也有些保险人签发的终身寿险保单允许对保单的保费进行频繁修正，比如等级保费保单，设立三级或三级以上递增的年缴保费水平，在特定的时点（比如每隔 3 年）变更保费等级，当达到最高保费等级后，将以此作为均衡保费收取保单剩余期间的保费。与所有的修正保费计划一样，等级保费保单的保额在保险期间保持不变。修正保额终身寿险保单则允许随着保单所有人或被保险人到达约定年龄时或约定时期末，按一个约定比例或金额降低保险金额。

3. 联合终身寿险、最后生存者寿险和家庭保单

联合终身寿险以一张保单承保两个被保险人，当其中任何一个被保险人死亡时，由幸存的被保险人领取死亡保险金，保障期限终止。这种寿险也称首亡即付寿险。由于保险金给付后联合终身寿险保单责任结束，健在的被保险人不再受到保障，为使健在的被保险人能够继续获得寿险保障，联合终身寿险保单通常约定在一个被保险人死亡后的一个特定时期（多为 60 天或 90 天）内，健在的被保险人可购买具有相同保额的个人终身寿险保单，并且无须提供可保证明。有些联合终身寿险保单将在这一规定期内，为健在的被保险人提供短期的定期保险保障。如果一对夫妇经济状况一般，夫妻双方有一方身故时，另一方个人收入不足以支持家庭开支，这种情况就可以寻求这类保单的帮助。

最后生存者寿险是联合终身寿险的一个变形，即只有在两个被保险人都死亡以后，才给付保险金。这种寿险也称双人死亡即付寿险。该险种的保费可以在一个被保险人死亡时停止缴付，也可以一直缴至第二个被保险人死亡之时。如果夫妇双方有需要抚养、扶助的人，双方身故时该受抚养扶助的人无独立经济来源时，可寻求这类保单的帮助。

有些保险人出售一种家庭保单，它在为被保险人提供终身保障的同时又为被保险人配偶及其子女提供定期保险。被保险人配偶及其子女的定期保险保额是被保险人终身寿险保额的一个比例（通常为 1/4 或 1/5）。比如有三个孩子的家庭可能购买一个家庭保单，它为主被保险人提供保额 500 000 元的终身寿险保障，为其配偶提供 125 000 元的定期保险（相当于主被保险人保额的 1/4），为每个孩子提供 100 000 元的定期保险（相当于主被保险人保额的 1/5），因此，该家庭保单将提供总计保额为 925 000 元的寿险。

（二）两全保险

两全保险保单约定，被保险人在约定的保险期限内身故的，保险人给付死亡保险金，在约定的期限届满被保险人依然生存的，保险人给付生存保险金。死亡保险金与生存保险金可以相同也可以不同。与定期寿险类似，约定的期限既可以是某约定时期如 20 年，也可以是到达约定的年龄如年满 60 周岁。同终身寿险类似，两全保险也可以采取限期缴费与趸缴保费的方式购买，且两全保险也有现金价值。

三、寿险保单附加特约

除上述主险外，投保人可以以缴纳特定保费为条件，与保险人约定增加一些条款，这些特约条款包括意外死亡多倍给付、意外残疾给付、残疾收入保障计划、重大疾病给付等，这些条款与意外伤害保险和健康保险的相关条款差别不大，本节不加赘述。另外，寿险保单附加特约还包括寿险提前给付、可保权益附加特约等。

（一）寿险提前给付

寿险提前给付又称生前给付附约，是一种补充的寿险保单给付。这类给付一般只包含在有现金价值的保单如终身寿险、两全保险保单中，定期寿险保单不会附加该类特约。该特约规定，在满足一定条件时，保单所有人可以选择在被保险人死亡以前领取全部或部分死亡保险金。相应的，被保险人死亡时付给受益人的死亡保险金会减掉已付给保单所有人的额度。提前给付一直颇受欢迎是因为如下几点：第一，老年人占整个人口的比重在不断增长，这些人频频发生需要医治的病患。第二，健康护理费用在持续增加。第三，医学进步延缓了死亡的发生，从而延长了对医疗护理的需求。

保单规定的提前给付约定金额以及提前给付的情形取决于附加条款，常见的提前给付的情况有三种：临终疾病给付、重大疾病给付和长期护理给付。

1. 临终疾病给付

临终疾病给付是提前给付死亡保险金的最常见的类型。该条款规定：如果被保险人患有临终疾病，医生证明其预期寿命不超过 12 个月，则保险人提前支付部分死亡保险金，这部分死亡保险金额度大小取决于不同保险人，有些保险人会提供足额给付，但大多数临终给付的最高金额是保单保额的 25%～75%，并且不超过约定的最大限额。该保险金通常一次性地付给保单所有人，剩余的死亡保险金在被保险人死亡时付给保单受益人。

2. 重大疾病给付

该特约可以约定，当被保险人身患约定的某些重大疾病时，可以提前一次性付清死亡保险金。虽然提前给付通常是一次性付清的，但有些保险公司会在 6～12 个月内按月分期给付。大多数保险人只为 70 岁以下并属标准风险的被保险人提供重大疾病给付。有些保险人不对多发事件或复发事件提前给付。

重大疾病给付可能提供保费免缴选择权。据此，保险人同意豁免在提前死亡给付结束后的应缴续期保费。有时，保费免缴选择权只适用于免除被保险人致残时的应缴保费；如被保险人康复，则续期保费不再给予豁免。

3. 长期护理给付

如果被保险人要求某一医疗状况的持续护理，根据长期护理给付特约条款，保险人应对保单所有人提供按月给付。比如，患有严重关节炎或严重老年痴呆症的被保险人就需要某些形式的持续性护理。长期护理给付特约所能提供的护理类型会在附约中指明。比如，长期护理给付特约可以约定，被保险人在一家经批准的护理机构接受护理或者在自己家中接受有营业执照的家庭保健人员的护理时，该特约可以为这样的被保险人提供给付。这种长期护理给付特约目前还仅见于国外人身保险实践，国内尚未开发或引进。

（二）可保权益附加特约

寿险保单附加条款可以提供两类可保权益，分别是保证可保权益和增额缴清选择权利益。

1. 保证可保权益

保证可保权益又称保证可保选择权，通常以附加条款的形式附于寿险保单，使保单所有人有权购买与原寿险保单同类的额外保险。保单所有人有权在保单约定的日期里，以增缴保费为条件而增加购买保险，而且无须提供可保证明。所以，即使被保险人健康状况不佳，保证可保权益附加特约仍保证保单所有人能增购额外的人寿保险。

2. 增额缴清选择权利益

该特约允许终身寿险保单的所有人在未来指定日期购买趸缴保费增额缴清保险，从而增加基本保单规定的保险金额。例如，许多增额缴清选择权附加特约允许保单所有人在每个保单周年日购买增额缴清终身寿险。因为增额缴清保险是终身寿险，因此具有相应的现金价值。

增额缴清选择权通常是分红保单的一种红利选择权。分红保单所有人可以随时选择增额缴清红利选择权。不过，保单所有人必须提供被保险人的可保证明，以便将增额缴清选择权附加特约附加于一个有效保单。然而，一旦该附约生效，此后每次购买增额缴清保险则不需要提供任何可保证明了。

普通人寿保险中还有一类特殊的保险即年金保险，由于其特点比较鲜明，与一般寿险的一次性给付有重大区别，本章暂不讨论。

第二节　创新型寿险产品

20 世纪 70 年代和 80 年代期间，美国放松了利率管制，当时的通货膨胀创下历史最高纪录，储蓄存款利率和消费者贷款利率高涨。消费者认识到，终身寿险保单现金价值的增值率远远低于储蓄存款和其他投资工具的回报率；而保险人也发现，许多已投资项目的资产回报率低于新的可投资项目能获取的回报率。为适应变化的经济形势，满足对保险产品的需求，保险人纷纷推出新一代保险产品，这些产品包括万能寿险、变额寿险、可调整寿险、调整保费寿险等。这些新产品计划能够反映当时的金融市场状况，总的趋势就是“非捆绑化”，即不在保单中对客户承诺固定的收益率。

与美国新型寿险产品出现的背景不同，我国寿险产品出现于20世纪90年代末，由于80年代末90年代初的高通胀，中国保险企业开发了大量隐含（承诺）利率较高的寿险产品，随着经济软硬着陆和利率的下跌，保险企业经受巨额的利差损。在这种背景下，我国寿险公司开始开发收益率与金融市场紧密挂钩的产品，我们将这些产品统称为新型寿险产品。这些产品包括分红保险、投资连结保险和万能寿险。其中分红保险本质上属于传统类型寿险，但一来因为其包含着对客户的分红从而保单隐含收益率也有波动，二来其出现时间较晚，在此一并归为新型寿险产品。

与传统型人寿保险相比，创新型人寿保险兼具投资功能。创新型人寿保险具备以下几个特点：

（1）兼具保障与投资功能。创新型人寿保险的优势在于它在提供保障功能的基础之上，帮助投保人实现投资理财的目的。投保人缴纳的保险费会按照一定比例被分别放入保障账户和投资账户。保障账户用于存放投保人积累的风险准备金，在被保险人发生保险事故时，由保障账户内的资金提供约定的保险给付。投资账户内的资金由保险公司统一管理，由投资部门通过专门的理财渠道投资运作，获得投资收益，这部分收益归客户所有。

（2）保险金额给付不确定。传统型人寿保险一般是在合同中约定一个固定的保险金额，当保险事故发生时，按照约定的金额进行给付。创新型人寿保险的保险金额具有不确定性，这是因为所需给付的保险金额往往与投资账户的收益相关，保单的现金价值随着客户投资账户投资业绩的状况而变动，当投资收益较高时，给付金额随之升高，当投资收益较低时，给付金额相应减少。

（3）投保人自担风险。在传统寿险业务中，保险公司承担保险资金运作的投资风险，而在创新型人寿保险中，保险公司不作投资回报率的承诺，投资获利或者损失结果完全由投保人自行承担，保险公司只承担保险保障风险和费用风险。对于投保人来说，在享受超额投资收益的同时必须承担相应的投资风险。

（4）透明化运作。传统寿险产品的保费如何分摊、计提多少准备金以及保险资金增值保值的情况都是不对外公开的，而创新型人寿保险在经营管理方面十分透明化，投保人可以了解到保费的分摊情况，可以随时查询投资账户的价值变化，保险公司还会定期发送投资报告，以便投保人全面了解相关情况。

目前国内的新型寿险主要包括三种类型，但北美市场相应的新型寿险更为丰富。下文先简介国内的三种新型寿险，再对北美市场的几种新型寿险作简单了解。

一、分红保险

分红保险在经营中，要将其实际经营成果优于定价假设从而形成的盈余，按一定比例分配给保单持有人。这里的保单持有人是指按合同约定有权享有保单利益和红利请求权的人。按监管部门的要求，分红保险、非分红保险，以及分红保险产品和附加的非分红保险产品，必须分设账户、独立核算。

（一）分红保险的特点

由于分红保险经营期长，又有向客户进行分红的假定，因此它具备以下特点。

1. 精算假设较为保守

寿险产品定价的假设基础主要包括预定利率、预定死亡率（以生命表为据，公司可以以本公司经验数据加以调整）、预定费率三个因素。这三个因素的实际经营结果与假设间的差距直接影响寿险公司的经营成果。分红保险在确定这三个因素时相对普通寿险而言较为保守，从而在实际经营过程中可能产生更好的结果，比如费率比假定的要低、收益率比假定利率要高等，从而产生一定的可分配盈余即红利，寿险公司需要将这部分盈余以红利的方式向客户进行分配。

2. 保单持有人享受经营成果

分红保单不仅提供风险保障，同时保险公司要把每年实际经营成果优于定价假设从而形成的盈余中的一部分，以红利方式分配给保单持有人。目前中国银保监会规定，分红保险当年度可分配盈余的至少70%应该分配给客户，使投保人真正与保险人共享经营成果。可见，与普通不分红保险相比，分红保险增加了投保人的获利机会，在投资渠道少且不畅的今天，分红保险较受欢迎。

当然，从广义上讲，保单持有人也承担一定的风险，因为分红保单并没有对分红有任何承诺，当保险人经营状况不好，实际经营成果不佳时，保单持有人能分得的红利就比较少，甚至一点红利也没有，所以分红保单的保单持有人也在一定程度上与保险人共同承担了保险经营的风险。

3. 保险给付与退保金中包含红利

分红保险的被保险人身故后，受益人获得保单约定的保额时，保单中积累的未集聚的累积红利及其利息也同时为受益人所领取。满期给付时，被保险人在获得保险金额的同时，还可以得到未领取的累积红利本息之和，分红保单持有人退保时获得的退保金中也包括了保单红利本息和。

（二）分红保险红利来源

本质上，分红保险实际是赋予传统寿险一项保单盈余分配权的产品。保险人分配给投保人一方的保单盈余，就是所谓的保单红利，即保单红利实际来源于保单盈余。

保单盈余是保单资产份额高于未来负债现值的那部分价值，其来源主要由三部分组成：投资收益率高于保单设计时预定利率形成的利差收益、实际经营中死亡率优于预定死亡率（定期寿险、终身寿险中是实际死亡率低于预定死亡率，养老保险类产品中是实际死亡率高于预定死亡率）形成的死差收益以及实际费用率低于预定费用率形成的费差收益。

死差收益、利差收益和费差收益是分红保险红利的主要三大来源，除此之外，红利还可以来自退保收益、投资收益、资产增值等。退保收益是指在保险期限届满之前，投保人于中途退保或保险合同中途失效使退保所得的金额低于责任准备金的实际累积额所产生的盈余。虽然退保收益构成保险公司盈利的组成部分，但是由于退保的不确定性，在分红保险的红利产生模型中一般不予考虑。

（三）红利分配原则

红利分配就是将经营分红保险额盈余以红利的方式分配给保单持有人。为了规范红利分配行为，维护保险公司和保单持有人利益，保险公司在分配红利时一般会遵循以下三个原则。

1. 公平性原则

公平性原则是红利分配的首要原则。公平性首先体现在红利分配要兼顾保险公司和保单持有人之间的利益，分红保险要设立分红账户，与其他险种分别开来，单独管理，独立核算，分红账户产生的盈余只能用于向分红保单的持有人分派红利，不能另作他用。我国银保监会在分红保险相关管理办法中规定，分配给保单持有人的比例不得低于分红保险业务产生的可分配盈余的70%。其次体现在保单持有人之间，每个保单持有人获得的红利大小是不相同的，取决于各自对所产生的盈余的贡献程度，保单对盈余的贡献越大，红利分配越多，反之则越少。

2. 持续性原则

2015年9月25日，保监会《分红保险精算规定》（保监发〔2015〕93号）对分红保险的盈余分配作了规定，强调了红利分配的可持续性原则。保险公司要以一个比较适中的红利水平贯穿于整个保单期间，避免各年份间的红利出现较大的波动。所以，即使本年度盈余较高，被转入红利分配账户的资金也并不会全部用于当年的分红，分红多少以平均的标准为依据，剩余的部分将转作积累，留待经营业绩不理想的年份使用；同样，当本年度的盈余较低，不能维持红利标准时，往年积累的红利可以用来弥补本年度的亏损。这样做的目的是保护投保人的积极性，如果前几年经营业绩好，红利分配较高，会使投保人对下一年的红利水平产生一个较高的预期，一旦下一年份盈余较低甚至未产生盈余，差距过大的红利水平会使投保人失望，从而影响保单的稳定性。

3. 简单性原则

简单性原则要求红利分配方案要简单易懂，便于保单持有人理解。保险的专业性较强，精算过程的复杂性往往会超出投保人的理解范围，因此红利设计方案要求在严谨的精算基础之上尽量简单易懂，使投保人能充分了解到自己的权益。

（四）红利分配方式

为使保单持有人更好地享有红利带来的福利，保险公司设计了灵活的红利领取方式，投保人一般有以下几种选择。

1. 现金红利

现金红利是指将可分配盈余以现金形式分配给保单持有人。保单持有人可以在红利发放日领取现金。对保险公司来说，由于将大部分盈余分配出去，保险公司会面临比较大的现金流压力，为了保证资产可以随时兑现成现金支付红利，保险公司会调整投资组合，减少对长期资产投资的比例，影响了投资的总收益，也会降低红利分配额度。

2. 累计生息

累计生息是指保单持有人将每年红利留存在保险公司的特定账户中，由保险公司按照一定的利率进行累计生息，一般规定采取累计生息方式领取红利的期限最少是 6 个月。但红利领取的灵活性较低，何时领取要满足保险公司的规定，例如保险期满或者于约定的日期。

3. 抵交保费

这种方式是利用分红保险产生的红利来支付未来各期要缴纳的保险费。这种方式可以与累计生息的方式相结合，由于单期红利较少不足以支付一期的保险费，因此需要投保人在前几年选择累计生息的红利领取方式，将每年的红利留存在特定账户进行累计生息以达到足够的金额，缴纳未来保费，使投保人实现提前结束缴费期。

4. 增加保额

增加保额是指用红利收入来增加现有保单的保险金额，这种方式的局限性在于保单持有人丧失了对红利的支配权，只有在发生保险事故、保险期满或退保时，才能拿到分配的红利。但是保险公司偏好这种红利领取方式，因为增加的保额不会给保险公司的现金流带来任何压力，大大增加了保险公司的可投资资金，可以增加投资收益，同时提高红利分配水平。

二、投资连结保险

（一）投资连结保险的定义

投资连结保险简称投连险，是指包含保险保障功能并且至少在一个独立投资账户中拥有一定资产价值的人寿保险。投资连结保险除了拥有保障账户外，还设有单独的投资账户，投保人所缴纳的保险费一部分进入保障账户，另一部分进入投资账户。如果是期缴保费，进入保障账户的称为基本保险费，而进入投资账户的称为额外保险费。投资账户中的资产如同基金一样，要分为若干额度相等的单位，单位价值由账户中的资产或资产组合的市场价值与账户中的总单位数决定（相除确定）。所谓“连结”，是指保单的现金价值是随着投资账户的价值波动而变化的（见表 4-1），从这个特性就能看出我国的投连险是一种变额人寿保险。

表 4-1 投资连结保险几个关键概念间的关系

关键概念	关系
账户价值（NAV）	账户价值=总资产-总负债
投资单位数	N
投资单位价值（P）	$P=NAV/N$
投资单位卖出价（P_b）	$P_b=P$
投资单位买入价（P_o）	$P_o=P\times$（1+买入卖出差价）

（二）投资连结保险的特点

1. 投资账户独立

投连险设有多个投资账户，保险人将遵从不同的投资策略运作每个分立账户。例如，有些账户集中投资于高成长型股票，而其他账户可能集中投资于债券。保单的死亡保险金和现金价值都取决于分立账户投资业绩的好坏。如果独立账户的投资业绩好，则死亡保险金和现金价值就会增加；反之死亡保险金和现金价值就会减少。

大多数投资连结保险保单保证，不管分立账户的业绩如何，保额将不低于保单购买时规定的金额，但不保证投资收益或最低的现金价值。投保人可以根据自身的风险承受能力和收益目标选择将保费分配入一个或多个投资账户，投保人还可以调整保费在不同投资账户之间的比例，有权至少一年一次将资产在不同投资账户之间相互转换而无须缴纳额外费用。投保人分配到投资账户的保费被直接用来购买投资单位。用于投资的保费除以投资单位价格就是投保人可以得到的投资单位数，也就是在这个投资账户下拥有的资产数量。投保人的投资风险完全由自身承担，除特殊规定外，保险人的投资账户与保险人管理的其他资产或投资账户之间没有债权债务关系，也不承担连带责任。

为了使投保人了解到自己所选择的投资账户以及在每个投资账户中所持有的投资单位数量，保险公司还会为每个投保人设立一个保单账户。由于投资单位价格每天都会按照市场价格变动，因此投保人看到的只是投资单位的数量。

《投资连结保险精算规定》中规定：（1）投资连结保险及投资账户均不得保证最低投资回报率。（2）个人投资连结保险在保单签发时的死亡风险保额不得低于保单账户价值的 5%。（3）年金保险的死亡风险保额可以为零。此处年金保险是指提供有年金选择权的投资连结保险。（4）团体投资连结保险的死亡风险保额可以为零。（5）死亡风险保额是指有效保额减去保单账户价值。其中有效保额是指被保险人因疾病和意外等身故时保险公司支付的死亡保险金额。

2. 费用收取透明

投资连结保险的费用收取要详细列明性质与用途，我国《个人投资连结保险精算规定》（以下简称《规定》）要求，投资连结保单中应明确收取费用的最高水平，如果不能明确，至少应在条款中约定收费水平变更方法。《规定》同时说明，投资连结保险可以并且仅可以收取以下几种费用：

（1）初始费用，即保险费进入投资账户前扣除的费用。《规定》要求，投资连结保险的初始费用不得以减少保单账户价值的形式扣除。团体投资连结保险的初始费用不得超过保费的 5%；对个人险，如果是趸缴保费，则初始费用比例不得超过表 4-2 所示上限，追加保费的初始费用不得超过 5%。

表 4-2　趸缴保费投资连结保险初始费用上限

保险费	初始费用上限
5 万元及以下部分	10%
5 万元以上部分	5%

《规定》同时对期缴保费中的基本保险费进行了约束，要求基本保险费以保单约定的死亡保险金额的 1/20 为上限，且保险公司对同一投保人、同一被保险人购买的多张同一产品投资连结保险保单，所有有效保单的基本保险费总和不得高于 6 000 元。初始费用因基本保险费与额外保险费有所不同，额外保险费的初始费用不得超过 5%，追加保险费的初始费用也不得超过 5%，基本保险费初始费用有更详细的规定，具体如表 4-3所示。

表 4-3　期缴保费投资连结保险基本保险费初始费用上限

保单年度	基本保险费初始费用上限
首年度	50%
第 2 年	25%
第 3 年	15%
第 4、5 年	10%
以后各年	5%

（2）买入卖出差价，即投保人买入和卖出投资单位的价格之差。投连险保险的买入卖出价差不得超过 2%。

（3）死亡风险保险费，这是投资连结保险保障部分的成本，保险人通过扣除投资单位数的方式收取。计算方法为死亡风险保额乘以死亡风险保费费率。

（4）保单管理费，即为维护保险合同向投保人收取的管理费。该管理费为一种固定金融，与保单账户价值无关，保险公司不得以保单账户价值一定比例的形式收取，且保单首年度与续年度可以不同。对于团体投资连结保险，保险公司可以在对投保人收取保单管理费的基础上，对每一被保险人收取固定金额的保单管理费。

（5）资产管理费，按账户资产净值的一定比例收取，年度资产管理费不得超过资产净值的2%；账户资产净值扣除当期资产管理费后，即为期末账户价值。

（6）手续费，保险公司提供账户转换、部分领取等服务时可以收取，用以支付相关的管理费用。

（7）退保费用，即保单退保或部分领取时保险公司收取的费用，用以弥补尚未摊销的保单获取成本。这部分费用以保单账户价值或部分领取的部分账户价值为计算基础，不得超过一定比例，且趸缴与期缴保费收取的比例有不同规定。对于趸缴保费，保险公司收取的退保费用比例如表4-4所示。

表4-4　趸缴保费退保费用占计算基数账户价值的百分比　（单位：%）

保单年度	如初始费用小于或等于零	如初始费用大于零
首年度	10	10
第2年	9	8
第3年	8	6
第4年	7	4
第5年	6	2
第6年	5	0
第7年	4	0
第8年	3	0
第9年	2	0
第10年	1	0
第11年及以后各年	0	0

保险公司收取的期缴保费退保费用比例如表4-5所示。

表4-5　期缴保费退保费用占计算基数账户价值的百分比　（单位：%）

保单年度	退保费用占比
首年度	10
第2年	8
第3年	6
第4年	4
第5年	2
第6年及以后各年	0

综上，投资连结保险实际上是一种投资型产品，保障的成分相对较低。这类产品中的保障风险（死差损益）、费用风险（费差损益）由保险公司承担，而投资风险则需要由投保人自己承担。

3. 死亡保险金给付的两种方式

投资连结保险必须包含一项或多项保障责任，这些保障责任与传统产品类似，不仅可能包括死亡给付、生存领取、残疾给付等基本责任，还可能包括保费豁免、失能保险、重大疾病给付等责任。

在死亡保险金给付的设计上有两种方式：定额死亡保险金给付和变额死亡保险金给付。

定额死亡保险金给付（方式 A）是取约定的保险金额和当时的保单账户价值中较大者，在保单账户价值低于保险金额时，以保险金额作为死亡保险给付的金额；当保单账户价值超过约定的保险金额时，死亡保险金的多少随着保单账户价值的变化而变化。其死亡给付方式如图 4－1 所示。其特点是，当账户价值小于保单死亡保险给付额时，保单风险保额可变，总保额即保险给付额不变。

变额死亡保险金给付（方式 B）是约定的保险金额和保单账户价值之和，由于保险金额部分固定不变，死亡保险金的波动取决于保单账户价值的波动。因此其特点是，在整个保单生命周期中，保单的风险保额不变，总保额随账户价值的变化而变化。方式 B 死亡给付方式如图 4－2 所示。

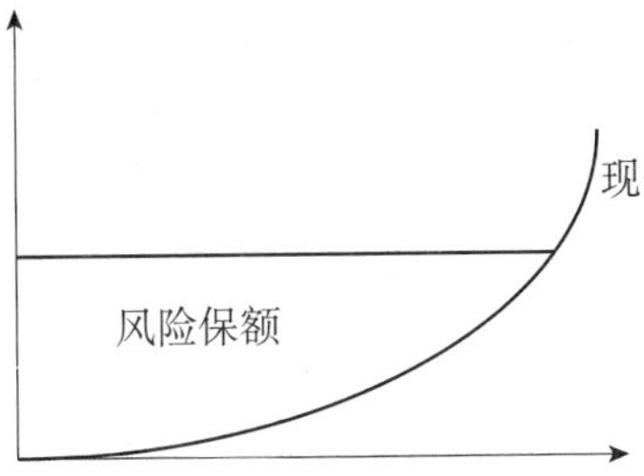

图 4－1　方式 A 死亡给付方式

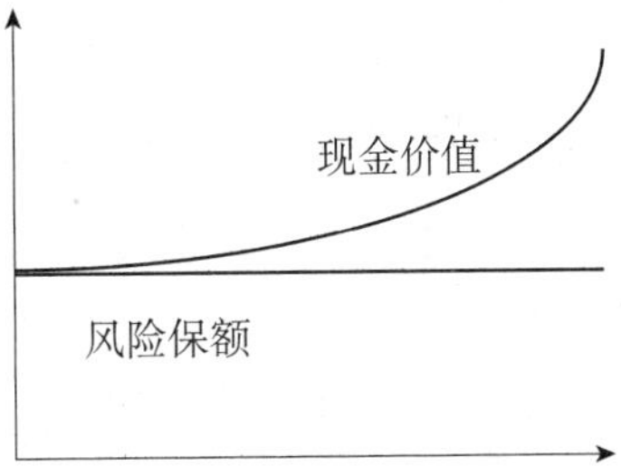

图 4－2　方式 B 死亡给付方式

4. 保险费的灵活机制

除了以上特点，投资连结保险在保费缴纳方式上大多也引入了一定的灵活机制。一般的缴费方式是固定保险费，投保人定期、定额缴纳保险费，每期保险费扣除除初始费用以外的其他各种费用（包括销售费用、保险成本、维持费用等）后，其余部分进入投资账户用于投资，停止缴纳保险费则保单失效；在此基础上，投资连结保险设计了不同的保费缴纳方式。一种缴纳方式是在固定缴费基础上增加“保费假期（premium holiday）”，允许客户在发生资金困难或其他情况下暂缓交付保险费，从而避免了客户因为超过了 30 天或 60 天的保费宽限期而使保单失效；此外还允许投保人在缴纳约定的保险费外，可随时再支付额外的保险费，这样就增加了产品的灵活性。另一种缴纳方式则赋予投保人更大的灵活性，允许投保人随时支付任意额度的保险费，只要支付的保费比约定的最低数额高就行，对支付的保费，按约定的计算方法进入投资账户。这种方式对客户而言非常灵活，但对保险人而言，由于保费收取的不确定性，使保险人对资金的可控性与可预测性大大降低，提高了保险人的管理与操作难度。

5. 风险保额的规定

风险保额是指保单有效保额与保单账户价值之差。保单有效保额是指保单约定的风险事件如死亡、伤残发生时保险人需支付的保险金数额。《规定》对风险保额也作出了特别规定。

（1）个人投资连结保险在保单签发时的死亡风险保额不得低于保单账户价值的5%。

（2）年金保险的死亡风险保额可以为零。此处年金保险是指提供有年金选择权的投资连结保险。

（3）团体投资连结保险的死亡风险保额可以为零。

三、万能寿险

万能寿险是一种终身寿险，其显著特征是可变保费、可变保额和可变的死亡给付，以及分别列示各定价因素。此外，在一定限度内，保单所有人可以决定其愿意为某项保险产品所缴纳的保费水平。保单所有人愿缴付的保费水平越高，则保单提供的保险金额越大，保单的现金价值也越大。

（一）分别列示各定价因素

保险人用于为万能寿险保单定价的三个因素将在保单中分别列明。每个万能寿险保单都规定了死亡成本、利息率和适用费用。

1. 保险人适用的死亡成本

保险人定期从万能寿险保单的现金价值中扣除死亡成本，这部分是保险人补偿因签发万能寿险保单而承保的死亡风险所需的金额。换言之，死亡费用将支付寿险保障的成本。死亡费用的金额取决于被保险人的风险等级，并通常会随着被保险人年龄的增长而上升。万能寿险保单保证死亡费用绝不超过规定的最大金额，此外，如果保险公司的死亡经验比预期的更有利，则这些保单通常提供的死亡费用比规定的最大金额更小。

2. 保险人在保单现金价值中采用的利息率

万能寿险保单保证每年对保单现金价值至少按规定的最低利率计息，最低利率不得为负（注意这一点上万能寿险与投资连结保险的不同，投资连结保险不得规定最低利率）。保单也规定，如果经济条件和竞争条件允许，保险人将按照较高的利率计息。例如，有些保单规定现金价值的增值利率要反映当前市场利率水平，比如某种国库券的收益率；大多数万能寿险保单规定，任何用于保单贷款抵押的现金价值的计息利率将低于当前市场利率，但这一下调后的利率绝不会低于保证的最低利率。

《万能保险精算规定》中对万能账户与结算利率有明确的规定，具体内容如下：

（1）万能保险应当提供最低保证利率，最低保证利率不得为负。保险期间内各年度最低保证利率数值应一致，不得改变。

（2）保险公司可以为万能单独账户设立特别储备，用于未来结算。该特别储备的性质实际上是平滑准备金，不得为负，并且只能来自实际投资收益与结算利息之差的积累。

（3）当万能账户实际投资收益率小于最低保证利率时，保险公司以前述特别储备弥补投资收益与最低保证利率的差额，不能补足时，保险公司应向万能账户注资以弥补差额，注资资金只能来自公司自有资金，其他情况下，保险人不得以任何形式向万能账户注资。

（4）在同一万能单独账户管理的保单，应采用同一结算利率。

（5）保险公司应尽量保持结算利率的平滑性。

3. 保险人适用的费用

每个万能寿险保单都列示了保险公司为补偿管理保单所发生的成本将征收的费用。《万能保险精算规定》中规定保险公司可以收取以下费用：

（1）初始费用，即保险费进入万能账户之前扣除的费用。

（2）死亡风险保险费，即保单死亡风险保额的保障成本。死亡风险保险费应通过扣减保单账户价值的方式收取，其计算方法为死亡风险保额乘以死亡风险保险费费率。保险公司可以通过扣减保单账户价值的方式收取其他保险责任的风险保险费。

（3）保单管理费，即为维护保险合同向投保人或被保险人收取的管理费用。保单管理费应当是一个不受保单账户价值变动影响的固定金额，在保单首年度与续年度可以不同。保险公司不得以保单账户价值一定比例的形式收取保单管理费。对于团体万能保险，保险公司可以在对投保人收取保单管理费的基础上，对每一被保险人收取固定金额形式的保单管理费。

（4）手续费，保险公司可在提供部分领取等服务时收取，用于支付相关的管理费用。

（5）退保费用，即保单退保或部分领取时保险公司收取的费用，用以弥补尚未摊销的保单获取成本。

万能寿险保险费用的计算标准与投资连结保险非常类似，也按趸缴保费、期缴保费的不同，按保单年度的不同，规定了各项费用的计算基础及计提收取比例，这里不加赘述。

（二）较大的灵活性

无论在购买保单之时还是保单持有期间，万能寿险保单都为保单所有人提供了很大的灵活性。在购买保单时，保单所有人可以在一定限度内，选择保额、死亡给付与相应的保费水平。保单所有人在保险期间能够改变这些选择，但是保险公司必须批准某项变更。

1. 保额灵活

万能寿险有 A、B 两种计划，A 计划的死亡保险金等于保额，因此保险公司的净风险额等于死亡保险金减去现金价值；B 计划的死亡保险金等于保额加现金价值，保险公司的净风险额就等于保单保额。

如果保单持有期间超过规定的下限（通常为一年），保单所有人就可以要求增减保单的保额。如果保额的增加会引起保单净风险额的大幅增加，则保险人通常要求保单所有人出示被保险人继续可保的证明。

美国的万能保险比我国稍复杂一些，因为美国对个人也会征收资本利得税，因此在美国，万能寿险既受保险监管机构的监管，也受证券监管部门美国证券交易委员会（SEC）的监管，在同意降低保额以前，保险人必须确保这一减少不会导致原保单失去保险合同地位而被划归为投资合同。如果保额过低从而使保障部分的保费低于投资部分的保费，该合同即被视为投资合同，其投资所得将被征税。

2. 可变保费

万能保单的所有人可以在一定限度内选择首期保费和各续期保费缴付额，保单所有人也有极大的灵活性决定何时支付续期保费。为了保证保单的有效性，保险公司通常会强制要求首期保费较高，会规定首期保费的最低水平；此外，保险公司还会强制要求续期保费的最高限额，以确保保单仍然是保险产品而不是投资产品（美国等国家与地区对保险产品有税收优惠，如果保费过高，现金价值超过保额的一定比例，则可能会被视作投资产品而被征税）。只要保单现金价值足以支付按期的死亡给付和保险公司规定的各项费用，即使保单所有人不缴付续期保费，保单依然有效；如果现金价值不足以支付保险公司各期发生的费用，则保单所有人只有缴付足够的续期保费后，保单才不会失效。

（三）万能寿险保单的运作

保险人收取万能寿险保费时，首先扣减各项应付费用，然后将剩余保费贷记保单的现金价值；在保单的有效期内，保险人按月从现金价值中扣除死亡费用，并贷记剩余的现金价值及其利息；保险人可能不断地从现金价值中扣减各种其他费用。只要现金价值足以支付保单的相关费用，保单就依然有效，有时甚至不需要再缴纳保费。被保险人在满足可保性的前提下可以提高自己的保额，也可以按自己的意愿降低自己的保额。

保单所有人缴付保费超过支付保单成本所需数额越多，现金价值相应地就会越大。无论是否缴付，或者何时缴付续期保费，保险人都会按期从保单现金价值中扣减死亡费用和其他各项费用，并贷记现金价值及其利息收益。在任何时候，如果保单的现金价值不足以支付各期费用，保险人允许保单所有人在保费宽限期内（通常为 30～60 天）缴纳保费，以支付各项费用，否则保单就会失效。

与传统终身寿险保单一样，万能寿险保单的现金价值也可以用作保单贷款的抵押。万能寿险保单所有人有权从保单现金价值中提取现金。在提现时，所提取的金额及必要的提现费用要从现金价值中扣除。提现以后，只要剩余的现金价值足以支付必要的死亡费用及其他费用，保单就继续有效。有些万能寿险保单也规定：保单的保额提现后将减去所提取的金额。

由于万能寿险保单在一年中会发生多个方面的改变，因此，保险人会向每个保单所有人发送年度、半年度或季度报告，以反映保单的当前价值和权益。通常情况下，这类报告包括以下各种信息：应付死亡保险金额、保单的现金价值、退保金额（在不等于现金价值时列示）、现金价值的利息收入、扣除的死亡费用、扣除的其他费用、在报告期内已缴保费金额、未偿保单贷款余额、提现额等。

1. 万能账户

《万能保险精算规定》对万能账户也作了明确规定，包括：

（1）保险公司应为万能保险设立一个或多个单独账户。

（2）万能单独账户的资产应当单独管理，应当能够提供资产价值、对应保单账户价值、结算利率和资产负债表等信息，满足保险公司对该万能单独账户进行管理和保单利益结算的要求。

（3）保险公司应当定期检视万能单独账户的资产价值，以确保其不低于对应保单账户价值。季度末出现万能单独账户的资产价值小于对应保单账户价值的，保险公司应采取以下措施：

1）下季度内每一次公布的年化结算利率不得超过本季度内年化结算利率。

2）应当在 15 个工作日之内向万能单独账户注资补足差额，注资资金只能来自公司自有资金。

在其他情况下，保险公司不得以任何形式注资。

2. 风险保额

《万能保险精算规定》对风险保额的规定包括：

（1）对于投保时被保险人的年龄满 18 周岁的，个人万能保险在保单签发时的死亡风险保额不低于保单账户价值的 20%。

（2）年金保险的死亡风险保额可以为零；团体万能保险的死亡风险保额可以为零。

（3）死亡风险保额是指有效保额减去保单账户价值。其中有效保额是指被保险人因疾病和意外等身故时，保险公司支付的死亡保险金额。

（4）万能保险可以提供死亡保险责任以外的其他保险责任。

四、北美市场的新型寿险产品

上述中国市场广泛流行的创新型寿险产品在北美市场上也广泛存在，除此之外，北美市场上还有若干新型人寿保险，本书在此也略加介绍，以为未来我国人身保险业的发展提供参考。

（一）可调整寿险

该险种允许保单所有人在保险需求发生变化时改变原来的险种，通常由投保人选定可调整寿险保单的保额及愿意缴付的保费水平，然后保险公司根据上述要求，确定相应的保险计划。可调整寿险保单的保险计划种类较多，从短期的定期寿险保单到限期缴费的终身寿险保单均有可能。

在保险需求变化时，保单所有人可以在保单规定的限度内就改变保单的保额或保费水平与保险人达成共识。依据保单条款，保费的增加或保额的减少会导致保险期间的延长或缴费期间的缩短，其结果取决于保单条款。例如，终身寿险保险期间不能延长，因此保费缴付期间可以被缩短；反之，保费的减少或保额的增加会导致保险期间的缩短或缴费期间的延长，最终结果也取决于保单条款。但是任何调整都不能导致调整后的保额或保费超出可调整寿险保单规定的上下限。为了增加可调整寿险保单的保额，保单所有人通常必须提供被保险人的可保证明，但如果只是改变保单的保费或保险计划，则不需要提供可保证明。

（二）调整保费寿险

调整保费寿险保单是一种非分红终身寿险保单，它同时规定两种保费率——一个最高保证费率和一个较低的保险费率。保险人在签发保单时按规定的较低费率收取保费并保证至少在一定时期内维持这个费率。此后，保险人可以根据实际发生的死亡率、利息和费用来计算新的保费率，新费率可能高于也可能低于原有费率，但是新的费率绝不会超过保单中保证的最高费率。这种保费修正方法在保单有效期内定期实行。通常情况下，保险人收取的最大保费率比类似的非分红终身寿险保单稍高。

（三）利率敏感型终身寿险

利率敏感型终身寿险也称现行假设终身寿险，它将调整保费保单的概念又向前推进了一步。除了可以通过改变费率来反映有关死亡率、投资及费用等因素假设的变化以外，如果实际经营的结果与定价假设不一致时，保单所有人还可以决定是否对定价假设进行有利的变更，以缴纳较低的保费或得到较高的现金价值。这一决定在保单生效之后还可以改变。大多数利率敏感型终身寿险保单还规定，如果保单所有人没有作出选择，保险公司将自动采取增加现金价值这一选择权。而另一些保单则规定，定价假设的变更会自动采用提高保额选择权，而不是降低保费或增加现金价值。

如果定价假设发生变动，新保费高于保单签发时缴付的保费水平，保单所有人可以从以下两种方式中选择一种：（1）维持原来的保费水平，降低保额；（2）增加保费和维持原来的保额。与未决保费保单一样，利率敏感型终身寿险保单的保费率不能超过保单所保证的最高费率水平。

（四）变额万能寿险

变额万能寿险将万能寿险的保费和死亡保险金的可变性与变额寿险的投资灵活性和投资风险性结合起来。变额万能寿险保单也允许保单所有人自行选择保费水平和保险金额，多数保险人允许保单所有人选择保持死亡保险金不变（A 型账户），或者死亡保险金随着分立账户投资收益的变化而改变（B 型账户），这一点与万能寿险保单类似。同时它又像变额寿险保单一样，其现金价值也记录在独立的投资账户中。保单所有人将对多个投资账户进行选择，而且可以至少按年改变原有选择权。保险人贷记到保单现金价值上的投资回报，反映了该独立账户的投资收益。变额万能寿险保单也不保证投资收益或现金价值。在美国，变额万能寿险产品也被视为证券，因此，它必须遵从联邦证券法规。

第三节　寿险保单常见条款

寿险保单条款可分为两大类：一类是所有合同都适用的一般条款；另一类是只适用于有现金价值的保单的特有条款。一般条款可分为两类：一类旨在保护保单所有人的利益；另一类旨在保护保险人的利益。本节重点阐述保护保单所有人一方利益的条款。

一、一般条款

（一）保护保单所有人利益的条款

虽然措辞可能因保单及保险公司的不同而有所差异，但保护保单所有人利益的条款通常包含免费观望期条款、完整契约条款、不可抗辩条款、宽限期条款、复效条款、年龄或性别误报条款、受益人条款等。

1. 免费观望期条款

个人寿险保单通常包含免费观望期条款（免费检验条款、犹豫期条款）。该条款允许保单所有人在收到保单后的规定期限（通常为 10 天）内检查保险单。在免费观望期内，保单所有人可以撤销保险合同，并如数收回缴付的首期保费。保险责任在免费观望期内仍然有效，在保单所有人取消保单时失效。如果保单所有人最终选择了撤销保单，这实际上意味着保险公司免费为被保险人提供了撤单前一段时间的免费保险。

2. 完整契约条款

完整契约条款对构成保险人与保单所有人之间的合同文件加以定义，防止保险人将一些文件（比如公司内部规定）附加进合同而损害保单持有人利益。通过将保险合同条款限制在特定的书面文件中，完整契约条款可以防止口头陈述影响保单条款，避免有关合同条款的争议。

完整契约条款的具体措辞取决于保单是封闭型合同还是开放型合同。在封闭型合同中，只有印制或附加在合同中的条款或条件才被认为是合同的组成部分。在这些保单中的完整契约条款中规定，完整契约由保单、附加于保单的任何附约和投保单的复印件组成。该条款确证保单所有人能够获悉保单的所有条款。

完整契约条款不仅规定了构成合同的各种文件，通常还规定：（1）不得对合同进行任何更改，除非保单所有人以书面形式同意此变更；（2）只有特定人员（如保险公司的特定职位的人）可以对合同进行更改；（3）只有书面形式的更改才有效。

3. 不可抗辩条款

《民法典》规定，合同的任一方当事人有权废除无效合同中规定的义务，而无须对其他当事人承担法律责任。换言之，合同的一方当事人有权废除或拒绝无效合同。如果投保人在投保单中存在重大不实告知，合同法允许保险人主张保险合同无效。但是，保险法的精神对保险人行使这一权利的期间作出了限制。寿险保单的不可抗辩条款规定，保险人在抗辩期内有权基于投保单中存在重大不实告知而撤销保单的时间限制，超过抗辩期，保险人就不得再主张这种权利。

人寿保险的投保单设计了若干问题，旨在为保险人提供重要的相关信息，便于保险人确定准被保险人是否属于可保风险。根据《民法典》的规定，合同当事人签订合同时的陈述可以分为两类，即保证和告知。保证是由合同的一方当事人所作的一项声明，如果这项声明有文字表述方面的失实，合同就会失去效力。而告知是合同一方当事人所作的声明，如果该声明有实质性的不实之词，合同就会失效。投保申请书中的声明是告知，而非保证。

在投保单中，错误的或具有误导作用的陈述通常被称为不实告知。在投保单中，某些陈述相对于其他陈述而言，对保险人的签单决策更为重要。影响保险公司对准被保险人进行风险评估的不实告知称为重大不实告知。如果不实告知使保险公司签发了本来不该签发或应该按不同标准签发的保单（如提高保费或降低保险金额），那么这种不实告知就被视为重大不实告知。人寿投保单中的不实告知如确系重大不实告知，保险公司才能以此为由解除合同。

我国关于不可抗辩条款有明确的法规，《中华人民共和国保险法》第 16 条第 3 款规定："前款规定的合同解除权，自保险人知道有解除事由之日起，超过三十日不行使而消灭。自合同成立之日起超过二年的，保险人不得解除合同；发生保险事故的，保险人应当承担赔偿或者给付保险金的责任。"

4. 宽限期条款

宽限期就是一个允许在其间缴付已到期的续期保费而不受处罚的规定期限。注意，宽限期只是对续期保费而言的，首期保费没有宽限期，因为只有在缴付首期保费以后，保单才开始生效。在美国和加拿大，大多数情况下，宽限期至少为30天或31天。保险公司可以规定更长的宽限期，某些保险公司确实也是这样做的。保单在整个宽限期内有效。如果被保险人在宽限期内死亡，保险人将向指定的受益人给付死亡保险金，但会扣除所有未缴的续期保费及利息。如果没有宽限期条款，那么哪怕保单持有人过了一天未缴纳保费，就可能涉及下面要讲的一个问题：复效。

如果到了宽限期末，投保人仍未缴付续期保费，那么，保单即告失效。但是，如果保单具有现金价值，有的保险人还不会将该保单视为失效保单；提供现金价值的保单持有人在某种不丧失价值选择权下，有权获得保障延续。

有些寿险保单（如万能寿险保单）没有规定缴付保费的时间表。万能寿险保单的宽限期条款适用于现金价值不足以支付每月的死亡费用和经营费用的情况。根据宽限期条款的具体规定，这种保单的宽限期起始日有下列两种：

（1）从现金价值不足以扣减保单整个月度死亡费用和经营费用之日算起，相应的宽限期为60天或61天。

（2）从现金价值等于零的日期算起，相应的宽限期为30天或31天。这类寿险保单的宽限期条款还规定，保险公司必须至少在保险终止前30天或31天内，通知保单所有人“现金价值已经不足以扣减各项费用，如果再不缴付足够的保费，保单将会失效”。

如果被保险人在宽限期内死亡，保险人将给付死亡保险金，但将从保险金中扣除逾期未缴的死亡费用和经营费用。

5. 复效条款

复效是指人寿保险公司将下述两类保单恢复合同效力的过程：

（1）未及时缴付续期保费而终止的寿险保单。

（2）通过展期保险或减额缴清保险不丧失选择权而得以继续的保单。

如果保单所有人为领取退保金已撤销保单，则大多数保险人不允许保单复效。在保单复效以后，原保单将重新生效，保险人并不签发新的保单。

保单复效在以下情况下产生：

（1）过了宽限期未缴费并且保险现金价值不足以垫缴保费，使得保单已经失效。

（2）失效期不超过两年（美国有些州的保险法规定至少在保单失效后三年内，保单持有人有权申请复效）。

（3）由保单所有人提起申请。

（4）必须提交被保险人的可保证明。

（5）保单所有人缴付了需要缴付的款项（比如失效期间应缴而未缴的保费、必须偿付保单贷款余额或者将保单贷款连同保单一起复效）。

要求提供可保证明是最为重要的一个条件，这个条件有助于防止逆选择。如果不要求提供可保证明，那么由于身体不好或其他原因不能获得其他保险的人将比身体健康的人更可能申请保单复效。

在复效时，需要缴付的特别款项取决于保单的类型。对于固定保费保单比如终身寿险保单，保单所有人必须补缴所有的应缴保费和应计利息。保险人按复效条款规定的利率收取利息。补缴保费以及应计利息，是为了使复效保单与相应的未曾失效的保单具有相同的责任准备金。对于可变保费保单，如万能寿险保单，保单所有人缴付的保费必须足以支付至少两个月的死亡费用和经营费用。此外，有些该类保单还要求保单所有人补缴失效日与复效日期间的死亡费用和经营费用。

在北美地区，保单复效对保单所有人可能有另一个重要意义，美国和加拿大的大部分法域要求在保单复效日重新开始一个抗辩期。在新的抗辩期，保险人只能根据复效申请书上的重大不实告知解除复效保单。除非原来的抗辩期尚未结束，否则保险人不能根据原投保单上的重大不实告知对保单提出抗辩。

6. 年龄或性别误报条款

该条款说明在被保险人的年龄或性别误报时，保险人采取的调整保险金的方法。在寿险保单中，该条款通常规定，如果被保险人的年龄或性别存在误报，而且导致保费计算有误，那么保险人将把保单保额调整到不存在误报时，实缴保费所能购买的保险金额。

如果在被保险人死后发现年龄或性别误报，保险人就按照上述程序进行调整。但是，如果在被保险人死亡之前发现误报，保险人还可以给予保单所有人一种选择权，即补缴保费或领取退还额，其数额是误报引起的相应保费与真实信息所对应保费之间的差额，以代替调整保单保额的办法。

注意，如果保险公司由于年龄或性别误报而调整寿险保单的给付金额，这就意味着保险人执行了年龄或性别误报条款。这种行为不是对保单的有效性进行抗辩，因此，不受不可抗辩条款的限制。

《中华人民共和国保险法》第 32 条规定："投保人申报的被保险人年龄不真实，并且其真实年龄不符合合同约定的年龄限制的，保险人可以解除合同，并按照合同约定退还保险单的现金价值。保险人行使合同解除权，适用本法第十六条第三款、第六款的规定。投保人申报的被保险人年龄不真实，致使投保人支付的保险费少于应付保险费的，保险人有权更正并要求投保人补交保险费，或者在给付保险金时按照实付保险费与应付保险费的比例支付。投保人申报的被保险人年龄不真实，致使投保人支付的保险费多于应付保险费的，保险人应当将多收的保险费退还投保人。"

7. 受益人条款

投保人或被保险人可以变更受益人，如果投保人变更受益人，需要征得被保险人同意。

投保人或被保险人可以指定任意多个第一顺位受益人与次顺位受益人（也称第

二顺位受益人），并可确定保险金如何在受益人之间分配。如果第一顺位受益人先于被保险人死亡，则第二顺位受益人在被保险人身故时领取寿险保单保险金。如果所有受益人都先于被保险人身故，则保险金作为被保险人的遗产，由被保险人的法定继承人领取。

如果被保险人与受益人于同一事故中死亡，且无法确定死亡的先后顺序时，视为受益人先于被保险人死亡，其死亡保险金由被保险人的法定继承人领取。

8. 保险金给付选择权条款

保险人在寿险保单中通常还包含一个保险金给付选择权条款，或称年金给付选择权条款。该条款允许保单所有人或受益人对保险金的领取方式进行选择。

典型的保险金给付选择权

利息选择权：受益人不选择一次领取保险金而将保险金委托保险人代为投资管理，所得利息按年、半年、季或月支付。

固定期间选择权：受益人在约定期间内按一系列的年度或季度或更高频率，分期领取保险金及其利息。

等额给付选择权：保险人按约定金额作等额分期支付直至付完保险金本息之和。

终身年金收入选择权：受益人将保险金作为趸缴保费，将保险金转化为终身年金，保险人在受益人生存期间定期给付生存年金。

9. 保单红利选择权条款

分红寿险保单包含一项阐述保单红利支付方式的条款，该条款允许保单所有人在几种给定的红利支付方式中自行选择。在美国和加拿大，大多数法域的法律要求分红保单必须载明可供保单所有人选择的红利支付方式。

（二）保护保险人的条款

保险合同中还包括一些保护保险人利益的条款，包括自杀条款、除外责任条款、迟延条款等。

1. 自杀条款

该条款规定，为了防止逆选择，被保险人如果在约定期间（通常为两年）内自杀身亡，保险人将不负给付责任。但是保险人可以退还已缴保费与保单贷款余额的差额。有些保单的自杀除外条款规定，保险人将支付下述两者中的较大者：（1）保单现金价值；（2）已缴保费。

2. 除外责任条款

寿险保单有时还包含名为除外责任的条款，该条款列述了保险人在被保险人死亡后可以不给付保险金的各种情形（实际上上面的自杀条款也可以归入这一类，不过自杀条款有特别的期限规定，因此单独列出）。比如战争除外条款规定，如果被保险人因战争而死亡，保险人将不给付保险金。当前签发的保单很少包含战争除外条款。类似地，在航空飞行早期，寿险保单通常包含航空除外条款，规定如果被保险人的死亡与航空活动有关，保险人将不给付保险金。目前，这类除外责任条款主要用于军事性或实验性的飞行活动。但是，有些保险人在签发给私人飞机的驾驶员和机组人员的保单中，包含航空除外条款。

3. 迟延条款

该条款规定，保险人有权延后现金价值的给付，或在收到请求后 6 个月内进行保单贷款（以支付保险费为目的的人除外）。该条款的目的是防止挤兑，在有大量保单持有人提出保单贷款时缓解保险人的财务压力。当然，实际上这一条款不一定能起作用。

二、现金价值保单的特有条款

（一）不丧失价值条款

不丧失价值属于具有现金价值保单的所有人的一种权益。如前所述，终身寿险或两全保险提供保险保障并积累现金价值。如果终身寿险保单的所有人停止缴付续期保费，保单将由于不缴付保费而失效，但保单所有人不会丧失保单的现金价值。

这类条款包括保险金给付选择权条款、保单红利条款、受益人条款等。

（二）保单贷款条款

保单贷款条款也称保单提现条款，是指具有现金价值的寿险保单通常允许保单所有人以保单作抵押，向保险人进行贷款。保单贷款条款允许寿险保单的所有人向保险人贷款，贷款限额为保单净现金价值与贷款一年的应计利息之差。保单贷款实质上是保险人在该保单项下最终必须支付的部分预付款项。

保单贷款与商业贷款有两点区别：第一，保单所有人没有偿还保单贷款的法定义务。但是，保单所有人可以随时偿还部分或全部贷款。如果在被保险人死亡时，贷款尚未还清，那么保险人将从保险金中扣除尚未偿还的余额。而商业贷款则在借款人与贷款人之间建立起一种借贷关系，借款人负有偿还贷款的法定义务。第二，保险公司不必对申请保单贷款的保单所有人进行资信审查，保险公司只需根据保单的净现金价值审批贷款。

保险人对每一笔保单贷款都要计收利息，利息通常是按年计收的。虽然保单贷款的利息可以随时支付，但保单所有人也可以不支付，任何应计利息都将自动转化为保单贷款的一部分。所以，我们所说的保单贷款余额已包括了保单贷款的应计利息。如果在某一时点上，保单贷款余额超过了保单现金价值，那么保单将终止且不再具有任何价值。保险人必须提前至少 30 天将保单终止的事项通知保单所有人。

（三）不丧失价值选择权条款

该条款规定，停止缴付保费的保单所有人有若干种方式可供选择，去处理属于自己的不丧失价值（即保单积累的现金价值）。

1. 延续保险保障不丧失选择权——减额缴清保险

该条款本质上也属于不丧失价值选择权之一，是指具有现金价值的保单允许被保险人停止缴付保费，并选择减额缴清保险或展期保险，以延续保险保障。其中减额缴清保险是指，保单的净现金价值被用于购买与原保单设计相同的、保费趸缴的缴清寿险，其保费根据本选择权生效时被保险人的到达年龄计算。由于在该选择权下，可以购买到的缴清保险的保额小于原保单的保额，减额缴清保险因此而得名。展期保险是指，保险公司将保单净现金价值全部用于购买与原保单具有相同保额的定期寿险，保险期长度为净现金价值所能购买的最长期限。保险期长度取决于保险金额、净现金价值、被保险人的性别，以及保单所有人行使本选择权时被保险人的到达年龄。如果计算出来的保险期限长度超过了原保单的剩余期限，则只能购买原保单保额的剩余期限的定期寿险，剩余现金价值由保单持有人直接领取。

2. 延续保险保障不丧失选择权——展期定期保险

该条款实际上是以保险现金价值作为趸缴保费，购买一份与原保单保险金额相同的定期寿险保单，其保险期间为保单净现值所能提供的最长期限，但不超过原保单的剩余期限。如果原保单为高净值保单（如两全保险），则以原保单剩余保险期限为最长期限计算定期寿险需趸缴保费，保单净现值与所需保费的差额由保单所有人领取。

关键词

人身保险	人寿保险	两全保险	分红保险
投资连结保险	万能寿险	变额万能寿险	续保条款
不可抗辩条款	可撤销保单	可选择续保保单	有条件可续保保单
保证可续保保单	免责条款	不可撤销保单	宽限期条款
复效条款			

复习思考题

1. 简述人寿保险中的常见条款。
2. 你对创新型人寿保险的认识是怎样的？
3. 简述个人人寿保险的概念、特点，并以此为基础判断不同保险事故应如何赔偿。

第五章　年金保险

年金保险主要用于防范因寿命过长而竭尽经济资源所导致的财务风险。年金保险是一种十分复杂的产品，保险公司设计年金保险的目的是帮助个人为晚年生活进行储蓄。本章对年金保险的内容进行简单介绍。

第一节　年金保险概述

一、年金保险的定义

从广义上讲，年金是一系列定期付款。大多数人都接触过这种定期付款，每月支付的房租或分期付款是一种年金，定期支付的薪酬也是一种年金。按是否包含生命的不确定性，年金可以分为确定年金与不确定年金。其中确定年金是常见的普通金融工具，像企业按月发给员工的工资，房主按月偿付其别墅的住房贷款等，都属于这种。年金保险就属于不确定年金，因为它是投保人与保险人签订的一份合约，保险人承诺以被保险人的生存为条件定期给付年金，以换取约定的保费收入。年金给付既可以约定期限，也可以是终身的；既可以在购买当年当月即领取，也可以在缴费若干时间后再领取，具体分类见下一节。年金保险的投保人既可以与年金领取人是同一人，也可以是不同的人，多数时候是同一人。

通常情况下，养老保险都采用年金的方式，即当被保险人达到一定年龄后（可以是退休年龄），按照事先约定的周期（年或月）、约定的额度领取，通常都是终身年金。除这种养老年金外，常见的还有教育年金保险，其被保险人通常是少儿，以定期年金保险为主，是儿童教育金保险的重要组成部分。

某公司养老年金保险条款示例

在合同有效期内，保险人对被保险人负下列保险责任。

一、养老金给付

本保险养老金的领取起始年龄分别为被保险人40周岁、45周岁、50周岁、55周岁和60周岁，由投保人在投保时选定。养老金领取起始日为合同约定的养老金领取起始年龄的合同生效日对应日。

养老金给付方式有年金给付和一次性给付两种，供投保人投保时选定。

（一）年金给付：被保险人生存至合同约定的养老金领取起始日，保险人按保险金额每年给付养老金。若被保险人领取养老金未满10年身故，其受益人可继续领取固定年金直至满10年，本合同终止；若被保险人领取养老金满10年后仍生存，可继续领取，直至被保险人身故，本合同终止。

（二）一次性给付：被保险人生存至合同约定的养老金领取起始日，保险人按领取起始年龄对应的趸领金额向被保险人一次性给付养老金，本合同终止。

二、身故保障

被保险人在合同约定的养老金领取起始日前身故的，保险人按所缴保险费给付身故保险金，本合同终止。

某公司教育年金保险条款示例

在本附加合同保险责任有效期内，本公司承担下列保险责任。

一、生存保险金

1. 高中教育保险金

被保险人生存至15周岁、16周岁、17周岁的保单周年日，本公司每年按保险金额的10%给付“高中教育保险金”。

2. 大学教育保险金

被保险人生存至18周岁、19周岁、20周岁、21周岁的保单周年日，本公司按保险金额的20%给付“大学教育保险金”，在被保险人21周岁的合同生效日对应日给付教育保险金后，保险责任终止。

二、身故保险金

被保险人于保单生效后至其21周岁的保单周年日前身故，本公司按照保证现金价值给付“身故保险金”，保险责任终止。

二、年金保险合同的主体

（一）年金保险合同的当事人

与一般保险合同类似，年金保险当事人即为年金保险投保人与年金保险人。

要成为年金保险投保人，必须符合以下三个条件：

（1）年金保险投保人必须对年金保险的被保险人具有保险利益。

（2）年金保险投保人必须有完全民事行为能力。

（3）缴纳保险费。要成为年金保险人，首先要有一定资质，根据我国《保险公司养老保险业务管理办法》的规定，经保险监督管理机构批准设立并依法登记注册的人寿保险公司、养老保险公司均可经营年金保险。其次是以自己的名义签订年金保险合同（注意经纪人、代理人不是保险人）。

（二）年金保险关系人

与一般的寿险相比，年金保险的关系人比较复杂，包括了年金保险的被保险人、年金领取人、年金给付受益人和死亡给付受益人。其中年金保险的被保险人是保险标的，也就是说，被保险人的生存是年金保险给付的条件。年金领取人是合同约定领取年金收入的人。通常情况下，年金的投保人、被保险人与年金领取人可以是三人为同一个人，也可以是三人中任意两个身份为同一人，还可以三人完全不是同一人。

年金保险的死亡给付受益人是年金保险合同约定的死亡保险金的受益人，如果年金累积期间或年金给付保证期内被保险人死亡，保险人需要按约定，给付死亡保险金受益人保险金。年金给付受益人则是一些有保底给付条款的年金保险合同的特有关系人，如果保底给付期未满，年金保险的年金领取人身故，则由年金给付受益人继续领取剩余期限的年金。

三、年金保险与普通寿险的异同

（一）年金保险与寿险的相同点

1. 运作原理相同

年金保险与寿险都是基于大数法则，通过风险汇聚积累风险池降低人均损失的波动性，通过汇聚保费形成资金池，对其中个别单位进行给付的保险，基本原理都是基于生命的不确定性而设计的。

为使退休后的生活能与在职时相比不降低水准，人们通常需要在 40 岁左右时开始为退休生活进行储蓄。如果这些储蓄足以支持退休后的剩余生命期间的开支，那么就没有养老问题了。但对于每一个个人而言，生命长短是不确定的，会有若干因素使个人生命长于或短于国民预期寿命。寿命过长，会使工作期间积累的财富不足以支持养老，而寿命过短，又会使工作期间积累的养老资金有所剩余。通过年金保险产品的设计，即可以使养老资金在所有参与年金养老保险的人群中实现统计意义上的收支平衡。从这一点上看，年金保险的运作原理与寿险是一致的。

2. 定价原理相同

年金保险与寿险都是基于特定生命表来确定生存与死亡概率的，因为险种经营时间都较长，所以都需要考虑货币的时间价值，计算纯保费、计算平准保费责任准备金时都是考虑在整个经营期间内，使未来给付成本本息之和与所收纯保费本息之和在任意时点上考察，都要达到统计意义上的相等。当然，定价时均需考虑保险企业的附加费率与合理的利润。

3. 基本功能相似

年金保险与寿险都是为指定的人提供经济收入保障。寿险是为因被保险人早逝给其他家庭成员带来的财务困难提供收入保障，而年金保险则是为因寿命延长导致的年金领取人养老资金不足提供收入保障。

（二）年金保险与寿险的不同点

1. 防范管理的风险不同

年金保险产品与寿险产品的给付条件不同，年金产品以被保险人的生存为给付条件，主要管理的是被保险人或年金领取人的长寿风险，防范他们所做养老准备不足以支持过长寿命需要的养老费用。而寿险产品通常以被保险人的身故为给付条件，主要管理的是早逝风险，防范因家庭收入的主要支柱因故早逝给家庭带来的财务危机。当然，终身寿险主要是作为被保险人的身后规划而开发的，其给付条件也是被保险人的身故。这个特点是决定后面几个特点的根本原因。

2. 预期寿命的变化对保险公司影响不同

保险产品依据的主要定价基础——生命表，在制定时需要附加一定的安全边际，以应对保险人经营过程中可能的不利变动。寿险因为管理的是早逝风险，所以寿险所用生命表（非养老金生命表）安全边际实际是将生命表中的死亡率定得比实际预期死亡率要高，这样当不利波动发生时，可以因原本就较高的死亡率得到部分抵销；而年金保险管理的是长寿风险，因此年金生命表（养老金生命表）的死亡率就要比实际预期的死亡率定得低，图 5－1 是中国人寿保险业经验生命表中男性养老金与非养老金生命表显示的不同死亡率。

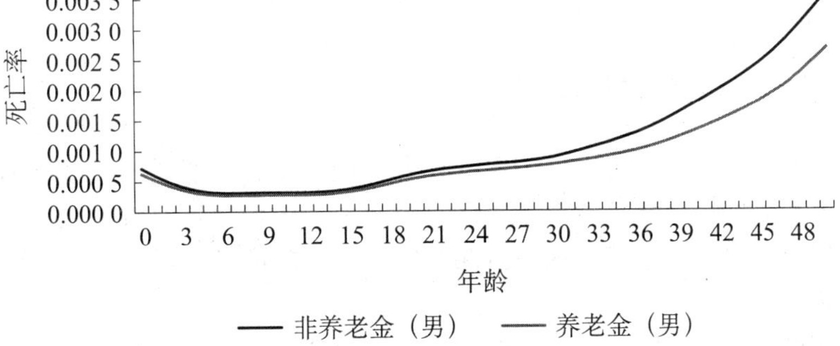

图 5－1　年金保险与寿险死亡率比较

数据来源：中国人寿保险业经验生命表（2000—2003 年）

随着社会经济的发展和人们生活水平的提高，以及医疗条件、安全设施的改进等，人们的预期寿命逐步延长。2016 年 9 月 29 日国务院新闻办公室发表的《中国健康事业的发展与人权进步》白皮书中指出，中国人均预期寿命从 1981 年的 67.9 岁提高到 2016 年的 76.5 岁。这对每一位中国人来说都是值得高兴的事，但对保险公司而言，人均预期寿命的延长，对于不同的业务类型，影响就不同了——对于主要经营寿险业务的公司或者对一家公司的寿险业务而言，由于特定时期内死亡率的降低，使得约定期限内的死亡给付大幅降低，从而公司的安全边际不断增加，获利可能性得以提高；而对养老金业务而言，由于死亡率的改善，使得到达退休年龄、需要给付年金的人口可能比早先预计的要多，给付的时间延长，因此安全边际缩小，获利可能降低。因此，在产品定价过程中，保险公司的精算师应该充分考虑未来社会经济的发展变化对寿命的影响，从而在定价时充分考虑，确保死亡率的变化不会对投保人与保险人的对价产生过大影响，使公司寿险产品与年金产品既要有充分的市场竞争力，又要保障公司经营的安全性。

3. 逆选择不同

这一点也很好理解。通常身体状况越不佳的人，越有可能选择购买寿险产品，而身体状况越好、越有可能长寿的人，购买年金保险产品的意愿更强。两种不同的选择使得保险公司经营过程中，投保寿险产品与投保年金保险产品的人，其死亡率有着明显的不同，这也是图 5-1 中养老金业务与非养老金业务同一年龄段死亡率有着明显差异的一个主要原因。

第二节　年金保险的分类

根据不同标准，年金可分为不同类别。为了理解一种年金的具体运作原理，我们必须知道年金的购买方式、年金给付的频率、年金给付的起止时间、年金合同所规定的年金领取人个数、年金价值有无保证或是否可变，而这些正可以作为年金分类的各种标准。

一、按年金的购买方式分类

按照购买方式，年金可以分为趸缴年金和期缴年金。期缴年金根据缴费是不是均等的又可分为均衡保费年金与浮动保费年金两种。趸缴年金就是在购买时一次缴清保费的年金。趸缴年金可以在缴清保费后很短时间内给付，也可以在缴清保费多年后开始给付。

期缴年金就是在一定时期内分期缴纳年金保费。分期保费分均衡保费和浮动保费两种。定期均衡保费年金的保单持有人按规定时间间隔（如按月或年）缴纳均衡保费，直到合同规定的缴费期间结束为止。浮动保费年金的合同持有人在规定期间定期缴纳保费，但各期保费可以在保单规定的范围内变动，合同持有人甚至可以在某一年份不缴任何保费，唯一的要求就是年缴保费必须在规定范围内。

无论是趸缴保费还是分期缴纳保费，年金的运作方式是基本相同的，但缴费方式影响保险人持有本金并赚取利息的时间长度。保险人持有保费的时间越长，本金所产生的投资收益就越高。

二、按年金的给付频率分类

定期给付频率取决于年金期间的长度。年金期间是指相邻两次定期给付的时间间隔。年金期间通常是一个月或一年，当然还有其他选择，如一个季度或半年等。例如，规定每年给付一次的年金，其年金期间就是一年，这种年金通常称为按年给付年金；相应地，规定每月给付一次的年金，其年金期间就是一个月，通常称为按月给付年金。其他频率也与此类似，投保人可以根据自己的需要选择适当的给付频率。

三、按年金给付的起始时间分类

（一）分类

保险人给付年金的起始日期称为年金的满期日（maturity date）或年金到期日。根据保险人定期给付年金起始日期的不同，年金可以分为即期年金和延期年金两种。

1. 即期年金

即期年金是指从购买年金之日起，满一个年金期间后即开始给付的年金。如上所述，年金期间通常为一个月或一年，所以，如果即期年金的年金期间为一年，那么该年金购买满一年的日期就是满期给付日，保险人从满期给付日开始按年给付。即期年金一般在购买后 12 个月内开始给付。由于即期年金在购买后不久就开始给付，所以其保费通常是趸缴的，相应的保单又称为趸缴即期年金。

2. 延期年金

延期年金是指从购买年金之日起，超过一个年金期间（通常是超过 12 个月）后才开始给付的年金。虽然延期年金通常规定了给付的起始日，但合同持有人可以在给付之前随时改变这一日期。人们通常为了满足退休后的生活费用之需而在工作期间购买延期年金。

保险人给付年金的期限称为给付期间或清偿期间。从投保人购买延期年金之日起，到开始领取年金之前的这段时期称为累积期间。由于延期年金有一个累积期间，所以合同持有人通常可以选择趸缴保费或分期缴纳保费。大多数延期年金属于趸缴延期年金，但也有一部分属于浮动保费延期年金。需要注意的是，任何分期缴纳保费的年金都属于延期年金。

魏女士 45 岁离开原工作单位时得到单位补偿的 50 000 元现金，她用这笔现金购买了一个延期年金，从 60 岁开始按月领取年金。

这里，魏女士购买的就是一个趸缴延期年金，其累积期间为 15 年（即 45 岁购买年金到 60 岁领取年金的时间间隔）；年金期间为一个月，因此该年金可称为按月给付年金。

（二）延期年金不同期间的权利和义务

合同持有人的权利和保险人的义务因延期年金处于累积期间或给付期间而有所不同。

1. 累积期间的权利和义务

在延期年金的累积期间，保险人将合同持有人缴纳的保费进行投资，从而形成累积价值。年金的累积价值等于已缴付的净保费与已赚取的利息之和再减去提现金额。累积价值的增值方式取决于延期年金是固定给付年金还是变额年金。

合同持有人通常可以根据提现条款从延期年金的累积价值中提取现金。提现条款允许合同持有人在累积期间提取全部或部分的年金累积价值。大多数年金合同允许持有人每年按累积价值的约定百分比提取现金而不收取费用。如果在一年内提现超过约定的百分比，保险人通常要收取一笔提现手续费。提现净额通常不能低于规定的最低金额。

在整个累积期间，合同持有人有权解除合同并领取退保金（即累积价值减去退保手续费）。通常在年金购买后的规定年限内解约，合同持有人必须缴付退保手续费。退保手续费通常随着保单持有时间的增加而减少。保险人为了补偿签发保单的各种成本，通常在保单的最初几年内收取一定的退保手续费。

延期年金保单通常提供遗属给付，如果年金领取人或合同持有人在年金开始给付之前死亡，那么年金的累积价值由合同持有人指定的受益人领取。当累积价值作为遗属给付时，保险人不收取退保手续费。

2. 给付期间的权利和义务

年金满期后，保险人就利用累积价值开始定期给付年金，此后即不再适用所有涉及保单累积价值的条款，如提现条款和遗属给付条款等，取而代之的是给付选择权条款，用以确定保单双方的权利和义务。年金保单的年金给付选择权条款列举并解释了各种可供合同持有人选择的给付方式。

四、按年金给付终止时间分类

给付期间的长短取决于合同持有人选定的给付选择权。常见的给付选择权有三种：终身年金、确定年金和限期生存年金。

（一）终身年金

终身年金是指至少在指定个人生存期间都会定期给付的年金。有的终身年金还规定了更多的给付保证。终身年金按不同的保证又可分为纯粹终身年金、期间保底终身年金和金额保底终身年金。

1. 纯粹终身年金

纯粹终身年金又称普通终身年金，是一种最简单的终身年金，它只保证在年金领取人生存期间给付年金，而在年金领取人身故后不再承担给付责任。这种保险产品非常直观、简单地体现了保险的大数法则，即一些早逝的年金领取人提供的资金，支持了那些长寿老人的年金领取，使在整个保单组内达成了保费本息和与给付本息和在统计意义上相等这一精算原则，因此从事前的、精算的角度上讲，对每一位年金保险的投保人而言都是公平的。但是从那些可能早逝之人的角度讲，可能会产生一些不良感受。比如某人购买了一份 20 年延期年金，累积期间达到了 20 年，但在年金领取一期之后就意外身故，保险公司按纯粹终身年金合约的约定停止给付。对这位不幸的年金保险投保人而言，其领取额就远远低于他所缴纳的保费。很多年金保险投保人不愿意承担这样一种风险，倾向于选择有更多保证的终身年金。于是就出现了下面所讲的期间保底终身年金和金额保底终身年金。需要强调的是，即便是期间保底或金额保底终身年金，其精算本质上，依然要在整个年金保险保单组内做到保费本息和等于年金支付总额本息和，只不过期间保底终身年金、金额保险终身年金的保费一定会比纯粹终身年金保险的保费高。以金额保底终身年金为例，其保障的金额，只是所缴保费本金，本质上是用所缴保费的利息支付了长寿老人多领取的年金罢了。

2. 期间保底终身年金

这是一种保证最低给付期限、超过约定的最低给付期限后，以年金领取人生存为给付条件继续给付直至终身的年金保险。这种约定期限通常有 5 年、10 年或 20 年。

> 魏女士 45 岁离开原工作单位时得到单位补偿的 50 000 元现金，她用这笔现金购买了一个延期终身养老年金，从 60 岁开始按月领取年金。保险合约规定，保险人至少给付 10 年即 120 个月的年金，不管魏女士能否生存期满 10 年。
>
> 这里魏女士购买的就是一份期间保底终身年金。如果魏女士在 65 岁身故，生前已领满 72 期合计 6 年年金，则保险公司将继续给年金受益人支付年金，直至支付满 4 年合计 48 期，总计付满 10 年即 120 期年金。如果魏女士生命长于 69 岁，她领满 10 年合计 120 期年金后依然健康地生存，则保险公司将继续按月给付魏女士年金，直至魏女士身故为止。

3. 金额保底终身年金

这是一种保证最少给付累积总额、超过约定的最少给付总额后，以年金领取人生存为给付条件继续给付直至终身的年金保险，通常约定的给付总额至少等于投保人所缴纳的年金保险的保费本金。如果是趸缴保费，通常约定保底金额就是趸缴的保费，如果是期缴保费，通常约定的保底金额就是期缴保费本金之和（不含利息）。通常保底金额越高，需缴纳的保费也越高。保底的金额支付完毕后，如果年金领取人依然生存，则保险人继续给付直至年金领取人身故。

魏女士 45 岁离开原工作单位时得到单位补偿的 50 000 元现金，她用这笔现金购买了一个延期终身养老年金，从 60 岁开始按月领取年金，每月领取 1 000 元。保险合约规定，保险人给付总额至少等于年金购买价值即 50 000 元。

这里魏女士购买的就是一份金额保底终身年金。如果魏女士在 63 岁身故，生前已领满 36 期合计 36 000 元年金，则保险公司将继续给年金受益人支付年金，直至支付满 50 个月合计 50 000 元为止。如果魏女士生命长于 65 岁，她领满 50 个月合计 50 000 元年金后依然健康地生存，则保险公司将继续按月给付魏女士年金，直至魏女士身故为止。

（二）确定年金

确定年金是指不论被保险人生存与否，在规定时期内都须支付的一种年金。这种年金在约定时期内定期给付，且给付时期的长短与年金领取人的寿命无关。这一规定时期称为固定期间。在固定期间末，给付停止。确定年金可以满足一个人在某一特定时期的收入需求。确定年金也能为领取其他收入（如养老金等）之前的一个特定时期提供收入。但是严格地说，这并不是年金保险，因为这种产品并不包含生命的不确定因素在内，它只是一种普通的储蓄型产品。

魏女士现在 45 岁，她准备 50 岁退休。但单位提供的养老金 55 岁才可以开始领取，因此她选择购买了一份延期 5 年的 5 年期确定年金。

（三）限期生存年金

限期生存年金是一种在规定的期限内，或年金领取人死亡前（以先发生者为准）提供定期给付的年金。从一定意义上讲，它与期间保底终身年金正好相反——一旦规定的年数期满，或者在期满前年金领取人死亡，年金给付即停止。例如，一个 5 年期限期生存年金的最长给付年数是 5 年。如果领取人在 5 年内死亡，给付立即停止；领取人生存满 5 年，年金领取满 5 年，给付同样立即停止。尽管限期生存年金不很常见，但有时确实能够填补投保人工作收入终止到预期收入（如养老金）开始以前的收入缺口。

很容易理解的一个结论就是，相同期间、同样领取金额的条件下，几种年金保险的保费，因为保障程度不同而不同。限期生存年金的保障最少，是一种最便宜的年金，而期间保底终身年金和金额保底终身年金的保障最多，从而保费也最高，普通终身年金的保费处于上述两者之间，而确定年金是一种储蓄产品，多存多得少存少得，与保险无关，因此也就谈不上保费的高低了。

五、按年金领取人个数分类

（一）个人年金

个人年金通常承保一个人，即被保险人是一个人，它以该被保险人的生存为年金给付条件。

（二）联合及最后生存者年金

有时购买终身年金还可以为不止一个人提供收入来源，比如一对夫妇购买一份终身年金，他们可能希望两个人都能领取年金。联合及最后生存者年金是为两个或两个以上的个人提供定期给付，直到两人或所有个人都死亡为止。也就是说，年金给付以两人当中至少还有一个不特定被保险人生存为给付条件。当某一个年金领取人死亡后，定期给付金额是否改变，与联合及最后生存者年金的具体条款规定有关。例如，年金合同可以规定在最后一个年金领取人死亡以前，定期给付金额保持不变，或者在第一个年金领取人死亡后，将定期给付降低到约定的水平，如降至原给付金额的50%。当然，购买年金需要缴纳的保费取决于定期给付金额的多少，预期的给付金额越大，需要缴纳的年金保费就越多。

（三）联合生存年金

这种年金的被保险人也不止一人，但是两个或两个以上的年金领取人（被保险人）只要有一个身故，年金给付就停止。也就是说，这种年金以保单载明的多个年金领取人同时生存作为给付条件，多个被保险人中只要有一人身故，年金就停止给付。可见，这种年金的给付条件较前两者而言更为苛刻，因此价格也比多人单独购买的年金、联合及最后生存者年金便宜一些。

六、按年金价值有无保证或是否可变分类

不同的人购买年金通常有不同的目的，不同的合同持有人对财务风险的承受能力也往往会有所差别。保险人为年金购买者提供了两种常见的选择：(1) 保险人保证年金基金至少按规定的利率增值；(2) 保险人不保证年金基金的增值利率，而是随着保险人的某些相关投资收益的变化而变化。据此，年金可分为固定给付年金与变额年金两大类。

（一）固定给付年金

固定给付年金又称定额年金，是指保险人保证年金保费的投资收益率，保证对于购买年金的资金至少给付约定金额的一种年金。大多数固定给付年金规定，自开始给付后其金额不能改变；少部分固定给付年金则规定，如果保险人的投资收益超过预期水平，给付金额也可以有所增加。

如果固定给付年金是即期年金，那么定期给付金额在保险人签发年金合同时就是已知的。年金购买人一次付清保费，保险人根据所缴纳的保费计算相应的定期给付金额。

如果固定给付年金是延期年金，那么年金合同就会包含一张年金价值表，表内列示了每单位金额累积价值所对应的保证定期给付金额。保单所列示的金额只是最低保证给付金额，是一种比较保守的估计金额。在年金满期日，保险人会对过去与现在的投资情况进行评估，如果当前的投资状况高于过去的预期水平，那么实际给付金额就会高于保证的给付水平。

固定给付延期年金还规定了保险人对保单累积价值的增值方式。投保人在购买年金后，保险人通常保证至少在约定期间（一般为1～5年）按规定利率对累积价值进行增值。这类年金还规定，在约定期间以后，累积价值的增值利率不低于一个规定水平。在约定期间之后，如果保险人的实际投资收益高于预期水平，则实际的增值利率往往会高于保证的利率水平。通常情况下，保单规定增值利率与某一公开的指数相联系，或者更为常见的是与保险人的总投资收益挂钩。

当年金合同规定了保证利率时，就意味着保险人同意承担保单的投资风险。保险人将资金投放于相对安全的投资渠道，如债券、优先股等，作为一般投资账户的一个组成部分。如果一般投资账户业绩良好，保险人即使按高于保证水平的利率给累积价值计息，也仍能从中获益。然而，保险人面临着这样的风险，如果投资业绩不好，回报率低于保单的保证利率，那么保险人就会亏损。

（二）变额年金

变额年金是指保单累积价值和每月给付金额随分立投资账户的业绩上下浮动的年金。由于保险人没有就投资收益或变额年金的给付数额作出任何保证，保险人就无须承担风险。这时，购买变额年金的个人承担了保单的投资风险；保险人则由于没有对投资收益或给付金额作出保证，将不承担任何投资风险。相反，保单购买者获得所有投资收益并承担可能的投资损失。可见，这种变额年金的原理与上述变额寿险的原理类似——保险公司通常设立多个分立投资账户，不同账户根据不同的投资策略投资于不同的金融产品，有些投资于高成长股，有些投资于国债、企业债等，投保人可自主选择投资账户，也可以定期改变投资账户。

1. 变额年金的累积期

变额年金通常都是延期年金，变额延期年金的投保人在年金累积期间购买年金，并不直接表示为购买的金额，而是将金额转化为购买投资的累积单位数，领取期间也不是直接表示为货币，而是表示为领取的年金单位数，两者的价值均随分立账户每期投资收益的变化而变化。投保人缴纳保费时，根据投保人选择的分立账户中每个投资单位的价值（投资单位的价值计算时会考虑扣除公司的管理费用），将缴纳的保费换算为若干累积单位。累积单位代表投保人在投资账户中所占份额。每个累积单位的价值，是该账户累积基金购买的所有证券的市场价值，与账户中保险人当期积累单位总数的比值。公式如下：

$$累积单位的价值=\frac{账户累积基金购买的所有证券市场价值}{保险公司当期累积单位总数}$$

可见，每个累积单位的价值随分立账户投资绩效增减，投保人缴纳的保费能购买的单位数取决于缴费时的投资账户价值。如果缴纳保费时投资账户价值较低，累积单位的价值也较低，投保人保费能购买的累积单位数就较多；反之，如果缴纳保费时投资账户价值较高，累积单位的价值相应也会较高，相同保费能购买的累积单位就比较少。这样，在年金累积期间，随着投保人缴费期的延长，其年金累积单位就在逐渐增加，直至缴费结束，单位数不再变化。但每单位的价值、从而累积的年金价值，还是会随着账户投资业绩的变化而变化。

小李 40 岁时决定为退休后的生活做准备，经过仔细斟酌，她决定购买变额延期年金，月缴保费 2 500 元，缴费 15 年，缴满 15 年后停止缴费，至 55 岁退休时开始领取年金。

假如小李开始购买年金时选择了某个投资账户作为年金的投资工具，而这个账户在小李缴费开始的第一个月累积单位价值为 2 元，第二个月是 2.5 元，第三个月是 3 元。请问这三个月，总共可以购买多少累积单位?

解：

第一、第二、第三个月分别可买的累积单位数为：

第一个月：单位数＝2 500÷2＝1 250（个）；

第二个月：单位数＝2 500÷2.5＝1 000（个）；

第三个月：单位数＝2 500÷3≈833.33（个）。

三个月合计能购买的单位数是上述三个月之和，约为 3 083.33 个。

2. 变额年金的领取期

到了满期给付日后，变额年金保险的投保人可以选择全部提现，也可以选择将变额年金转换为固定给付年金，当然也可以按原计划继续执行变额年金计划。如果投保人继续选择以变额年金方式领取养老金，则保险人首先要将投保人积累期购买的变额年金累积单位，按转换日的年金单位价格全部换算成年金单位，即换算成年金领取人每个领取期间可以领取的年金单位数，然后在领取时，再根据领取当期年金单位的价格，换算成能够领取的养老金额度。

与累积账户一样，保险人的年金账户也是分立账户，分立账户的年金单位价值也与特定的投资相连，保险人每期会根据特定投资账户的投资业绩进行重新估值，根据特定投资账户所投资产的价格变动、年金投保人上期生存率、投资收益、费用的经验数据的变化等，重新计算年金单位的价格，然后再确定新的定期给付金额。因为年金单位的价格会随着投资账户的投资业绩等因素而上下浮动，所以定期给付金额也会随之而改变。以投资业绩而言，如果上期投资账户价值下降，则当期给付金额就会下降，反之亦然。这也是“变额年金”变额的根本原因——在整个年金领取期内，年金领取人的年金单位数是不会变的，变的只是每个领取单位的价格。当然，也正是因为年金领取金额可能会随投资业绩等因素的变化而发生波动，有些年金领取人出于谨慎心理，会在年金满期给付日即年金转换日（累积单位转换为年金单位之日）选择将变额年金转换为定额给付年金。

如果转换为变额年金领取，则有：

$$\text{年金单位价值}=\frac{\text{累积基金所购买的所有证券的市价}}{\text{当时领取年金的所有参保人员终身年金的现值}}$$

$$\text{被保险人每期领取的年金额}=\text{被保险人的年金单位数}\times\text{当期年金单位价值}$$

接上例。缴费 15 年后，小李成了老李，并光荣退休。此时她的年金累积账户里积累了 23 200 个累积单位。

在累积期向给付期转换的当天，每个累积单位的价值为 32 元。在转换日，该公司有一份针对女性 55 岁即期领取趸缴保费的纯粹终身年金，每 1 000 元保费可以获得的年金给付为每月 6.11 元（年金价格）。在转换日，变额年金每个给付单位价值为 52 元，即年金领取人每有一个年金单位即可领取 52 元。此时，老李对自己的年金累积期间的累积单位可进行以下三种处置：

（1）老李儿子要接老李出国定居养老，因此老李选择直接变现，一次性领取所有养老金。

（2）将变额年金转换为固定给付年金，这样就享受了累积期间的投资收益而不再承担年金领取期间的投资风险。

（3）按原计划，转换为终身领取的普通终身年金。

试计算：

（1）如果直接变现，老李可领取多少现金？

（2）如果按转换日当天数据，老李的年金定额领取为每个月多少钱？

（3）如果老李选择转换为变额年金，第二个月每个给付单位价值变为 58 元，第三个月变成 49 元，则老李在第一、第二、第三个月，分别能领到多少年金给付？

解析：

（1）累积期向给付期转换的当日老李的累积单位总值，即是老李可以一次提现的总值，为：

23 200×32=742 400（元）

（2）将累积单位的总值，按年金价格换算成月年金领取额为：

(742 400÷1 000)×6.11=4 536.064（元）

因此，如果按转换日数据，老李的固定给付年金每月能领取的养老金为4 536.06元。

（3）如果选择变额年金，则首先要换算成每月能领取的单位数：

4 536.064÷52=87.232

然后再将领取单位数，按每月的年金单位价值，换算成每月能领取的养老金：

第一个月老李能领取：

87.232×52=4 536.064（元）

第二个月老李能领取：

87.232×58=5 059.456（元）

第三个月老李能领取：

87.232×49=4 274.368（元）

可见，老李在整个年金领取期内，年金单位数不变，但每月能领取的额度，会随着年金的单位价值的变化而变化。

按有无保证金额分，除上述两种年金外，海外还有一种“股权/权益指数年金”，该类年金欧美市场上也不过是20世纪90年代才开始出现，国内目前才开始出现。这类年金结合了上述两种年金的某些特点，具有固定给付年金的特点。受限于国内资本市场现状，目前这类年金在国内并不流行，在此不再赘述。

此外，年金还可以按承保业务种类分为个人年金与团体年金。个人年金的承保对象是一个人，通常一张年金保单只承保一个人；团体年金的投保人是团体或企事业单位，承保对象是团体、企事业单位的员工或成员。此外还有寿险保单提供的年金选择权等。这些业务相对不太复杂，在此也不再赘述。

第三节 年金保险常见条款

个人寿险保单中的许多条款也适用于个人年金合同。通常情况下，各类个人年金合同包含以下条款。

一、完整契约条款

该条款规定，一项完整的合同应由年金合同、附在合同后的投保单以及其他附约构成。该条款与个人寿险保单中的条款基本相同。

二、免费观望期条款或犹豫期条款

该条款要求合同持有人（注意本节中“合同持有人”的概念与投保人或被保险人、保单所有人概念的区别，特别是在第九章团体保险中最为明显）在约定的时间内（通常是合同持有人收到保单后的10天之内）检查保单。在此期间，合同持有人可以撤销该保单并如数取回所有已缴保费。该条款与个人寿险保单中的条款基本相同。

三、不可抗辩条款

该条款视年金投保单中所包括的问题类型而定。通常情况下，年金投保单中并不包括有关投保人可保性的问题，因此投保人不必出示保险人据以签发年金的证明。这种情况下，年金合同中的不可抗辩条款规定，一旦合同生效，保险人将不能对合同的有效性提出抗辩。一些保险人提供补充给付附约，比如残疾免缴保费附约。申请包含此类附约的投保人一般需要提供可保证明，并且年金及附约中包含一项不可抗辩条款，该条款允许保险人在约定的时期（如一年或两年）内，基于投保单中的重大不实告知对附约所提供保障的有效性提出抗辩。

四、年龄或性别误报条款

该条款规定，如果年金领取人的年龄或性别发生误报，那么年金给付额将根据正确的年龄或性别以及已缴付的保费重新计算。请注意，只有在年金作为一种终身年金给付时，年金领取人的年龄或性别才会影响定期年金的应给付金额。因此，如果在终身年金给付期间保险人发现年金领取人年龄或性别发生误报，保险人会按正确年龄或性别对以后的年金给付额作出调整。换言之，保险人将按正确的年龄或性别对未来的年金给付额进行调整，用于弥补过去的超额给付或不足额给付。

五、转让条款

该条款类似于个人寿险保单中的转让条款，它说明了保险人与合同持有人在保单转让时所起的作用。

六、年金给付选择权条款

该条款提供了几种可供合同持有人选择的年金给付方式，给付方式在上一节已作详述。

除上述条款外，延期年金合同还包括一些独有的条款，这些条款包括受益人条款、提现条款和退保条款等。受益人条款规定合同持有人有权指定受益人，如果年金领取人或合同所有人在年金给付开始前去世，受益人将领取遗属给付。提现条款规定合同持有人有权在年金累积期间提取全部或部分累积价值。退保条款规定合同持有人在累积期间有权解除年金合同以领取退保金。

尽管大多数年金为趸缴年金或浮动保费年金，但是一些年金也可以通过支付固定的预定保费来购买。这种固定保费年金一般包括宽限期条款和复效条款等附加条款。宽限期条款允许合同持有人在续期保费到期后的一个规定期限内缴纳续期保费。复效条款允许合同持有人在缴付所有的未缴和未清保费后，有权使保单复效。

此外，与个人分红寿险保单类似，个人分红年金合同必须包括分红条款。该条款规定，如果保险人存在可分配盈余，合同持有人有权分享，并且合同持有人享有红利支付选择权。绝大多数个人分红年金合同并不保证支付保单红利。相反，保险人通常会提高分红年金的利率，使之高于保单所载明的最低保证利率，因而使合同持有人分享其收益。

关键词

即期年金	延期年金	年金期间	累积期间
给付期间	提现条款	期间保底终身年金	金额保底终身年金
确定年金	限期生存年金	联合及最后生存者年金	
联合生存年金	固定给付年金	变额年金	

复习思考题

1. 简述年金保险中的常见条款。
2. 简述年金保险的种类，并说明不同年金之间的区别。
3. 理解能够满足不同需求的不同种类的年金。
4. 理解变额年金累积期间与给付期间的转换规则与计算。

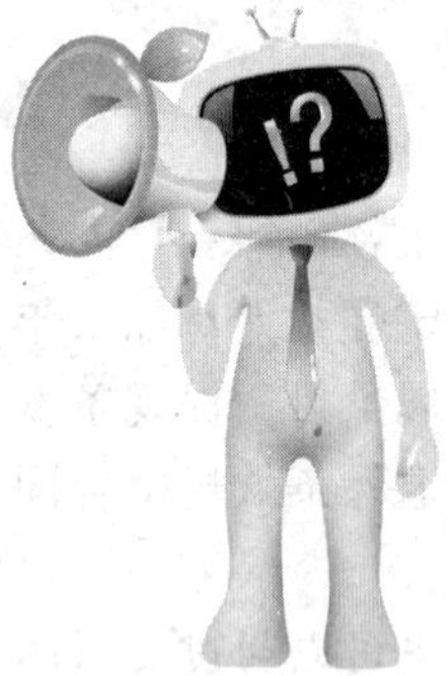

第六章　意外伤害保险与健康保险

尽管很多人未雨绸缪，为养老购买了年金保险，还为可能的早逝风险购买了寿险产品，但对于那些由于可能的意外或疾病导致的医疗费用增加、收入能力下降等风险，上述保险产品就无能为力了，人身意外伤害保险和健康保险就是专门应对此类风险的保险产品。

第一节　人身意外伤害保险

一、人身意外伤害保险的定义

人身意外伤害保险是指在保险合同有效期内，被保险人由于外来的、突然的、非本意的事故（即意外事故）造成身体的伤害，并以此为直接原因致使被保险人死亡或伤残时，由保险人按合同规定向被保险人或受益人给付死亡保险金、残疾保险金或医疗保险金的一种保险。也就是说，意外险保险人承保的风险是意外伤害事故导致的意外医疗费用、残疾或死亡。

二、意外伤害的含义

人身意外伤害保险承保的保险事故是被保险人遭受的意外伤害。意外伤害必须满足特定条件，包括在被保险人没有预见到或与意愿相左的情况下，突然发生的外来侵害对被保险人的身体明显地、剧烈地造成损伤的客观事实。意外伤害的构成必须包括两个要素，即意外和伤害，缺一不可。

（一）对意外要素的分析

所谓意外，是指被保险人主观上没有预计到会发生致害事件，或虽然预计到灾害的发生，但由于各种约束、限制而不得不接受与自己主观意愿即规避外来侵害相反的现实结果。归纳起来，对意外应从以下几个方面来理解。

1. 被保险人事先对伤害的发生没有预见到，因此也无法躲避

（1）伤害的发生是被保险人事先不能预见或无法预见的，比如某人走在人行道上被身后疾驰而来的失控汽车撞伤，他事先不能预见到人行道上会有失控的汽车，也不会预见到汽车会撞伤自己，他仅仅是按照日常的习惯走在路上，却因突然发生的事件造成人身伤害，这种情况理当称为意外。

（2）伤害的发生是被保险人本可以预见，但由于疏忽大意而没有预见到的。比如在停电时未切断电源就开始动手修理线路，被保险人对用电方面的知识足以使他预见到“一旦恢复供电，自己就有触电的危险”，但根据以往的经验认为需要较长时间才会恢复供电而未切断电源，结果供电突然恢复造成被保险人触电受伤甚至死亡。这种情况下被保险人所受伤害也被认为是意外伤害，属于意外险承保范围。

（3）一般来说，这种被保险人事先没有预见的伤害应该是偶然性事件或是突发性事件。偶然性是相对于必然性而言的，在通常情况下不会发生的事件称为偶然性事件，正因为通常情况下不会发生，所以才无法预见。必然性事件几乎是必然发生的事件，被保险人就应该能够预见，而且能够防备，因此不属于意外事件。比如市民被狂犬咬伤和被蚊虫叮咬就是两种不同性质的事件，在城市中被疯狗咬伤一般很少见，属于偶然发生的事件，被保险人事先无法预见，属于意外伤害；而在一定地区、一定季节被蚊虫叮咬几乎是必然发生的事件，被保险人理应预见得到，则不属于意外事件。又比如某地区夏季持续高温，中暑事件经常发生，那么就肯定算不得是意外；但如果某地区本来是避暑胜地，但某日气温骤然升高，与平时温度有明显差异，过高的气温导致了被保险人中暑，因为是被保险人根据一般常识所无法预见的偶然事件，这里中暑是否属于意外伤害就值得讨论，在司法实践中也有若干不同判例。突发性是相对于缓慢发生的事件而言的。伤害是在短时间里骤然发生的剧烈行为，使得被保险人来不及预见就已经遭受了伤害事实。如果伤害是在较长时间里缓慢发生，比如长期接触汞逐渐发生汞中毒、长期接触粉尘慢慢地发生尘肺，这些都是被保险人可以预见的，一般不认为属于意外伤害。

2. 被保险人虽然已经预见到伤害，但技术上无法采取规避手段，最终伤害违背被保险人的主观意愿而发生

比如有人在海上突遇暴风雨，他虽然明知渔船无法抵御大的风雨，倾覆必然使自己遭受淹溺之苦，但在附近没有避风港、船上没有足够的救生设备，且无法通过无线电呼叫救援船只的情况下，就没有办法采取有效措施使自己避免落入海中。这时预见到伤害的发生对被保险人回避伤害没有任何裨益，当然也属于意外保险承保范围。

3. 被保险人预见到伤害发生的可能性，技术上也可以采取措施避免，但囿于法律或职责上的规定，或出于维护社会公序良俗的本能，不能或不愿规避风险

比如，巡警巡逻途中发现有持刀歹徒行凶，此时明知上前干预可能受伤，但自己身为警察必须制止。此时巡警因上前制止而受伤，就应该算是意外伤害。再比如，某人下班途中路过某居民楼，有一处住宅起火，与自己毫无利害关系可言，没有法律或职责上的规定，只要绕行就可以免遭伤害，但听到火中有婴儿啼哭，出于道义上的高尚动机，这个人冲入火海，救出被困的孩子，又协助灭火，自己却不幸被火烧伤。这种为集体利益、为他人生命而甘冒危险遭受的伤害，应视为意外伤害。

4. 几种特殊情况的分析

（1）医疗意外一般构成意外伤害。早年我国意外伤害保险经常出现医疗意外不予赔付的案例，引起人们广泛的讨论。因为，医疗意外事故本身是指医务人员无法预料的原因造成的，或者根据实际情况无法避免的损害后果。医疗意外有两个主要特征：医务人员或医疗单位对于损害后果的发生没有主观上的过失；同时，损害后果的发生属于医疗单位或医务人员难以防范的。从患者角度看，医疗意外完全符合意外伤害的定义，应该构成意外伤害事故。近年意外伤害保险中，已将医疗意外纳入了特约可保范围。

（2）被保险人的某些被迫行为应属于意外伤害。在某些特殊的紧急危险情况发生时，被保险人为了自身合法且不违背社会利益的利益必须做出某种行为，也构成意外伤害。比如被保险人所乘坐的轮船失事，被保险人被迫跳入水中，结果溺水而死。在这一案例中，导致被保险人死亡的事故是被保险人的故意跳水行为，但被保险人是被当时形势所迫，在别无选择的情况下不得已而为之的。就其本人意愿来说，该事故是非本意的，是不可抗拒的原因造成的，因此应当属于意外伤害事故。

（3）猝死不构成意外伤害。猝死是指非外因所致的突然死亡，死因源于本身内部潜在的疾病或机能障碍。法律上认为，“猝死”是指一个貌似健康的人由于潜在疾病或机能障碍，于开始感到不适后 24 小时内发生意外的突然死亡。猝死是源于自身疾病或身体机能上的障碍，虽具有突发性和不可预料性，但并非由于外来因素，所以不能构成意外伤害。当然，这要排除保险金申请人能够举证是由于外界刺激导致被保险人心力衰竭而死亡的情况。

（二）对伤害的分析

以上是对意外伤害保险中的“意外”应该满足的要素进行的讨论，而符合意外伤害保险中的“伤害”，也要符合一定的特征才能予以确认。意外伤害保险中的所谓伤害，是指被保险人身体遭受外来事故的侵害发生了损失、损伤，使人体完整性或器官组织生理机能遭到破坏的客观事实。因此伤害必须由致害物、侵害对象、侵害事实三个要素构成，缺一不可。

1. 致害物

致害物即直接造成伤害的物质，是导致伤害的物质基础，没有致害物的存在，就不可能构成伤害。意外伤害保险强调致害物必须是外来的，即在发生伤害之前就存在于被保险人身外的物质，与那些在被保险人身体内部形成的内生疾病截然不同。这也正是意外险与健康险的主要差别。

2. 侵害对象

侵害对象是指遭受致害物侵害的客体。意外伤害保险中受侵害的客体当然是指被保险人的身体。形成伤害事件一定是会导致被保险人身体某一部位或某些部位受到操作的事件，否则不能称之为伤害。如果侵害对象不是被保险人，也就是说不是被保险人受到伤害，那保险人不承担给付保险金的责任。比如意外伤害事件中，侵害人是被保险人，而被侵害者是第三方，那么被保险人无权领取保险金（此时被保险人有权领取保险金的保险，应该是责任保险，属于广义财产险中的一种）。

此外，如果不是被保险人的身体受伤害，而是精神伤害，或名誉权、荣誉权、著作权等与人身相联系的权利受到侵害，都不被认为构成保险意义上的伤害。因此，意外伤害保险承保的伤害，都必须是被保险人生理、身体上所受伤害，而不包括精神、权利领域的侵害。

3. 侵害事实

有了前述两个要素，即致害物、侵害对象，如果没有可以证明的侵害事实，依然不能形成意外伤害保险承保的“伤害”。侵害事实的意思是，有可以严谨地证明的、侵害物以一定方式破坏性地接触和作用于被保险人身体的客观事实。也就是要求必须存在致害物对侵害对象以一定方式侵害的客观过程，这个过程要求有通过侵害方式直接接触被保险人身体，是破坏性的而且是有损伤结果的接触，任何的主观臆想或推测都不能构成伤害。再进一步讲就是，侵害事实与结果之间必须有完整的逻辑链，那些被保险人突然死亡、原因不明又未通过科学解剖等手段判明死因的，都不能直接说是伤害致死，因此也不能纳入保险责任、履行死亡给付义务。法医学将侵害的方式分为以下 15 种：碰撞、撞击、坠落、跌倒、坍塌、淹溺、灼烫、火灾、辐射、爆炸、中毒、触电、接触、掩埋和倾覆。

三、人身意外伤害保险的可保风险

意外伤害风险是意外险承保的风险，但并非一切意外伤害风险都是保险人可承保的风险。按保险人承担的意外伤害风险的不同，意外伤害可划分为一般可保意外伤害、特约可保意外伤害和不可保意外伤害三种。

（一）一般可保意外伤害

一般可保意外伤害，即在一般情况下都可以承保的意外伤害。我国人身保险业界往往在保单中将“意外伤害”定义为“外来的、突然的、非本意的、非疾病的使被保险人的身体遭受伤害的客观事实”。一般可保意外伤害主要包括以下几点内容。

1. 必须是被保险人身体上的伤害

如上文所分析的，意外伤害保险承保的伤害特指身体受到侵害造成损坏、创伤的客观事实，不承担精神上或心灵上的创伤。意外险的承保条件首先要求有身体伤害事实存在，而且这种伤害必须是发生在被保险人身上。被保险人是否受到伤害，可以通过指定医院的证明或是保险公司工作人员的查验来确定；至于“伤害事实”是否成立，则要从多方面来考察。

2. 必须是由外界原因、意外事故所致的伤害

（1）由外界原因引起的伤害。

这是与内部疾病相对而言的。无论是疾病还是伤害，都会对人们的身体健康与健全构成威胁甚至造成损害，这是人身风险中的一个重要内容。从理论上讲，不同险种需要将不同责任划分清楚以便承保，因此要将内生疾病与外来伤害区分开来。但在实务中，很多疾病首先是外界环境诱发的，比如空气污染造成的呼吸道感染，常处石棉环境引起肺部永久性损伤等；有些意外伤害存在潜伏期，比如曾有新闻报道，一妇女步行中被自行车碰撞倒地，当时没有什么不适，但回家后数小时却因脑部出血而身故，医学鉴定其脑部出血正是由于几个小时前的碰撞所引起。要知道外来伤害与内生疾病都会导致这一结果发生，却不容易厘清。而保险的经营原则要求必须有一定明晰的界限，所以对特种伤害或是特殊疾病在保险单中都要单独列示，以便于理赔工作的顺利开展，避免发生争执。

（2）意外事故造成的伤害。

意外的含义前文已讨论过，因此意外事故造成的伤害是指被保险人事先对伤害的发生不能预见或无法预见到，或因各种原因能预见却不能、无法规避，从而伤害违背被保险人的主观意愿而最终发生。

（3）非故意诱发的伤害。

从前文对意外的讨论可知，意外伤害保险强调所承保的伤害为偶然、突然发生的意外事件所致，是被保险人主观上不可预见或虽能预见却因各种原因仍然违背其主观意愿发生在身体上的事实伤害。这样强调的目的就在于规避可能的被保险人的道德风险——以难以区分的主观行为获取意外险保险金的不当得利，也就是说，要尽力排除被保险人故意伤害自己、故意诱发意外而造成伤害。如果被保险人有充分的证据表明伤害是由被保险人主动引起，或故意诱发的“意外”事件而导致，保险人不但可以拒赔，而且可以单方面解除合同且不退还保险金。尽管如此，保险人出于经营的需要与维护良好信誉与形象的需要，通常更趋于尽量不动用解约的权利，而是更多地加强管理，防范道德风险的发生。比如承保中注意风险标的筛选以提高承保质量，同时在保险责任中加入适当条款，以合约条款的方式规定双方的权利义务，适当增加对自己经营管理有利的规定，以形成双方当事人权利义务的对等关系。

这里有必要解释一下故意自我伤害与故意诱发的意外伤害。故意自我伤害是指被保险人故意使自己的身体遭受伤害，比如自残、自虐行为，这不符合意外伤害的定义，因此也不属于意外伤害的承保范围；故意诱发意外伤害是指伤害的最终发生是由于被保险人的主观意识、主动行为的诱发或推动，比如驾车时在拐弯处故意不踩刹车造成事故受伤等。这些事件造成的伤害虽然表面上与意外伤害没有什么区别，但这种伤害与意外伤害中的“与被保险人主观意愿相违背”的规定不符，因此也应该列入除外责任。

故意分为积极故意和消极故意两种。积极故意是指被保险人明知自己的行为会使自己的身体受到伤害，同时希望受到伤害，从而积极采取措施造成自我伤害，比如自杀、自残等；消极故意是指被保险人已经预见到自己将会受到伤害，而且完全来得及采取措施避免，但由于其主观上希望自己遭受伤害而不采取措施避免，任其发生而最终导致伤害的发生，比如拐弯不踩刹车而出车祸受伤。无论是积极故意还是消极故意，都是在被保险人神志清醒、有独立思考能力、有行为意识的情况下，因主观上希望伤害发生而造成自我伤害或是故意诱发外来伤害的发生。

被保险人故意使自己受到伤害，与被保险人已经预见伤害即将发生，但由于法律或职责上的规定不能躲避，或是为了抢救集体财产、他人生命而甘冒危险，性质上是完全不同的。前者被保险人主观上希望伤害发生，即伤害的最终发生并不违背被保险人的主观意愿，所以不能视为意外伤害。后者被保险人并不希望自己受到伤害，只是出于责任或出于道义而没有躲避伤害的发生，这已经违背了其主观意愿，属于意外，因而可以承保。

意外与故意是相互排斥的，但互斥并不一定对立，也就是说，如果伤害的发生是被保险人的故意，则一定不是意外，不属于意外伤害保险承保的范畴。但是非故意的伤害未必就一定是意外伤害，有些伤害既不属于故意，也不属于意外。比如蚊虫叮咬显然不是被保险人的故意，因为被保险人主观上通常并不希望它发生，但蚊虫叮咬在一定条件下几乎是必然发生的，被保险人显然可以预料到，也不能算作是意外。所以将故意诱发的伤害除外，并没有剔除所有的非意外伤害。

（二）特约可保意外伤害

特约可保意外伤害是指那些理论上可以承保，但保险人出于承保能力的限制、保险责任区分或偿付能力需要等考虑，一般不予承保的意外伤害风险。这类意外风险只有经过双方的特别约定，有时还需要另外加收保费才准予承保。特约可保意外伤害一般包括：战争等使参战、非参战的被保险人遭受的意外伤害，被保险人在从事登山、跳伞、滑雪、江河漂流、赛车、拳击、摔跤等剧烈的体育活动、竞技性体育比赛或特别冒险活动中遭受的意外伤害，核爆炸等大灾难引发的核辐射所造成的意外伤害，由于医生误诊、药剂师错发药品、检查中忽略了潜伏病痛、手术中错误切除等医疗事故造成的意外伤害等。这些意外伤害都有一些共同特征，包括发生概率远高于一般意外伤害、对不同被保险人其发生概率差异过大，不宜与一般意外置于同一风险池内。出于稳健经营需要，或为了保证对被保险人保费负担的公平考虑，保险公司一般不予承保，但可以通过特别约定，使之从除外责任中剔除，转为可保风险。

应该指出，特约可保意外伤害与一般可保意外伤害之间并没有绝对严格的界限。某些保险公司可以根据自身的技术条件、承保能力及经营业务地区的情况，把某些一般可保意外伤害列为特约可保意外伤害；而某些曾经因危险程度过高而被列为特约可保意外伤害的活动，因为技术进步而危险程度不断降低，从而成为一般可保意外伤害。

（三）不可保意外伤害

不可保意外伤害通常是指那些因违反法律法规或违反社会公共利益的行为引发的意外伤害，这种风险保险人都不予受理。比如：被保险人在过失或故意犯罪活动中受到的伤害，被保险人寻衅滋事受到的伤害等。根据上文对“意外”和“伤害”两个标准的判断，这些情况下的伤害确实不符合被保险人的主观愿望，从而应该视为意外伤害，但是这种意外伤害保险人仍然有理由拒绝承保，原因如下：第一，保险只为合法行为提供保障，只有如此，保险合同才具有法律效力。一切违法犯罪活动中所受到的意外伤害，保险均不予以保障。第二，违法犯罪活动具有社会危害性质，如果为违法犯罪活动中的意外伤害提供保险保障，就等于间接地支持这些不法行为，这既危害社会公共利益，也不利于社会安定。比如被保险人在酒醉、吸食或注射毒品后发生的意外伤害，比如因为神志不清、过度兴奋、产生幻觉而发生的跌打损伤、失足落水、交通事故等，这些意外伤害是“本应预见却未能预见或已预见却放任结果的发生”，是否属于意外值得商讨，同时这些行为本身就是不道德的行为，甚至在大多数国家还是不法行为，因此不予承保完全应当。值得注意的是，在受到他人不法侵害之时，被保险人正当防卫所受的意外伤害是正义行为所致，应当予以承保。

四、人身意外伤害保险的分类

（一）按照所保风险的不同分类

1. 普通意外伤害保险

普通意外伤害保险又称一般意外伤害保险，即指被保险人在保险有效期内，因遭受普通的一般意外伤害而致死亡、残疾时，由保险人给付保险金的保险。该类险种所保风险是一般的意外伤害，通常为独立险种，一般采用短期保险形式，以一年或不到一年为期，根据保险双方的约定决定保险的内容、保险金额和保险方式。

2. 特定意外伤害保险

特定意外伤害保险承保的是以特定原因、特定时间、特定地点等为约束条件的意外伤害保险。该类险种承保的风险是特定原因造成的意外伤害，或在特定时间、特定地点遭受的意外伤害，因此通常需要投保人与保险人特别约定，有时投保人还需要多缴保费。这类保险承保的意外伤害包括：战争意外伤害；从事剧烈体育运动、危险娱乐运动所致意外伤害；核辐射造成的意外伤害；医疗事故所致意外伤害；等等。这些特约承保的意外伤害可以单独承保，也可以在其他保险单中附加，或签注特约或出具批单从除外责任中剔除。

（二）按照保险责任的不同分类

1. 意外伤害死亡或残疾保险

这一类保险只保障被保险人因意外伤害导致的死亡和残疾，满足被保险人对意外伤害的保险需求。其基本内容是：投保人缴纳保险费，保险期限内被保险人遭受意外伤害，并以此为直接原因造成死亡或残疾，保险人按合同规定向被保险人或受益人给付保险金。意外伤害死亡或残疾保险保障项目包括两项，即意外伤害造成的死亡和意外伤害造成的残疾。因被保险人死亡给付的保险金称作死亡保险金，因被保险人残疾给付的保险金称作残疾保险金。这类险种通常作为附加条款附加在其他主险上，但也有作为单独险种投保的。

2. 意外伤害医疗保险

我国意外伤害保险通常都包括这一项保障。意外伤害医疗保险是以被保险人因遭受意外伤害需要就医治疗而发生的医疗费用支出为保险金给付条件的人身保险。其保险责任通常规定，被保险人在保障期内因遭受意外伤害需赴医治疗且由本人支付的治疗费用，保险人按合同规定进行医疗保险金的支付。在保障形式上，通常这种险种规定，在保障期内被保险人无论是一次还是多次遭受意外伤害入院治疗，被保险人都可以请求保险金给付，前提是累积给付额不超过保险金额。同时在保障项目方面，该险种有时还包括住院津贴给付，通常作为附加条款附加在主险上。

3. 综合意外伤害保险

这是前两种保险的综合，即被保险人在保单保障期内因意外伤害导致身故、残疾，或需入院治疗，则保险人负死亡、残疾保险金给付责任与医疗保险金给付责任。这类险种通常是独立承保。

4. 意外伤害误工保险

意外伤害误工保险是指被保险人因遭受意外伤害暂时丧失劳动能力（失能）而无法工作时保险人给付保险金的人身保险。其保险责任通常规定，被保险人因遭受意外伤害造成残疾达到一定程度的情况下，在一定时期内不能从事有劳动收入的工作时，由保险人按合同约定对被保险人或受益人给付误工保险金。这种保险的目的在于保障那些靠被保险人劳动收入而生存的人（包括被保险人自己），在被保险人因意外伤害导致收入减少时的利益。

失能包括暂时性部分失能、暂时性完全失能、永久性部分失能、永久性完全失能。失能是指丧失应有的劳动能力；误工是指暂时丧失完全劳动能力，在一定时期内不能从事有劳动收入的工作；残疾是指永久丧失全部或部分劳动能力，即如果残疾是完全的，则被保险人永久不能从事有劳动收入的工作，如果残疾只是部分丧失劳动能力，则被保险人还可以从事一定的有劳动收入的工作。因此，误工的发生是从被保险人遭受意外伤害时立即开始，而造成残疾与否则只有在被保险人治疗结束后才能确定。被保险人遭受意外伤害后暂时不能工作期间由保险人支付误工保险金，但一般都规定有保险金的最长给付期；假如已获得误工赔款后又死亡或转化为残疾的，被保险人按死亡残疾的赔付标准获得保险金，但要扣除已获得的误工赔款。

（三）按照投保方式不同分类

按照投保方式的不同，人身意外伤害保险可划分为个人意外伤害保险和团体意外伤害保险两类。个人意外伤害保险是投保人或被保险人个人购买的保险，通常一份保单保一人；团体意外伤害保险是以团体方式投保的人身意外伤害保险，其保险责任、给付方式均与个人投保的意外伤害保险相同。由于意外伤害保险的保险费率与被保险人的职业和所从事的活动有关，因此，团体投保意外伤害保险往往比个人投保更为适合，意外险保险期限短、保费低而保障高，在雇主要为员工承担一定事故责任的场合，团体意外险对雇主更为有利。所以与寿险、健康险相比，人身意外伤害保险最有条件、最适合采用团体投保方式。在保险实践中，意外伤害保险的保单也多以团体意外险为主。

此外，人身意外伤害保险还有若干不同的分类方法，比如按照投保动因的不同，人身意外伤害保险可划分为自愿投保意外伤害保险和强制投保意外伤害保险两类。自愿投保好理解，强制投保的意外伤害保险客观上也有。比如，美国不仅规定在美国国内乘坐飞机的旅客要投航空意外伤害保险（简称航意险），还规定只要经过美国上空的外国飞机的乘客也都要投保一定数额的航意险；又如，我国曾经实行过强制旅行意外伤害保险等。

五、人身意外伤害保险的给付

意外伤害保险既可以单独销售，也可以附加到任何一种寿险保单中。最常见的两种意外给付是意外死亡给付和意外残疾给付。此外，我国的意外伤害综合保险还经常含有意外伤害医疗赔付和误工津贴，这部分将放在下一节“健康保险”部分详述。

（一）意外死亡给付

意外死亡保险由意外事故导致的被保险人身故为给付条件。履行意外死亡给付的一般要求是：被保险人的死亡必定是并且完全是身体意外受伤直接导致的，而与所有其他死亡原因无关。然而，确定被保险人死亡的确切原因有时可能是相当困难的。有些意外死亡给付条款限定了被保险人死亡与引起死亡的意外事故之间的时间跨度。这一跨度通常为3个月，也有的条款规定了更长的时期。被保险人必须在意外事故发生后的规定时间内死亡，意外死亡给付才予以履行。这一限制主要是因为确定被保险人的死因具有一定困难，如果被保险人显然死于某一意外事故，保险公司一般不会再去考虑规定时间限制而会直接支付意外死亡保险金。

（二）意外残疾给付

通常残疾给付只会按照约定的残疾程度，在保险金额的基础上给予比例给付。对于同一意外事故引起的残疾，保险公司将不会同时支付意外死亡保险金和意外残疾保险金。残疾程度与保险金给付比例见表6-1。

表6-1　残疾程度与保险金给付比例

等级	项目	残疾程度	最高给付比例
第一级	一	双目永久完全失明的	100%
	二	两上肢腕关节以上或两下肢踝关节以上缺失的	
	三	一上肢腕关节以上及一下肢踝关节以上缺失的	
	四	一目永久完全失明及一上肢腕关节以上缺失的	
	五	一目永久完全失明及一下肢踝关节以上缺失的	
	六	四肢关节机能永久完全丧失的	
	七	咀嚼、吞咽机能永久完全丧失的	
	八	中枢神经系统机能或胸、腹部脏器机能极度障碍，终身不能从事任何工作，为维持生命必要的日常生产活动，全需他人扶助的	
第二级	九	两上肢或两下肢或一上肢及一下肢，各有三大关节中的两个关节以上机能永久完全丧失的	75%
	十	十手指缺失的	
第三级	十一	一上肢腕关节以上缺失或一上肢的三大关节全部机能永久完全丧失的	50%
	十二	一下肢踝关节以上缺失或一下肢的三大关节全部机能永久完全丧失的	
	十三	双耳听觉机能永久完全丧失的	
	十四	十手指机能永久完全丧失的	
	十五	十足趾缺失的	
第四级	十六	一目永久完全失明的	30%
	十七	一上肢三大关节中，有两关节之机能永久完全丧失的	
	十八	一下肢三大关节中，有两关节之机能永久完全丧失的	
	十九	一手（含拇指及食指）有四手指以上缺失的	
	二十	一下肢永久缩短5cm以上的	
	二十一	语言机能永久完全丧失的	
	二十二	十足趾机能永久完全丧失的	

续表

等级	项目	残疾程度	最高给付比例
第五级	二十三	一上肢三大关节中，有一关节之机能永久完全丧失的	20%
	二十四	一下肢三大关节中，有一关节之机能永久完全丧失的	
	二十五	两手拇指缺失的	
	二十六	一足五趾缺失的	
	二十七	两眼眼睑显著缺损的	
	二十八	一耳听觉机能永久完全丧失的	
	二十九	鼻部缺损且嗅觉机能遗存显著障碍的	
第六级	三十	一手拇指及食指缺失，或含拇指或食指有三个或三个以上手指缺失的	15%
	三十一	一足五趾机能永久完全丧失的	
	三十二	一手（含拇指或食指）有三个或三个以上手指机能永久完全丧失的	
第七级	三十三	一手拇指或食指缺失的，或中指、无名指和小指中有两个或两个以上手指缺失的	10%
	三十四	一手拇指及食指机能永久完全丧失的	

第二节　健康保险

一、健康保险概述

（一）健康保险的定义

健康保险是以人的身体为保险标的，使被保险人能够在因疾病或意外事故导致费用支出或损失时获得补偿的一种保险。意外伤害保险对因意外事故导致的赴医治疗的费用承担给付责任，健康保险也对因意外事故导致的医疗费用增加进行补偿。

实际上，健康保险与意外伤害保险确实有一些共同之处，然而两者的保险责任却有着明显的区别，在对合同的实务处理方面也有显著不同。这些不同点后面还会涉及并加以详细讨论，这里首先需要明确的是：（1）虽然两者都要对被保险人的意外伤害导致的医疗费用提供保障，但意外伤害保险的保险责任还包括且仅限于意外伤害所导致的死亡与残疾，其他原因包括疾病、生育引起的残疾、死亡及发生的医疗费用，都不属于其保险责任范围，但属于健康保险的保险责任范围。（2）意外伤害保险是向被保险人或受益人给付残疾或死亡保险金，有些意外伤害保险可能会附加给付意外伤害医疗保险金，但因意外伤害造成的其他损失（比如意外伤害造成残疾后的劳动收入减少损失）则不属于意外伤害保险的保险责任，而属于健康保险中的收入损失的保险责任。当然，这里需要注意收入损失保险责任与医疗保险中的意外伤害误工保险的区别。前者只给付医疗结束、残疾确认后的收入损失，同时与残疾程度、残疾前后收入差额等相关，后者只为医疗期间的暂时失能提供补贴，其给付与残疾程度无关。

健康保险虽不能保证被保险人不受疾病困扰、不受伤害，但能在被保险人因疾病等需要支付医疗费、护理费，因疾病造成残疾以及因生育、疾病或意外伤害暂时或永久不能工作而减少劳动收入时，为被保险人提供保险金给付。根据人身保险业界的习惯，人们往往把不属于人寿保险、意外伤害保险的人身保险业务都归入健康保险。

健康保险主要有以下两层含义：(1) 健康保险承保的保险事故包括疾病和意外伤害两种。(2) 健康保险所承保的风险是因疾病（包括生育）导致的医疗费用开支损失和因疾病或意外伤害致残导致的正常收入损失。很多时候疾病和意外伤害事故带给人们的结果可能是同样的，即去医院治疗而支出医疗费用，或者耽误工作而减少劳动收入。因此，健康保险正是针对这两种后果规定其保险责任，以补偿人们的医疗费用开支和收入损失。

（二）健康保险的承保责任

概括而言，健康保险的承保责任范围包括：工资收入损失、医疗费用损失、业务利益损失、残疾补贴、丧葬费及遗属生活补贴等。从总体上看，健康保险承保的主要内容可以分为支出增加与收入减少两大类。支出增加是指由疾病、分娩等造成医疗费用支出损失，一般称这种健康保险为医疗保险或医疗费用保险。收入减少是指由疾病或意外事故致残导致收入不及残疾前而造成损失，如果被保险人完全不能工作，则其收入损失是全部的；如果无法恢复所有工作，只能从事比原工作收入低的工作，那么收入损失是部分的，损失数额就是原收入与新收入的差额。人们一般称这种健康保险为疾病保险、收入保障保险。

目前我国收入保障保险的品种不是很多，健康保险的保险责任范围主要包括疾病、分娩、因分娩或疾病所致的残疾、失能和因分娩或疾病所致的死亡等几项。前两项以补偿疾病、医疗费用损失为目的，第三项除医疗费用外，还补偿被保险人生活收入、失能的损失，属于收入保障保险，第四项弥补因死亡而带来的其他费用损失，类似以死亡为条件的人寿保险。可见，健康保险的保障范围还是比较广泛的，因此也有人说健康保险是一种综合保险。事实上也是，健康保险单一责任承保的情况比较少，大多数是几种责任组合或作为人寿保险的附加险出现。

健康保险保单通常会详细列明保险的责任范围，主要目的在于明确保险人与被保险人之间的权利义务关系，避免理赔过程中产生纠纷。因为，随着社会发展和科技进步，很多曾经的不治之症慢慢变成了一般疾病，而很多过去不为人知的疾病也因为技术进步被不断发现，成为新的疾病。如果不明确列示保障的范围，极有可能在经营过程特别是理赔过程中出现各种纠纷，耗费大量本不必要耗费的精力和资源。

（三）健康保险的特征

健康保险虽然与人寿保险、人身意外伤害保险同属人身保险的范畴，但健康保险也有许多不同于其他人身保险险种的特点。健康保险的特征不仅体现在保险标的、保险事故方面，而且体现在健康保险业务的独特性质方面。

1. 保险风险、保险标的具有特殊性

（1）健康保险的风险具有变动性和不易预测性。健康保险涉及许多医学上的技术问题，尤其是风险的估测、保险费的测定都比较复杂。人类的疾病种类越来越多，医疗技术日益发展，医疗器械和药品也不断更新，医疗费用的支出水平也不断上升。健康保险日益增长的医疗费用中存在不少人为因素，其中既有合理的因素，也有不合理的因素，且二者之间难以区分，这就进一步使得健康保险的风险不易预测。

（2）保险标的是人的身体与健康，以疾病、生育、意外事故等造成的残疾、失能和死亡损失及发生的医疗费用为保险事故。其中“疾病”必须由人身体内部某种原因引发，即由某个或多个器官、组织甚至系统病变而导致功能异常，从而出现各种病理表现的情况。健康保险的保险事故还包括其他一切人寿保险、意外伤害保险不保的人身风险事故。人寿保险则是以被保险人的生命为保险标的，以被保险人在保险期内死亡或期满生存作为保险事故，即当被保险人在保险期内死亡或达到保险合同约定的年龄、期限时，保险人按照合同约定给付死亡保险金或期满生存保险金。即若人寿保险金的给付是以死亡为条件的，则不问其具体死亡原因（除了道德危险所致外），一般是指自然死亡。

（3）健康保险是一种综合保险。健康保险的内容广泛而复杂，通常不属于人寿保险、人身意外伤害保险的人身保险都可以归为健康保险。健康保险的保险事故可分为疾病、生育、疾病和生育所致残疾、失能、死亡等几类。

2. 经营内容具有复杂性

无论是从健康保险经营内容的整体出发，还是从某一具体的健康保险业务经营内容出发，其复杂性的特征均很明显，主要表现在：

（1）承保标准复杂。

由于健康保险的保险事故不同于其他人身保险，健康保险的承保条件相对于人寿保险要严格得多。以“疾病”为例，承保时需要对疾病产生的各种因素进行严格审查，一方面要根据病历考察被保险人的既往病史，另一方面还要对被保险人所从事的职业及其居住的地理位置等做详细的分析。同时，因为仅仅依据病历等有限资料很难判断被保险人在投保时是否已患有某种疾病，为了保证保险人的利益，健康保险业务通常还要规定一个观察期（大多是半年）。在此期间，被保险人因疾病所致的医疗费支出或收入损失，保险人均不负责，只有在观察期满后，保单才正式生效。也就是说，观察期内发作的疾病都假定为投保之前就已患有，保险人根据最大诚信

原则可以拒绝承担责任。

健康保险承保标准复杂，划分风险等级不同。除一般保单以外，健康保险通常还包括次健体保单，也就是说，有些被保险人没有达到标准条款规定的身体健康要求，但同时其风险也没有高到被拒保的高风险水平，对这样的被保险人就施行次健体承保方式，一般通过提高保费或重新规定承保范围来完成承保工作。

除一般保单外，为应对复杂的风险状况，有时还需要针对特殊疾病制定发行特殊疾病保单。对特殊疾病，保险人制定出特种条款，以特定费率进行承保，既可使保险人的业务范围拓宽，信誉提升，又不会给保险经营带来过大压力。

（2）确定保费的要素复杂。

本书后续将对寿险产品定价原理进行介绍。简单来说，人寿保险保费计算的三个基础率是预定死亡率、预定利息率和预定费用率，其中预定死亡率以生命表加以记载，只要社会不发生剧烈变化，预定死亡率的变化非常缓慢。健康保险因保险内容不同，保费确定上也略有区别。首先，决定健康保险费率的因素比人寿保险以及其他险种多，而且这些因素很难进行可靠、稳定的测量，主要包括：疾病发生率、残疾发生率、疾病持续时间、利息率、费用率、死亡率等。其次，同其他险种一样，类似保单失效率、展业方式、承保习惯、理赔原则以及保险公司的主要经营目标等都影响着费率的高低。最后，由于健康保险承保的内容特殊，诸如医院的管理、医疗技术的进步、经济发展、地理环境等对保费的影响程度都较大，这些方面的细微变化都会给保险人对未来赔付的预测产生较大影响。总之，健康保险保费影响因素是多方面的，各个因素又不易完整而准确地预测，这都为健康险保费的确定带来了一定的困难。

（3）责任准备金的性质复杂。

保险公司为了对成千上万的投保客户负责，保持经营的稳定性与持续性，会以各种准备金的方式积累后备资金，以应付经营中的未尽责任及各种意外，包括正常赔付、退保给付等。寿险公司最重要的责任准备金是保单责任准备金，即均衡保费与自然保费之差的本息累积值（从简单的原理上来讲，自然保费是指与当期预定死亡率对应的风险保费，均衡保费是指在整个保障期内投保人每年需要缴纳的、额度相等的保费。在整个保障期内，由于死亡率的自然变化，投保人前期所缴的均衡保费比自然保费要高，后期所缴的均衡保费要比自然保费低，定价时只要使得整个保障期内，均衡保费本息和与自然保费本息和在统计意义上相等即可。这样，前期均衡保费比自然保费多缴纳的部分就属于投保人暂存在保险人这里的，目的是弥补后期均衡保费比自然保费少缴的不足部分。对于这部分暂存的资金，保险人就要积存起来，这就是寿险保单责任准备金）。但对健康保险而言略有不同，健康保险大多是短期的，它最重要的准备金是未满期保费准备金，即年度决算时，对保险责任尚未届满的保费应提存的准备金。与寿险保单责任准备金相比，健康保险的未满期保费准备金对保险人来说有更大的可发挥主动性的余地，因此在运用上应该更为谨慎。

（4）保险金给付基础多样。

寿险给付通常根据保险合同的规定为定额给付，因此是定额保险；健康保险则不同，其给付金额通常具有不确定性。总体看来，按不同保险合同，健康保险有三种不同的给付基础，包括：1）定额基础，类似寿险的给付，比如某些重疾保险就规定，一经检出约定的疾病就给付约定金额的保险金。2）实际补偿基础，即在最高限额之内按照实际发生的费用给付，比如报销型医疗保险。3）预付服务基础，即由保险组织直接支付住院、看外科医生等发生的医疗费用的服务。即使合同约定了不同的给付基础，在具体给付时仍可能存在无法确定的因素，比如医疗费用被认为是一切合理的和必需的费用，但赔付时却可以有不同的掌握，这就只能依靠保险人曾经的赔付经验来进行理赔、给付。因为不同险种在保险人履行保险金支付时遵循的原则不同，因此经常有人将健康保险归类为“集补偿性与给付性于一体的人身保险”。

除上述内容外，对于健康保险，被保险人可以进行多次索赔，而人寿保险只有在被保险人死亡或生存至满期时才可提出索赔。在医疗费用保险方面，为了避免支付的赔款费用超过实际发生费用的现象，就产生了“补偿性原则”和“费用分摊原则”。补偿性原则是指保险合同一般规定一个最高保险金额，保险人在此限额内支付被保险人所发生的费用，超出部分由被保险人自己承担，被保险人不得因此而获得超过实际发生费用的补偿金额。费用分摊原则是指个人应分担一部分费用，即认为自付费用的一定比例能够促使被保险人努力地恢复身体，使得病人不去肆意使用没有必要的服务项目和医疗设备，防止道德危险的发生，控制保险公司的支出。下文所述免赔额条款、比例给付条款通常也是根据这一原则制定的。

3. 保险合同具有特殊性

（1）健康保险具有补偿的特殊性。

正如上面所说，与人身保险的保险金通常具有的给付性质不同，健康保险人支付的保险金具有补偿性质。针对疾病和生育的保险事故的保险金给付，不是对被保险人的生命和身体的伤害进行补偿，而是对被保险人因为疾病或生育在医院医治所发生的医疗费用支出和由此引起的其他费用损失的补偿。只有在发生由疾病或生育导致残疾或死亡需要保险人承担保险责任时，保险金的支付才是给付性质。正由于健康保险具有补偿性质，其在核算上与财产保险有许多共同之处，例如：费率计算都以损失率为基础，年末未到期责任准备金一般都按当年保费收入的一定比例计提；保险金额的支付额取决于实际发生的费用或损失；存在重复保险问题；等等。

（2）健康保险一般不指定受益人。

受益人是享有保险金请求权的人，除合同另有约定外，受益人为被保险人。只要被保险人生存，他就具有保险金请求权；只有当被保险人死亡时，受益人才享有受益权。健康保险的目的是为被保险人提供医疗费用或使他们获得治疗，在生活上有一定的保障。为此，被保险人得到的保险金基本上是以被保险人的存在为条件的，无须指定受益人。只有疾病保险中有死亡赔付责任的，才需要指定受益人。

（3）健康保险合同多为短期合同。

除少数承保特定风险的健康保险（比如重大疾病保险、特种疾病保险如癌症保险、长期护理保险等）外，健康保险的保险期间多为 1 年，因此在保险条款中会注明在什么条件下失效、在什么条件下又可自动续保。这主要是因为寿险保费计算有三大基础率，有科学的计算方法，可以比较准确地对被保险人未来多年甚至终身的生死概率做出预测，因此可以承保长期险。而健康保险的保费计算，以发病率、残疾率替换死亡率为基础，首先没有类似生命表的“发病率表”“残疾率表”来估计人们因疾病死亡的概率、因分娩发生疾病和死亡的概率；其次发病率、残疾率受职业环境等因素的影响较大，而长期来看更不稳定，所以一般的健康保险中的医疗费用保险、收入保障保险等都是短期或 1 年期的。初次投保无论对保险人而言还是对投保人而言都意味着复杂的手续和各项杂费，对于希望长期投保健康险的客户，反复投保 1 年期保单显然是不方便的，也是不现实的。因此保险人往往通过在保单条款中的说明，使健康险保单变成连续有效的保单，更新时还可以更改费率。

此外，在健康保险合同中，除适用一般人寿保险合同的不可抗辩条款、宽限期条款、不丧失价值条款等条款外，健康保险合同的条款设计还往往有核保方面的考虑。因为健康保险是以被保险人的本身利益为目的而投保的，且其承保事故不如人寿保险那么明确，道德风险或风险的逆向选择可能性大，所以在健康保险合同中需要有为核保目的而设计的条款，如既存状况条款、观察期条款、等待期条款、转换条款、体检条款等。

（四）健康保险的分类

1. 按保险保障的内容分类

按照保险保障的内容不同，健康保险可划分为医疗保险、疾病保险和收入保障保险。

（1）医疗保险。医疗保险又称医疗费用保险，保障的是被保险人因疾病或生育需要治疗时支出的医疗费用损失。其中费用包括医生的医疗费和手术费、药费、住院费、护理费、检查费和医疗设施的使用费等。各种不同的健康保险所保障的费用一般是其中的一项或若干项组合。常见的医疗保险有普通医疗保险、住院保险、手术保险、综合医疗保险、高额医疗费用保险等。

（2）疾病保险。疾病保险是指以疾病的发生为给付条件的保险，是指被保险人罹患合同约定的疾病时，按投保金额定额给付保险金以补偿被保险人由此带来的损失的保险，如重大疾病保险、特种疾病保险等。

（3）收入保障保险。收入保障保险又称残疾收入保险、丧失工作能力补偿保险等，是对被保险人因疾病或意外事故导致失能或残疾后，不能正常工作而失去原来的工资收入或收入减少的补偿保险。在实际生活中，引起残疾、失能的原因常常是身体内潜伏病症与外在突发伤害共同作用，因此，需根据近因原则确定责任归属。

这种保险常附加有生活指数条款，这样，保险人给付的保险金可随着生活指数进行调整。

2. 按续保条件分类

按续保时保险人解约权利受约束的程度，从保险人不可要求解约一直到双方均有权利解约，健康保险可分为以下六种：

（1）不可撤销健康险，即保险人不可要求解约，只要被保险人预缴一定金额的保证费，就有权利每年续保直至规定年数期满或到达规定年龄（通常是 60 岁或 65 岁）。

（2）保证续保健康保险，即保证被保险人续约至特定年龄为止（通常至 65 岁或终身），保险公司可随被保险人年龄调整保费，但调整权必须对同一类别的所有保单而不是个别保单行使。

（3）有条件续保健康险，即保险公司保留续约与否的权利，但仅能在若干特定情况下才可拒绝续约，且续约的情况为整体保单拒绝续约或同一类别的被保险人全部拒绝续约。通常保险人不得因被保险人的健康状况变动而拒保，必须按期续保直至某一特定的时间或年龄。

（4）保险公司选择续约健康险，即要经保险公司的同意才能续保的健康保险，续约的费率仍由保险人决定。

（5）无续保条款健康险，属于定期保单，此种保单没有续保条款，只是一个定期保险，只在保险合同的规定期限内提供保障，保险期限一旦届满保单即自行终止效力。

（6）可撤销健康险，这是最早的健康保险合同形式，即保险公司或被保险人均有权在保险期间内终止保险，但必须事先通知对方。保险公司撤销合同的，应按比例退还未满期保费；被保险人撤销合同的，应按短期费率计算退还未满期部分的保费。

3. 按核保标准分类

按核保标准，健康保险可划分为简易健康保险、高龄健康保险、次健体健康保险、特殊疾病健康保险等。简易健康保险的核保标准最低，投保人每次缴付保险费，由保险人派工作人员上门收取，但保费低、保险期限短、保险金额小。投保人不适合投保其他个人健康保险时，可购买简易健康保险。高龄健康保险主要针对身体健康但年龄在 60 岁以上的老人，以补充实际医疗费用与社会保障的差额。次健体健康保险是指对没有达到标准条款规定的身体健康要求的被保险人所施行的承保方式，一般通过提高保费或重新规定承保范围来完成承保工作。特殊疾病健康保险是指保险人对特殊疾病制定出特种条款，以特定费率进行承保，从而既使得保险人的业务范围拓宽，信誉提高，又不给保险经营带来过大压力。

4. 按组织性质分类

按组织性质，健康保险可划分为商业健康保险、管理式医疗、社会健康保险、自保计划。

商业健康保险是投保人与保险人双方在自愿的基础上订立合同，当出现合同中约定的保险事故（被保险人患病支出医疗费用或因病致残造成收入损失等）时，由保险人给付保险金的一种保险。

管理式医疗是美国健康保险主要采用的形式，它是指把医疗服务的提供与提供医疗服务所需资金的供给结合起来的一种管理系统和方式。其组织形式有蓝十字与蓝盾计划、健康维持组织、优先医疗服务组织等。管理式医疗诞生于美国，是美国商业保险的主要方式之一，现在其他国家如澳大利亚也有。

社会健康保险是国家通过立法的形式强制实施，对劳动者因患病、生育、伤残等所支出的费用和收入损失进行物质帮助的制度。

自保计划是指雇主通过部分或完全自筹资金的方式为其雇员提供医疗费用保障，并因此而承担部分或全部的理赔风险的一种保险方式。

5. 其他分类方法

除了上述比较常见的划分方法外，我们还可以按险种结构把健康保险划分为主险和附加险。前者即单独开办的一张保险单，保险人所承保的责任仅限于健康保险或包括健康保险在内的几项保险责任的组合。后者是附加于主险之上，并且是与主险同时投保的健康保险，如重大疾病保险、外科费用保险、意外伤害附加医疗保险等。

如果按照健康保险中有无附加利益划分，健康保险还可分为有附加利益健康保险和无附加利益健康保险。有附加利益健康保险在基本保障的基础上加进其他一些保障即所谓的补充利益，如残疾收入保险中加进残疾免交保费条款、医疗保险中加进提前给付条款等。

此外，如果按承保时间长短有长期健康保险、短期健康保险，按给付方式分类，健康保险还可划分为预付制、后付制、定额付费方式、按服务项目付费方式等类。

总之按不同的分类标准，健康保险可以分成不同的若干类别，分类只要达到“不重不漏”即可，即任一种健康保险，在该分类标准下，都属于其中一个类别且只能属于其中一个类别。

（五）个人健康险保险常见条款

个人健康险保单包含一些与寿险保单类似的条款，也包含一些独特的条款。这一部分将介绍通常包含在个人健康险保单中的某些条款。

1. 续保条款

续保条款一般规定了以下内容：（1）保险人有权依该条款拒绝续保或有权解约的各种情形；（2）保险人有权增加保单的费率。个人医疗费用保单和个人残疾收入保单可以按照保单中包含的续保条款的类型进行分类。按惯例，个人健康险保单已在使用以下五种常见的保单类别：可撤销保单、可选择续保保单、有条件可续保保单、保证可续保保单和不可撤销保单。这在健康保险分类中已经做过阐述，这里不再赘述。

2. 既存状况条款

大多数个人健康险保单中包含一项既存状况条款。该条款规定，在保单生效后的约定期间，保险人对被保险人的既存状况不负责给付保险金。在个人健康险保单中，既存状况通常被定义为保单签发前的特定时期（通常为两年）内已经发生的伤残或首次出现或证实的疾病，而且该伤残或疾病未在投保单中披露。这里需要特别注意的是，在投保单中已披露的状况不属于既存状况而免责，因为如果在投保单中已经说明了，那保险人就有机会评估这样一种状况，从而可以将该状况特别排除在保单保障之外。如果在投保单中披露的状况未被排除在保单保障之外，那么保险人对这一状况就要承保。然而，所有具体的除外责任在整个保险期间依然有效。

3. 理赔条款

个人健康险保单通常包含一些条款，明确规定被保险人负有及时向保险人通报损失情况的责任，以及保险人要向被保险人迅速赔付保险金的责任。譬如在加拿大，保单通常要求被保险人在索赔事故发生日之后的 30 天内以书面形式向保险人索赔，并在事故发生后 90 天内向保险人提供损失证明；保险人必须在收到损失证明后的 60 天内支付医疗费用保险金，在收到损失证明后的 30 天内支付残疾收入保险金。在美国签发的保单中包含类似的要求。

4. 体检条款

包含在个人残疾收入保险单中的体检条款，与包含在大多数团体残疾收入保险单（后面章节将进行讨论）中的体检条款相似。在被保险人提交索赔以后，保险人有权要求被保险人接受其选定医生的体检，有关费用由保险人承担。这样保险人就可以检验残疾收入索赔是否属实。

5. 观察期条款

仅仅依据病历等有限资料很难判断被保险人在投保时是否已经患有某种疾病，为了防止已有疾病的人带病投保，保证保险人的利益，保单中要规定一个观察期（大多是半年）。在此期间，被保险人因疾病支出医疗费或收入损失，保险人不负责，只有观察期满之后，保单才正式生效。也就是说，观察期内发作的疾病都假定为投保之前就已患有，保险人根据最大诚信原则可以拒绝承担责任。如果在观察期内因免责事由造成保险标的灭失的（如被保险人因病死亡），则保险合同终止，保险人在扣除手续费后退还保险费；如果保险标的没有灭失的，则由保险人根据被保险人的身体状况决定是否续保，也可以风险增加为由解除保险合同。

6. 等待期条款

等待期也称免赔期间，是指健康保险中从疾病、生育及其导致的病、残、亡发生后到保险金给付之前的一段时间。健康保险的保险合同在“保险金的申请和给付”

条款中一般都要加上“等待期”的约定，时间长短不一，短的只有3～5天，长的可达90天，比如疾病保险的保单中都明确规定，“被保险人自患病之日起，直到约定的等待期间届满以前，不能从保险人处获得任何给付”。一些意外伤害保险的保单中也有这种等待期间的约定，但一般等待的期限比疾病保险要短。等待期间的提出，可为保险金申请人准备资料、申请保险金提供充足而有效的时间。对保险人而言，等待期的约定有两个方面的意义：一方面可以防止被保险人借轻微的疾病或小的医疗费支出坐享给付，同时防止道德风险发生引起严重的自伤行为。在等待期内，一切经济上的负担要由被保险人自己承担，这就避免了被保险人以暂时性疾病或以其他不当手段制造保险事故来骗取保险金，给保险人的经营带来不利的影响。另一方面，保险人可以充分利用这段时间进行调查、核实，杜绝不良现象发生，以保证经营的需要。此外，健康保险条款一般还会约定一旦发生投保人要求增加保险金额度的情况，就要安排新的观察期（比如90天）。在增加保额后的这一段观察期内，如果发生责任范围内的保险事故，保险公司不承担所增部分的保险金的给付义务，这显然是出于杜绝“逆向选择”的需要。等待期满，如果保险人的调查结果确认保险事故真实无误，则根据合同约定给付或补偿保额给受益人或被保险人本人。在被保险人全部领取保险给付后，保险人的保险责任终止。如果被保险人意欲再次投保此种健康保险，必须经过指定医院检查确认治疗痊愈后才允许办理再保手续。

7. 免赔额条款

在健康保险合同中，一般均对医疗费用采用免赔额的规定，即在一定金额下的费用支出由被保险人自理，保险人不予赔付。免赔额有两层含义：一是指规定一个固定额度（比如100元或200元），当被保险人在保险事故中遭受的损失没有达到此限额时，保险人不履行保险责任，只有当损失额达到这一限额时才予以全额赔偿，这称作“相对免赔额”；二是指不管被保险人的实际损失多大，保险人都要在扣除免赔额之后才支付保险金，这称作“绝对免赔额”。在健康保险中多采用绝对免赔方式。免赔额条款有两个方面的作用：一方面，它可以促使被保险人加强自我保护、自我控制意识，减少因疏忽等导致的保险事故的发生和损失的扩大，避免不必要的费用支出，减少道德危险；另一方面，由被保险人承担可以承担的较低的医疗费用支出，可以减少保险人大量的理赔工作，从而降低成本，对保险人和被保险人都有利。

8. 比例给付条款

比例给付条款又称共保比例条款。比例给付是保险人采用与被保险人按一定比例共同分摊被保险人的医疗费用的方式进行保险赔付的方式。在此种情形下，相当于保险人与被保险人的共同保险。例如，共保比例为80%，意味着对被保险人的医疗费用，保险人负担80%，被保险人要自负20%；如果同一份健康保险合同既有共保条款又有免赔额条款，则是指保险人对超出免赔额以上部分的医疗费用支出，采用与被保险人按一定比例共同分摊的方法进行保险赔付。健康保险是以人的身体为标的，不存在是否足额投保的问题。但由于其承保的风险不易控制，因此，在大多数健康保险合同中，保险人对医疗保险金的支出有比例给付的规定。当然，通常是保险人承担其中的大部分费用，这样既有利于被保险人对医疗费用的控制，也有利于保障被保险人的经济利益，达到保险保障的目的。

9. 给付限额条款

在补偿性质的健康保险合同中，保险人给付的医疗保险金有最高限额规定，如单项疾病给付限额、住院费用给付限额、手术费用给付限额、门诊费用给付限额等。健康保险的被保险人的个体差异很大，其医疗费用支出的高低差异也很大，因此为保障保险人和大多数被保险人的利益，实行补偿性原则，规定按最高给付限额内实际发生费用一定比例赔付医疗保险金，以控制总的支出水平。对于具有定额保险性质的健康保险，如疾病保险等，通常是在投保金额内依约定保险金额实行定额赔偿，与实际发生的费用无关。

10. 诉讼时效条款

该条款规定一个期限，在该期限内，如果索赔人对保险人的理赔决定持有异议，有权起诉保险人以获取他认为在该保单下应得的保险金。该期限在不同法律辖区长短不一，通常是索赔人向保险人提供损失证明后的1～3年。

11. 职业变更条款

许多个人残疾收入保险单包含职业变更条款。当被保险人变更职业时，该条款允许保险人调整保单的费率或保单规定的应付保险金额。这是因为被保险人的职业对其发病风险具有直接影响。如果被保险人转到危险较大的职业，职业变更条款通常准许保险人减少保单规定的最高应付保险金额。如果被保险人转到危险较小的职业，该条款允许保险人降低保单的保费率。

假设一名教师转行做煤矿工人这一更危险的职业，那么保险人就会将保单所规定的最大保险金额减少到相当于以煤矿工人缴付此保费所能获得的保险金额。反之，如果一名煤矿工人改行成为教师，那么保险人就会将保费率降低到相当于教师为获得与最大给付水平相同的保险金所应缴付的保费率。保险金额和保费率的所有变动将在被保险人变更职业时生效。

12. 超额保险条款

许多个人健康险保单都包含超额保险条款，目的在于防止被保险人因疾病或伤残而获利。这一条款规定，如果被保险人属于超额保险，那么保单下的应付保险金被减少。超额被保险人是指：（1）凭医疗费用保单领取的保险金超过其实际医疗成本的个人；（2）在残疾期间领取的收入保险金超过其残疾前工作收入的个人。

只有当投保人未向保险人告知其他保险时，超额保险条款才会起作用。也就是说，如果投保人向保险人告知了他拥有其他保险，而保险人仍然接受投保人的超额保险，那么保险人仍然要按保单列明的保险金额进行赔付。在超额保险的情况下，保险人将降低保单规定的应付保险金额，并退还保单所有人为购买超额保险而缴纳的保费。

二、医疗保险

医疗保险又称医疗费用保险，它是健康保险最重要的组成部分，是指提供医疗费用保障的保险，当被保险人因患疾病或生育需要治疗从而发生医疗费用支出时，由医疗费用保险提供保障。保障范围包括医生的医疗费和手术费、药费、诊疗费、护理费、各种检查费和住院费及医院杂费等。各种不同的医疗保险所保障的费用一般是其中一项或若干项医疗费用的组合。

（一）医疗保险的特征

1. 出险频率高，保险费率高

随着人们生活的日益改善，对大多数人而言生存已不再是问题，疾病成为侵袭人类最频繁的风险之一，几乎每个人每年都会因患病需要得到医疗服务，由此决定了医疗保险具有高出险率、高损失率的特点，再加上医疗保险的技术性强，其费用总额也要高于其他人身保险，保险费率自然也要高于其他险种了。

2. 赔付不稳定且不易预测

虽然保险公司可以通过历年统计资料对某一地域某一时期人群的发病率、住院率及门诊住院医疗费等事项作出大致预测，但正如前文所述，人的健康状况受到诸多因素的影响，其中许多因素很难确定、很难准确预测，而且医疗条件的改善和医疗技术的日益发展，医疗费用开支中人为因素也很重要，这就使得医疗费用总额的合理与否难以区分。因此，保险人的赔付也具有不易预测性。

3. 保险费率厘定困难，误差大

首先，决定医疗保险费率的因素比人寿保险以及其他险种要多，而且这些因素很难进行可靠、稳定的测量，除了年龄、性别、健康状况、职业与嗜好等因素外，还包括：疾病发生率、残疾发生率、疾病持续时间、利息率、费用率、死亡率、损失率等因素。其次，同其他险种一样，类似保单失效率、展业方式、承保习惯、理赔原则以及保险公司的主要经营目标等都影响着费率的高低。再次，由于医疗保险承保内容的特殊性，确定保费时对诸如医院的管理、医疗设备以及经济发展、地理环境等条件的依赖程度较大，这些方面的些许变化都会使保险人对未来的赔付的预测产生较大的影响。总之，影响因素是多方面的，各个因素又不易完整而准确地预测，从而给确定医疗保险保费带来一定的困难。

4. 医疗保险具有补偿性

医疗保险保障的是被保险人因病就医导致的医疗费损失，是可以用货币直接度量的损失，因此具有补偿性，即保险人以被保险人在医疗诊治过程中发生的医疗费

用为依据，按照保险合同的约定，补偿其全部或部分医疗费用。由于这些产品在理赔时必须提供原始医疗费用收据，因此，这些产品适用于没有社会医疗保险、社会医疗保险补偿不足或没有其他费用型保险的人群投保。

（二）医疗保险的分类

1. 按投保方式分类

按投保方式的不同，医疗保险可以分为个人医疗保险和团体医疗保险。个人医疗保险只能由个人作为投保人来购买。团体医疗保险产品必须由机构作为投保人，投保机构不能是为投保而临时组成的团体，并且投保人数必须达到一定数量，如有的团体医疗保险规定被保险团体必须在 10 人以上等。

2. 按保障范围分类

按保障范围的不同，医疗保险可以细分为普通医疗保险、住院医疗费用保险、手术保险、门诊医疗费用保险、综合医疗保险、高额医疗费用保险等。

（三）医疗保险的品种

1. 普通医疗保险

普通医疗保险为被保险人治疗疾病的一般医疗费用提供保障，主要包括门诊费、医药费、检查费等，是一种比较简单的医疗保险，适用于一般社会公众。这类保险的保费成本较低，但由于医药费用和检查费用支出控制有一定难度，因此合同条款中一般都有免赔额和比例给付的规定，保险费则每年调整一次。当治疗疾病的医疗费用累计额超过保险金额时，保险人不再负责赔付保险金。

2. 住院医疗费用保险

住院医疗费用保险是为特定的住院费用，包括住院期间的床位费用、医生费用、手术费、医院杂费、各种检查费等提供保障的医疗保险。一般来说，由于住院发生的费用比较高，因此住院保险可以作为一项单独的保险承保。因为住院时间长短直接决定医疗费用的金额，而住院所发生的费用又比较高，因此，为了防止被保险人发生道德风险、无故延长住院时间，该险种合同中一般都约定每日的给付金额、免赔天数和最长给付天数，保险人只负责承担超过免赔天数而未超过最长给付天数的住院费用。

3. 手术保险

手术保险是为被保险人患病治疗过程中进行必要的各种大小外科手术所需医疗费用提供保障的医疗保险。该险种既可作为独立的险种，也可作为住院医疗费用保险的一项附加险。在实践中，保险人一般根据两种方法确定手术保险的保险金额：一是在保险合同中规定各种手术的保险金额。这种方式具体又有两种处理方法：第一，只要被保险人在保险期间接受外科手术的费用不超过保险金额，保险人就按实际发生额进行赔付；第二，不论被保险人实际发生的手术费金额是多少，保险人只按合同的约定给付固定的保险金。二是制定外科手术表。这种方式也有两种具体处理方法：第一，在表中列明各种外科手术及相对应的保险人给付的最高保险金额；第二，根据外科手术的复杂程度确定保险金额的给付，兼顾各地外科手术费用的差价，具体做法是将外科手术表列成相对价值表，该表对每种外科手术分配一个单位数或比例，实际给付保险金额等于该单位数或比例乘上保险合同中规定的单位价值。

4. 门诊医疗费用保险

门诊医疗费用保险是为被保险人门诊治疗费用提供保障的医疗保险，主要包括检查费、化验费、医药费等。由于被保险人门诊处方的合理性难以监督检查，再加上患者和医院工作人员可能存在的道德风险，因此保险人提供门诊医疗费用保险的风险较大，即使提供，它对被保险人的限制性规定也很多。

5. 综合医疗保险

综合医疗保险是保险人为被保险人提供的一种保障范围比较全面的医疗保险，其保障项目包括医疗和住院、手术等一切费用。它实际上是前面几个险种的组合，如住院医疗费用保险已包括了住院外科手术费用，但没有涵盖门诊外科手术费用，如果将三者结合在一起，就形成了综合医疗保险。一般来说，综合医疗保险的保险费率较高，同时还会确定一个免赔额及适当的分摊比例。

总的来说，上述五种医疗费用保险是为被保险人因患病或伤残所花费的医疗费用提供保障的基本险种，或可称之为基本医疗保险。应该说这几种医疗保险，尤其是综合医疗保险，其保障范围是比较宽泛的，但基本医疗保险一般保险期限较短、保险金额较低，当人们对更为广泛的医疗保险保障产生更大的需求时，保险人为适应客户的需求，会推出一些新险种，比如高额医疗费用保险。

6. 高额医疗费用保险

高额医疗费用保险在人身保险比较发达的地区非常流行。这类险种只限于医疗费给付，包括住院费、医院杂费、手术费、就诊费、急诊费以及看护费。除住院费一项之外，其他各项都设有最高金额的限制，每一次被保险人患病就医的医药费总数也有一定金额的限制。这种保险通常有免赔额规定，保单中一般还要明确保险金的给付以患病后多少时日所发生的医药费总额超过免赔额为条件（或 90 日，或一年不等）。还有的保单约定超出免赔额的医药费由当事人双方各自以一定比例分担，或免赔额以下由被保险人自己承担，超出部分由保险人全部负担。保单条款一般比较灵活，由当事人双方协商而定。

高额医疗费用保险主要有两类：一类是补充高额医疗费用保险，另一类是综合高额医疗费用保险。前者在某一基本医疗费用保险的基础上补充签发，为超过基本保险单给付水平的医疗费用差额或不保部分提供保险金，也为基本医疗保险单保障范围内的医疗费用提供保险金；后者则是将补偿高额医疗费用保险和基本医疗费用保险结合在一起的保险。

（四）医疗保险保单内容

1. 保险期限和责任期限

保险期限是指保险人对保险合同约定的保险事故所造成的损失承担给付保险金责任的时间段。责任期限则是指被保险人自患病之日起的时间段，如果被保险人患病治疗超过保险期限，则保险人只负责责任期限内的医疗费用开支。也就是说，只有发生在保险期限内的保险事故才能享受责任期限的待遇，被保险人在保险期内患病但在保险期内还未治愈，则从患病之日起的不超过责任期限内所支出的医疗费用，由保险人提供补偿保险金。责任期限一般定为 90 日、180 日、360 日不等，以 180 日居多。

小李买了一份个人医疗费用保险，保险期限从 2017 年 4 月 1 日至 2018 年 3 月 31 日，责任期限为 180 日。试分析保险人在以下情形中应承担的医疗费用：

Q1：小李 2017 年 8 月 1 日患病住院接受治疗，并于 2018 年 1 月 1 日治愈出院；

Q2：小李 2017 年 8 月 1 日患病住院接受治疗，并于 2018 年 8 月 1 日治愈出院；

Q3：小李 2018 年 2 月 1 日患病住院接受治疗，并于 2018 年 5 月 1 日治愈出院；

Q4：小李 2018 年 2 月 1 日患病住院接受治疗，并于 2018 年 9 月 1 日治愈出院。

答案：

A1：由于小李在保险期限内患病，并在保险责任期限内治愈，保险人应承担该病所有保险范围内的医疗费用。

A2：小李在保险期限内患病（2017 年 8 月 1 日），保单规定的 180 天责任期限在 2018 年 2 月 1 日前（为简化计算，假定每月均为 30 天，在实践中注意分清大小月）结束。保险人承担该病保险责任期限内的属于保险范围的医疗费用，对 2018 年 2 月 1 日以后的治疗费用不予补偿。

A3：小李在保险期限内患病（2018 年 2 月 1 日），治疗期在保单规定的 180 天责任期限之内，保险人应承担全部属于保险范围的医疗费用。

A4：小李在保险期限内患病（2018 年 2 月 1 日），保单规定的 180 天责任期限结束于 2018 年 8 月 1 日之前（为简化计算，假定每月均为 30 天，在实践中注意分清大小月），保险人应承担责任期限内发生的属于保险范围的医疗费用。2018 年 8 月 1 日至 2018 年 9 月 1 日之间的该病医疗费用发生在责任期限之外，保险人不予补偿。

2. 保险金额

医疗保险一般会规定一个最高保险金额，在此限额内保险人支付被保险人所发生的医疗费用，无论被保险人是一次还是多次患病治疗；但超过限额之后，保险人就停止支付。除此之外，在实践中还可采取规定每次门诊费的保险金额、规定每日住院金额（平均数）、即时限额补偿、疾病限额补偿等方式确定医疗保险的保险金额。

3. 保障项目

患病治疗过程中，被保险人的医疗费用涉及范围很广，既有治疗疾病的直接费用，如药费、手术费，又有与治病无关但患者必须支出的费用，如整形费等。保险人在进行赔付之前，必须仔细区分这些名目繁多的费用是否属于保障范围。区分的原则是直接费用予以负担，间接费用可负担可不负担，无关费用一律不予负担。一般来说，保险人均会列入保障范围的费用有：药费、手术费（包括麻醉师费和手术室费）、诊断费、专家会诊费、化疗费、输血输氧费、检查费（包括心电图、CT、核磁共振等）、拍片透视费、理疗费、处置费、换药费及 X 光疗费、放射疗费等。另有一些费用是否属于保障范围，视保险单的具体规定而定，如住院床位费、家属陪护费、异地治疗交通费等。还有一些费用则作为除外责任，如病人的膳食费、滋补药品费、安装义肢义齿义眼费、美容性整形整容费、器官移植的器官费用等。对于上述费用，不同保险人提供的医疗保险，其保障范围和除外责任范围也不大相同。

4. 医疗费用分摊方式

医疗费用分摊条款是医疗保险的常用条款之一，通常采取免赔额和比例分担两种形式。除此之外，还有给付比例与免赔额结合法、限额给付法、免责期限（即在合同生效的最初一段时间内，保险人对被保险人发生的保险事故不负赔付责任，以减少带病投保现象，降低保险人的经营风险）等方式。这些方式包括：免赔额、比例赔付、保单限额。上述三个条款在健康险一般条款中已介绍过，这里不再赘述。

医疗保险还有一条比较特殊的条款——止损条款，即当被保险人支付的免赔额和比例分摊额达到规定限额比如 1 万元后，保险人将补偿被保险人发生的其余费用。

三、疾病保险

（一）疾病保险的概念

疾病保险以疾病的检出为保险金给付条件，如重大疾病保险、特种疾病保险等。它是指被保险人罹患合同约定的疾病时，保险人按投保金额定额给付保险金，以补偿被保险人由此带来的损失的保险。疾病保险不考虑被保险人的实际医疗费用支出，而以保险合同约定的保险金额给付保险金。

（二）疾病保险的承保内容

1. 可保疾病的条件

疾病保险，顾名思义，就是以影响人们健康的各种疾病为承保条件的保险。保险人出于经营需要，一般都要对可保疾病加以限制，主要是指人身体内部原因所引起的病症，包括精神上的，或是身体方面的痛楚或不健全等。构成可保疾病，通常必须具备以下三个条件：

（1）内部原因的疾病。强调内部原因对人们健康构成威胁甚至危害，是区分疾病保险与意外伤害保险的一个重要标准。疾病保险承保的疾病必须是由人身体内部的某种原因引发的，即是由某个或多个器官、组织甚至系统病变而致功能异常，从而出现各种病理表现，比如肺炎会引起发烧，肠炎直接表现为腹泻等；那些显然是由外来原因造成对身体健康的损害，应当视作伤害而非疾病，由此在保险理论上严格区分了两大险种。但实际情况是许多疾病是外部原因造成的，比如病菌的感染、气候变化影响、环境污染而致病等，这似乎又模糊了二者的界限。对这种情况，理论上一般认为，疾病即使开始源于外界各种因素，也必然要在身体内部经过一段时间的酝酿，引起身体内部的各种生化反应，才会发作、形成疾病，这与伤害是有所区别的。

（2）非先天性疾病。保险的一个重要特征就是对那些在保险期间内发生的保险事故由保险人根据保险合同履行补偿或给付义务，疾病保险要求疾病发生在保险合同的效力有效期间。根据这样的原则，一切身体上先天存在的缺陷，比如眼盲、耳聋、内脏位置异常、器官性能残缺等，都不在疾病保险承保范围之内。对于一些由于遗传而形成的如先天性心脏病、遗传性精神分裂等疾病，各国的健康保险法规都有不同的规定，大多数国家将此内容判归社会保险范畴，也有的地方保险人会对保险要件加以适当调整，做到灵活掌握承保原则。一些潜伏性疾病，例如遗传性结核病、性病等若无诱发因素引起发作，对人们的健康并无大碍，如果在保险效力有效期间发作，应当视作与普通疾病一样，在实务中一般列入可保范围。这些疾病与那些内脏机能自动发生变化或损伤等被当作同一性质、同一类型的疾病，与先天残疾有着质的不同。

（3）偶然性疾病。偶然性疾病的限制来自这样的假设，即认为人生以健康为常态，以疾病为异常。因此疾病的发生应当纯属偶然，并非人们所能预料到的。但这种偶然性疾病是可以治愈的，并不是一旦得上就无可救药，所以一般对偶然性疾病又要求其在客观上有药可治，通过各种医药手段、措施可以减轻痛苦、缓解病势并最终可以根除病患。疾病保险加进了偶然性疾病的限制，就排除了那些必然发生的人身方面有损健康的各种风险，比如死亡、年老衰弱等。对那些常年卧床、以各种药物维持生命的投保人，健康保险人通常不会接受，因为这种情况甚至不符合最初关于“健康常态”的假设。对“疾病常态”的保护，保险人不但无利可图，而且还可能出现亏损。进一步来说，偶然性不但是说被保险人是否会患上疾病是不确定的，而且还包括会患上哪种疾病也是无法预测的，甚至何时会感染乃至发作也是没有定数的。因此，保险人所提供的疾病保险对于那些要防范这些风险、试图寻找健康保障的人而言就具有重大意义。

2. 疾病保险的不保风险

（1）订约时被保险人已有疾病。疾病保险之所以一再强调这一点是因其保险标的、保险事故的特殊性。疾病保险以被保险人的身体健康为保险标的，以保险有效期间内被保险人染患各种可保疾病为保险事故的发生，而且在合同中约定，保险人依照保险合同履行补偿或给付保险金的责任。可见，疾病保险的实质是提供一种经济保障，保证被保险人不因患病支付各种医药费用而增加经济上的负担，维持家庭生活的正常稳定。在这个过程中，保险经营人出于经营稳定的需要而强调“风险的可保”是完全可以理解的。因为保险就是这样一种建立在对风险事故发生的可能性进行科学预测而提前做出充分准备的基础上的运行机制，所以那些不可估测的风险或是确定发生的风险就超出了商业保险的能力范围，应当寻找社会保障等其他出路。保险人拒绝承保“投保时被保险人已有疾病”是有充分理由的，因为“投保时被保险人已有疾病”这一状态不符合可保风险的不确定性、可测性等要求，而且也严重违反了“最大诚信原则”，如果不对这种风险进行除外，就从根本背离了建立保险制度的初衷。由此可见，在除外责任中明示这一点是非常必要的。

（2）自杀所致疾病。由自杀导致的疾病是故意行为导致的直接结果，应属于道德风险的性质，保险人一般都不承担给付或补偿的责任，这是保险合同的通则之一。同样，对其他一些有意识地损害健康导致疾病或残疾的行为，比如吸毒、酗酒等，保险人也可列为除外责任。同时从其外部效应来看，这种规定显然也是利多弊少，投保人出于经济上的考虑也会谨慎自身的行为，从而有利于保障国民健康，维护公众道德和良好的社会习俗。

（3）战争、军事行动、暴乱或武装叛乱中发生的医疗费用。战争、暴乱中发生的大多数伤害、疾病都是外界原因造成的，源于意外事件的意外伤害，无论其结果是致病、致残还是致亡，都应当列入意外伤害保险的范围，与健康保险有着质的区别。此外，像地震、洪水、飓风、海啸等自然灾害带来的大规模的财产损失、人身伤亡也已经超出了商业保险人的承保能力，一般要由国家财政负担，因此属于社会保险的范畴。

（三）疾病保险的品种

随着社会医疗保险体制改革的不断推进，疾病保险逐渐成为我国人身保险市场上需求比较旺盛的一类健康保险产品，如重大疾病保险、特种疾病保险等。疾病保险一般采用保险金定额给付方式。

1. 重大疾病保险

重大疾病保险主要是对那些重大疾病，特别是癌症等需要巨额医疗费用的恶性疾病所导致的医疗费用提供保障，这也是这类险种最具有市场潜力的地方。重大疾病保险只要年龄符合规定，均可投保。此外，目前市场还出现了很多专门针对女性重大疾病的保险。

重大疾病保险按承保病种可分为两大类：一类是就某一种重大疾病提供的保险，尤以癌症保险居多。这种险种的补偿方式又分明细费用定额型和每日费用限额型两种，前者对每一类型的费用约定保险金给付额度，一经确诊立即一次性支付保险金；后者通常对住院期间的每日费用仅给付合同约定的日保险金额，各项给付合计金额达到最高总额时，合同自动终止。这种保险所承保的癌症，通常只限于合乎世界卫生组织的国际死亡原因及疾病统计分类第140～209号所列示的范围，其分类项目如表6-2所示。另一类则是针对多种重大疾病开办的保险，保障的疾病一般有心脏病、冠状动脉旁路手术、脑中风、慢性肾衰竭、癌症、瘫痪、重大器官移植手术、主动脉手术等。

表6-2　世界卫生组织国际死亡原因及疾病统计分类

国际分类号码	分类项目
140～148	口腔恶性肿瘤
150～159	消化道及腹膜恶性肿瘤
160～165	呼吸系统恶性肿瘤
170～181	乳房及泌尿生殖器恶性肿瘤
190～199	其他及部位不明恶性肿瘤
200～209	淋巴及造血组织恶性肿瘤

2. 特种疾病保险

特种疾病保险是指特别指明承保疾病的保险，通常包括以下几种：

（1）牙科费用保险。这种保险在西方发达国家十分普遍，专门为被保险人的牙齿常规检查、牙病预防、龋齿等口腔疾病治疗提供医疗费用保障。牙齿常规检查和牙病预防可以有效降低牙科医疗费用总额，因此保险人往往将这些费用列入保障范围。

（2）眼科保健保险。这种保险专门为被保险人接受眼科常规检查和视力矫正时所发生的医疗费用提供保障，如眼科检查费、眼镜配置费、隐形眼镜费等。

（3）生育保险。该险种一般有以下几种：一种是为身体健康的孕妇及婴儿提供的母婴安康保险，自产妇入院办理住院手续之日起到出院为止的期间，如果产妇因分娩、疾病或意外伤害致死，或婴儿因疾病或意外伤害致死，保险人即给付保险金。另一种是健康婴儿保险，保险人以被保险妇女产下畸形儿为保险事故而负责支付优厚的养育费。此外还有英国劳合社率先推出的多胞胎保险，对被保险妇女产下多胞胎给付保险金。

（4）长期护理保险。这种保险专门为那些身体衰弱而生活无法自理或不能完全自理，需要他人辅助全部或部分日常生活，或需要在疗养所接受长期护理的被保险人（老人或伤残者）提供护理服务或经济保障的一种保险。随着人口老龄化的到来，对年老患病的人，尤其是长年卧床不起、痴呆老年人的护理工作，越来越成为一项重要的医疗服务工作，而这类患者的护理费用往往很高，这类保险在我国保险市场还没有得到推广和普及。从国外经验看，这类保险对被保险人的年龄都有所限制，如50～84岁等，其保险责任可定为24小时特护，或非全天护理，或者是不带治疗性质的护理和家庭护理等。保险期限一般为1至10年，很少有终身的。

四、收入保障保险

收入保障保险又称丧失工作能力收入保险、收入损失保险、收入保险等，是对被保险人因疾病或遭受意外事故而导致残疾、丧失部分或全部工作能力而不能获得正常收入或使劳动收入减少造成损失的补偿保险。它并不承保被保险人因疾病或意外伤害所发生的医疗费用。

与医疗费用保险相比，收入保障保险市场并不大，但它却是健康保险中最古老的险种之一，已在保险市场上存在了一个多世纪之久。当被保险人因患病或遭受意外伤害致残而无法正常工作的时候，这种保险可以定期给付收入保险金。收入保障保险表面上承保的是残疾，但实际承保的是因残疾导致的收入损失。一个人因病或意外致残而丧失工作能力后，其伤残时间无法确定，而无法参加工作导致的收入损失数额可能是部分的，也可能是全部的，这将使他需要依靠家庭其他成员的收入来维持生活，而且有些支出可能还要比以前更多，如果家庭其他成员没有收入来源的话，后果将不堪设想。

前面本书曾对住院补贴与收入保障保险作了简单区分，这里特别对收入保障保险与意外伤害保险中的意外伤害停工保险做一下区分。虽然二者都要对意外伤害提供保障，但意外伤害停工保险以被保险人因遭受意外伤害而暂时丧失劳动能力、不能工作为给付保险金的条件。这里的“停工”与“残疾”是有区别的：停工是指暂时丧失完全劳动能力，在一定时期内不能从事有劳动收入的工作；残疾是指永久丧失全部或部分劳动能力，即如果残疾是永久且完全性的，则被保险人永久不能从事有劳动收入的工作，如果残疾只是部分丧失劳动能力，则被保险人还可以从事一定的有劳动收入的工作。因此，意外伤害停工保险保的是“暂时性完全失能”，是从被保险人遭受意外伤害时立即开始，而收入保障保险保的是“永久性”“完全或部分失能”，而是否是永久，只有在被保险人治疗结束或病情稳定后才能确定，同时还要注意，“残疾”与“失能”之间也有所差异，残疾必然失能，但失能未必就是残疾。比如一位歌唱家因病治疗结束后发现嗓子嘶哑无法再唱歌，但不影响日常生活，此时通常意义上讲这位歌唱家并不算残疾，却算得上是“失能”了。

（一）关于伤残的界定

收入保障保险中有些重要概念的界定非常重要，最重要的就是对“全残”的定义。每份保单均需要对全残给出明确的定义并规定相应的全残保险金。被保险人只有符合合同载明的全残定义时，才能领取全残保险金。传统上对全残的定义是要求被保险人因意外事故或疾病导致不能从事任何职业，这一定义过于严苛，使大多数被保险人不能领取残疾收入保险金。目前大多数保险公司已经放宽了全残的限制条件，从而对全残的定义就有多种。

1. 任意职业全残

任意职业全残是指永久丧失全部劳动能力，不能参加工作（原来的工作或任何新工作）以获得工资收入。这一定义对全残的限制最为严苛。

2. 原本职业全残

原本职业全残是指丧失了从事原先工作的能力。比如一位高校教授因意外导致失忆，然而其体格健壮，可以从事一些体力劳动获取微薄收入，但显然这与其原来所受教育与拥有的技能完全不相匹配，这就是原本职业全残。

3. 现时通用的全残

如果在致残初期，被保险人不能完成其惯常职业的基本工作，则可认定为全残，领取全残收入保险金。在致残以后的约定时期内（通常为 2～5 年），若被保险人仍不能从事任何与其所受教育、训练或经验相当的职业，可认定为全残，领取相应保险金。

4. 收入损失全残

收入损失全残包括两种情况：一是因全残丧失工作能力，无法从事任何职业；二是尚能工作，但因残疾导致收入减少。也就是说，被保险人在因全残丧失工作能力，或即便能工作但因伤残使收入减少时，也可从保险人那里获得保险金的给付。

5. 推定全残

推定全残是指被保险人在定残期限届满时仍无明显好转征兆。被保险人发生了保单约定的伤残情况推定全残时，保险人一次性给付保险金，即便该被保险人以后痊愈而且恢复了原职业也不例外。

6. 列举式全残

列举式全残是指在合同中列举全残的情况，并根据治疗结束后的情况由保险人指定的医疗机构对被保险人的全残作出鉴定。如果 180 天仍未结束治疗的，按第 180 天的情况鉴定。

（二）收入保障保险的特殊条款

收入保障保险合同除了在被保险人全残时给付保险金外，还可以提供其他利益。这些补充利益，既可以自动包含在基本险中，也可以通过缴纳附加保费的方式获得。

1. 部分残疾保险金给付条款

某些收入保障保险单在被保险人部分残疾时，在约定期间内提供残疾收入保险金。部分残疾是指导致被保险人不能完全从事其原有职业的某些工作内容或全天从事其职业的残疾。这是在原有收入保障保险业务发展到一定阶段之后才产生的。保险公司在保险单中规定，当被保险人因病导致部分残疾时可在约定期间内领取收入保障保险金。部分收入保障保险金可以在保单中约定给付比例（比如为全残收入补偿保险金的一个固定给付比例），也可以约定给付公式。当然，具体给付金额视被保险人因残导致收入的损失程度而定。

2. 加保选择权益条款

加保选择权的全称是未来增加保险金额选择权，也称保证未来的可保性，即如果被保险人在未来某一时期的收入增加的话，则不论其当时的健康状况如何，均有增加保险金额的权利。被保险人增加保险金额时，也不必提供可保证明，但必须提供收入增加证明。一般情况下，被保险人每年可以加保一次，直至合同约定的购买截止年龄（一般为 50 或 55 周岁）。同时，每次允许增加的保险金额依各保险公司的规定而异，但一般不会超过最初合同给付额的 2 倍。有的保险公司则规定被保险人在 45 周岁之前可以按合同约定额度购买，在此之后，每年可增加的保额减少至原始额度的 1/2 或 1/3。

3. 生活指数调整给付条款

按生活费用调整保险金的给付额是为解决通货膨胀造成的保险给付金购买力下降的问题，为残疾的被保险人提供定期增长的残疾收入保险金。在这一条款下，收入保障保险金根据消费者物价指数的增长或保单中规定的比例而增加。既定比例通常是 5%或 10%，同时被保险人要求增加保险金给付的申请必须是在残疾保险金给付一年之后提出的。

4. 免缴保险费条款

几乎所有的残疾收入保险单都包含有免缴保险费的条款。根据这一规定，如果被保险人全残并且持续期超过规定的最短期限就可免缴保险费，不过仅在被保险人的保险金给付期间或在其伤残期间可以免缴。同时，被保险人在没有完全康复的伤残时期内也可免缴保险费。

（三）收入保障保险的特征

1. 被保险人应有固定的全职工作

收入保障保险的目的是对被保险人因病或意外伤害致残而导致的劳动收入减少提供经济保障，相当于对其中断收入的延续，因此它要求被保险人在投保时必须有固定的全职工作。否则，如果原来就没有固定的收入，也就没有保险的必要了。

2. 保险金额与保险金给付确定难度较大

收入保障保险的目的不是维持被保险人丧失部分或全部工作能力前的收入不变，而是缓解被保险人因丧失工作能力给自身及家庭所带来的经济压力。一般保险人在确定保险金额时，要参考被保险人过去的专职工作收入水平或社会平均年收入水平。但一个人的收入来源总是多渠道的，如在专职收入之外还有兼职收入，有时兼职收入甚至要高于专职收入，按照专职收入确定最高赔付额显然满足不了这类人的保障需求，因此保险人确定保险金额的难度较大。

3. 保险责任明确有时间约束

收入保障保险的保险责任是被保险人因病或遭受意外伤害而丧失工作能力。丧失工作能力是指被保险人在最初的一段时间内（也称等待期，比如 2 年）无法从事其原有的工种，没有从事其他任何工作，并且在等待期后仍然无法从事任何与其以往接受的教育和培训合适的工作。

4. 保险费率厘定应考虑通货膨胀因素

收入保障保险与医疗保险相比，受时间因素的影响程度更大。因此，在确定保险费率时，保险人还需要考虑货币的时间价值、通货膨胀状况等。为此，保险人在保单中往往要制定生活指数条款，规定保险人给付的保险金额按照生活指数进行调整。

5. 收入保障保险的形式多样

收入保障保险既可以作为独立险种进行承保，也可以作为主险的附加险。从保险期限看，收入保障保险可长可短。在短期的收入保障保险中，保险人基本上把保险金额限制在被保险人每周收入的 60%；在长期的收入保障保险中，保险人有时把保险金额限制在被保险人月收入的 70%，但绝大多数保险人是把月最大保险金给付额限制在某一限额上，规定这些限额的主要目的在于防止道德风险因素的发生。

（四）保险金的给付金额及给付方式

收入保障保险所提供的保险金并不是完全补偿被保险人因残疾所导致的收入损失。事实上，残疾收入保险金有一个限额，一般该限额要低于被保险人在残疾前的正常收入。如果没有这一限制，就有可能导致残疾的被保险人失去重返工作岗位的动力，甚至有意延长伤残时间。因此，残疾收入保险金的目的仅在于保障被保险人的正常生活。

收入损失保险金的给付金额有定额给付和比例给付两种。

1. 定额给付

个人收入保障保险通常采取定额给付的方法。定额给付是指保险双方当事人在订立保险合同时根据被保险人的收入状况协商约定一个固定的保险金额（一般按月份定）。被保险人在保险期间发生保险事故而丧失工作能力时，保险人按合同约定的金额定期给付保险金。在这种方式下，无论被保险人在残疾期间是否还有其他收入来源及收入多少，保险人都要根据合同约定给付保险金。为了防止道德风险的出现，保险人在对每一个被保险人确定其最高残疾收入保险金限额时，需要考虑以下几个方面：被保险人税前的正常劳动收入；非劳动收入，如股利、利息等；残疾期间的其他收入来源，如团体残疾收入保险或政府残疾收入计划所提供的保险金；现时适用的所得税率，因为被保险人的正常劳动收入属于应税收入，而保险金不属于应税收入。

2. 比例给付

团体收入保障保险通常采取比例给付。保险事故发生后，保险人根据被保险人的残疾程度，给付相当于被保险人原收入的一定比例的保险金。对于团体长期收入保险单，该比例通常为60%～70%；团体短期保险单所规定的比例通常会高一些。

张某伤残前的工资收入为每月5 000元，遭受部分残疾后不得不从事更简单的工作，月收入下降了一半，保单规定全残给付比例为70%，并假设没有其他伤残收入来源。分析：

如果全残，则每月伤残收入保险金为3 500元。本例中张某属于部分伤残，相应的部分伤残收入保险金为：

部分伤残收入保险金=(5 000−2 500)÷5 000×3 500=1 750（元）

因此，伤残后的总收入为4 250元，低于伤残前收入，但高于全残收入保险金。这种给付方式有利于鼓励被保险人积极康复和返回工作岗位。

关键词

意外伤害保险　健康保险　医疗保险　疾病保险
收入保障保险　可撤销保单　既存状况条款　可选择续保保单
有条件可续保保单　保证可续保保单　职业变更条款　免责条款
超额保险条款　超额被保险人

复习思考题

1. 简述健康保险中的常见条款。
2. 简述人身意外伤害保险的概念和意外伤害的构成要点。
3. 简述意外伤害保险与健康保险各自的概念、特点，并以此为基础判断不同保险事故应如何赔偿。

第七章　人身保险数理基础

人身保险数理基础要讨论的，就是人身保险的定价、经营过程中准备金计提、利源分析与管理等需要一定统计、数学、会计、金融知识基础的精算技术，其讨论的核心内容归根到底其实就是随时间展开的两个变量的分布：一是与保单承保风险相对应的未来出险概率的分布；二是与保单保额相对应的损失额度的分布（从这个意义上讲，任何承诺背后都是有成本的）。人身保险包括寿险、意外险与健康险。意外险与健康险的风险特征与寿险差别很大，反映在数理基础上，就是技术差异较大。寿险产品的出险概率以生命表加以记载，除非社会发生重大结构性变化，通常每个年龄段对应的出险概率相当稳定，但寿险产品通常都是长期合同，因此会涉及货币的时间价值问题。意外险与健康险则不然，其涉及因素广泛，且出险概率与社会经济结构，以及科技的发展等因素紧密相连，因此相邻年份出险概率波动的可能性较大，其准确测量也比较困难，需要采用与寿险精算不同的技术手段；但意外险与健康险通常都是短期产品，因此涉及货币的时间价值的内容不多。同时，不管是寿险还是意外险、健康险，定价时不仅要承诺未来给付的成本问题，还要考虑保险公司经营的费用问题，因此公司的费用结构，也是人身保险定价时要考虑的。总体而言，以寿险定价为例，寿险产品定价基础包括三个方面的内容：预期利率（即货币的预定时间价值率）、预定死亡率（即未来出险概率）、预定费率（即公司经营的费用率）。由于寿险通常是定额给付，因此损失程度就是一个固定值，无须多加考虑。其定价基础可以用图 7－1 表示。

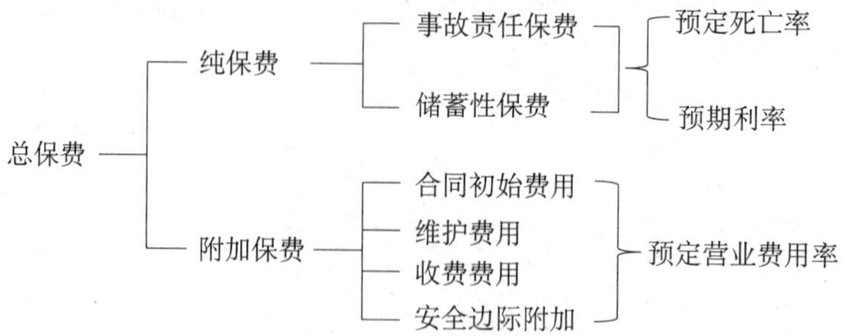

图 7－1　寿险产品定价基础

也就是说，总保费由纯保费和附加保费两大项组成。纯保费又由事故责任保费及储蓄性保费两项组成；附加保费一方面是保险公司正常经营所必须消耗的，另一方面还包括保障公司顺利经营的安全边际附加在内。总之，总保费当中，应该包括纯保费、附加保费。具体来说，总保费可以由以下成分组成：

（1）事故责任保费。它是指按危险事故发生概率、利率及每次事故应给付的金额所计算的应收取保险费，该笔保险费对应于本期责任事故理赔的财务来源。

（2）储蓄性保费。它是指先收取的超过自然保费部分的保费及其运用收益，是储蓄及运用以备将来满期给付、年金给付及事故理赔给付的保险费。

（3）合同初始费用。它是指为了达成新合约所需支付的保费。如新合约佣金、被保险人体检费、调查费、保单制作费、核保人员的薪酬等。

（4）维护费用。它是指为维护保单有效而需要支付的费用，如为保全保险合约的有关人力及计算机作业等费用。

（5）收费费用。它是指为收取续期保费而发生的费用，如收费通知单印刷及寄送的费用、收费短信息通信费、收费员的薪酬福利等。

此外，总保费中还包括一项重要内容——安全边际附加。保险定价时一定要考虑到实际经营中出现的不利变化，为应对这种不利变化，计算保险费率时附加安全边际就大有必要。安全边际本质上应属于纯保费的一部分，但在计算中又有附加保费的意义，在此对安全边际单独进行阐述。

为什么要附加安全边际呢?

这是由保险经营的特点决定的。与实物生产先有产品销售后获得收入不同，保险产品实际是先销售获取收入，然后再提供产品（即保险服务）的，保费的决定基于三个因素的预估：一是预定死亡率；二是预期利率；三是预定营业费用率。

预定死亡率是建立在同类人群死亡的历史经验数据获得上并记录在生命表中的，它反映的是历史趋势和群体趋势。这与保险公司未来经营中被保险人的实际死亡规律会有一定的差别。

从预期利率的角度讲，这是由货币的时间价值决定的。保费作为预交给保险公司以获取保险服务的资金，也应该获取资金报酬。在确定预期利率时，精算师也是依靠历史数据，基于对未来经济的估计及保险公司未来投资的品种，对投资收益率进行预估。这种预估与未来实际的投资收益率之间也会有一定差异。20 世纪 90 年代初，保险公司依据 80 年代末 90 年代初的经济状况，开发了一批预定利率普遍在 9%左右的保险产品，在当时通货膨胀及经济现状下，这种预期并不过分，然而随之而来的利率连续下降，使这批产品的预估利率完全超出了合理水平，给保险公司带了重大的利差损失。

至于预定营业费用率，经营过程中的实际费用与预期费用之间存在差异很正常。总之，保费定价时对决定保费的三大主要因素的预估，总是会出现与实际状况的偏差，因此才会有“精算就是粗算”的戏言。这种预期与实际的差异如果是对保险公司有利的，比如投资收益率高于预期的收益率，由于厉行节约或新技术的运用使费用较预期的低，或者死亡率的偏差有利（在这一点上定期寿险与养老保险是有区别的，前文已阐述），使收取的保费足以弥补实际发生的赔付和开销，公司当然就增加了自己的利润。但如果发生不利的偏差，这时候保险公司就可能遭遇保费不足的风险，严重时可能会导致保险公司经营困难。为了防止意外波动导致公司经营困难，最终损害保户的利益，保险公司在保费设计时加上安全边际就是必要的了。

本章首先讨论寿险产品定价问题，其次讨论保险公司利源分析与管理，最后再简单讨论健康保险的定价问题。

第一节　寿险产品定价

一、定价假设

（一）货币的时间价值

这里仅仅介绍几个后续可能会用到的概念与计算方法。

1. 单利和复利

单利是指在计算利息期间，对利息不再付息。我国银行业对居民储蓄存款用的就是单利法。以 I 为利息额，P 为本金，i 表示利息率，n 表示借贷期限，S 表示本利和，单利的计算公式就是：

$$I=P\times i\times n$$

$$S=P(1+i\times n)$$

复利是一种对上期利息本期也支付利息的计算方法。按上述符号标记，复利计算的公式是

$$S=P(1+i)^n$$

$$I=S-P$$

某人买了10 000元理财产品，银行按年利率10%的单利计息，存期三年，利息到期给付，那么第三年末这笔资金的本利和就是：

$$S=10\ 000+3\times 10\ 000\times 10\%=13\ 000\ （元）$$

假如是按复利计算，第三年末的本利和就是：

$$S=10\ 000\times(1+10\%)^3=13\ 310\ （元）$$

2. 名义利率与实际利率

因为计算中经常使用复利实际利率，“实际”的含义是指每个度量期支付一次

利息。

某人到银行存了 10 000 元一年期定存，年利率 10%，按年计算；同时该人买了10 000 元理财产品，票面利率 10%，半年计息一次。那么到年底，该人的银行存款本息可取回额为：

$$S=10\ 000\times(1+10\%)=11\ 000\ (\text{元})$$

其理财可获得本息累积为：

$$S=10\ 000\times\left(1+\frac{10\%}{2}\right)\times\left(1+\frac{10\%}{2}\right)=11\ 025\ (\text{元})$$

以上第一种情况即为实际年利率，就是 10%；第二种情况称为“半年计息年名义利率”，为 10%，记为 $i^2=0.1$，实际利率是 $i=10.25\%$。

3. 现值和终值

现值又称本金，是指未来某一时点上的一定量现金折合到现在的价值。终值又称将来值，是现在一定量现金在未来某一时点上的价值，也就是本利和。使单位时间末的本利和达到 1 的期初本金为 $v=\frac{1}{1+i}$，v 称为折现因子。

某人三年后需要 10 000 元交学费，现银行年复利利率为 5%。请问现在该人要存多少钱到银行，才能满足他三年后交学费的需要？

解：

$$x\times(1+5\%)^3=10\ 000$$

$$x=\frac{10\ 000}{(1+5\%)^3}=8\ 638\ (\text{元})$$

所以，该人现在要存 8 638 元到银行才能满足其三年后交学费的需要。

4. 年金

年金是指在一定时间内按照一定的时间间隔有规律支付的一系列现金流。依据不同的标准，年金可划分为很多类，这里以年为时间间隔，介绍最简单的期首年金与期末年金。

期末年金是指每年年末付的年金。以 n 表示年金支付的期间，用 i 表示利率，设支付额为 A，$a_{\overline{n|}}$ 与 $s_{\overline{n|}}$ 分别表示期末年金的现值和终值，令 $v=[1/(1+i)]$，则可得到以下公式：

$$a_{\overline{n|}}=v+v^2+\cdots+v^n=\frac{v\ (1-v^n)}{1-v}=\frac{1-v^n}{\frac{1-v}{v}}=\frac{1-v^n}{i}$$

$$s_{\overline{n|}}=\ (1+i)^{n-1}+\ (1+i)^{n-2}+\cdots+1=\frac{(1+i)^n-1}{i}$$

可见，$a_{\overline{n}|}$与$s_{\overline{n}|}$之间存在着这样的关系：

$$s_{\overline{n}|}=\frac{(1+i)^n-1}{i}=(1+i)^n\frac{1-v^n}{i}=(1+i)^n a_{\overline{n}|}$$

期首年金是指每年初支付的年金，以 n 表示年金支付的期间，用 i 表示利率，$\ddot{a}_{\overline{n}|}$与$\ddot{s}_{\overline{n}|}$分别表示期首年金的现值和终值，令 $v=[1/(1+i)]$，则可得到以下公式：

$$\ddot{a}_{\overline{n}|}=1+v+\cdots+v^{n-1}=\frac{1-v^n}{1-v}$$

$$\begin{aligned}\ddot{s}_{\overline{n}|}&=(1+i)^n+(1+i)^{n-1}+\cdots+(1+i)\\&=(1+i)\frac{1-(1+i)^n}{1-(1+i)}=(1+i)\frac{(1+i)^n-1}{i}\\&=(1+i)^{n+1}a_{\overline{n}|}=(1+i)^n\ddot{a}_{\overline{n}|}\end{aligned}$$

期首年金与期末年金的现值和终值之间有以下关系：

$$\ddot{a}_{\overline{n}|}=(1+i)a_{\overline{n}|}=1+a_{\overline{n-1}|}$$

$$\ddot{s}_{\overline{n}|}=(1+i)s_{\overline{n}|}=1+s_{\overline{n-1}|}$$

（二）生命表

1. 生命表的概念

生命表是记载一组人群从出生到死亡，在不同年龄段的生存和死亡概率的表，本质上它是记载了一组人群不同年龄出险概率的一张表。它是对一定时期某一国家或地区的特定人群的有关生存、死亡的统计资料加以分析整理而形成的一种表格，是人寿保险测定风险的工具，是寿险精算的数理基础，是厘定寿险纯费率的基本依据。生命表以年龄为纲，全面地反映某一国家或地区一定人群的生死状况。在生命表中，最重要的是计算每个年龄段的死亡率。

生命表也有若干种类，其中保险业常用的是经验生命表，它是以死亡统计的对象为标准而划分的，与之对应的是国民生命表。国民生命表是根据全体国民或某一特定地区人口的死亡资料编制而成的。经验生命表是根据保险机构有关人寿保险、社会保险的死亡记录编制而成的。在人寿保险的精算过程中，一般选用经验生命表，因为国民生命表统计的范围很大，老弱病残无所不包，而经验生命表所统计的对象仅为被保险人，他们只有在身体符合一定承保条件的情况下，才能参加人寿保险。因此，相对于国民生命表而言，经验生命表的死亡率更低，对保险机构更具有实际意义。

2. 生命表的内容

生命表的内容很丰富，这里仅介绍几个最简单的概念。

在生命表中，首先要选择初始年龄并假定在该年龄上有一定数量的人生存，这个数量就称作基数。一般选择 0 岁为初始年龄，并规定此年龄的人数，通常选择 10 万、100 万、1 000 万等整数。下面以表 7－1 所示的中国人寿保险业经验生命表（2000—2003 年）的部分内容为例进行说明。

表 7-1　中国人寿保险业经验生命表（2000—2003 年）（部分）

年龄 (x)	死亡率 (q_x)	年初生存人数 (l_x)	当年死亡人数 (d_x)	生存人年数 (L_x)	平均余命 (e_x)
30	0.000 889	984 663	875	984 226	47.64
31	0.000 937	983 788	922	983 327	46.68
32	0.000 993	982 866	976	982 378	45.72
33	0.001 055	981 890	1 036	981 372	44.77
34	0.001 121	980 854	1 100	980 304	43.81
35	0.001 194	979 755	1 170	979 170	42.86
36	0.001 275	978 585	1 248	977 961	41.91
37	0.001 367	977 337	1 336	976 669	40.97
38	0.001 472	976 001	1 437	975 283	40.02
39	0.001 589	974 564	1 549	973 790	39.08
40	0.001 715	973 016	1 669	972 182	38.14

生命表一般包括以下内容：

x：年龄。

L_x：生存数，是指从初始年龄至满 x 岁尚生存的人数，即 x 岁的生存人数。例如，L_{35} 表示在初始年龄定义的基数中有 L_{35} 人活到了 35 岁，或者说 35 岁的生存人数为 L_{35}。

d_x：死亡数，是指 x 岁的人在一年内死亡的人数，即在 x 岁至 $x+1$ 岁的年龄间死亡的人数。如 d_{36} 表示 36 岁至 37 岁的年龄间死亡的人数。

p_x：生存率，是指 x 岁的人在一年内仍生存的概率，即 x 岁的人生存到 $x+1$ 岁的概率。（注：此内容表中略）

q_x：死亡率，是指 x 岁的人在一年内的死亡率，即 x 岁的人在 x 岁至 $x+1$ 岁间的死亡概率。

e_x：平均余命，是指 x 岁的人以后还能生存的平均年数。对年龄为 0 岁的人来说，其平均余命就是其平均寿命。

3. 生命表中的几个关系式

（1）$L_x-d_x=L_{x+1}$。

上式表示，x 岁的人年初的生存数 L_x 与年内的死亡数 d_x 的差额就是次年 $x+1$ 岁的人的生存人数 L_{x+1}；上式也可写作 $d_x=L_x-L_{x+1}$，即来年死亡人数是本年初生存人数与次年初生存人数之差。

（2）$d_x+d_{x+1}+\cdots+d_{x+n-1}=L_x-L_{x+n}$。

该式表示连续数年死亡人数之和等于该时段第一年年初生存人数与最后一年年初生存人数之差。

（3）$p_x=L_{x+1}/L_x$。

该式给出了生存率与存活人数之间的关系。生存率是次年年初生存人数与本年年初生存人数之比，它表示 x 岁的人能生存到 $x+1$ 岁的概率。

同理可以推导出另一个关系式：${}_np_x=L_{x+n}/L_x$。该式表示 x 岁的人存活到 $x+n$ 岁的生存率。

（4）$q_x=d_x/L_x$。

死亡率是年内死亡人数和年初生存人数的比率。显然：$q_x=(L_x-L_{x+1})/L_x$。

同理，可推导出 x 岁的人在 n 年间的死亡率关系式：${}_nq_x=(L_x-L_{x+n})/L_x$。

不难发现，x 年度的生存率与死亡率之和为 1，即 $p_x+q_x=1$。

（5）${}_{t|u}q_x$表示 x 岁的人在生存了 t 年之后，于 u 年内死亡的概率：${}_{t|u}q_x=(L_{x+t}-L_{x+t+u})/L_x$。

（三）定价假设的设定

1. 死亡率的设定

经验生命表是死亡率假设的基础，寿险公司自身经营中的死亡率经验对定价时的死亡率假设影响甚大，各公司经营的不同策略也可能使不同公司间的死亡率差异很大。在实务中，死亡率的假设会有不同的特点，这些特点可能包括以下若干情况：

（1）死亡率假设因险种的不同而不同，比如死亡类保险和生存类保险、终身寿险和定期寿险，同一年龄段的死亡率就不一样，但通常情况下，死亡类保险的死亡率假设会高于生存类保险的死亡率假设。

（2）对于同一类险种，死亡率假设也会有所不同，如吸烟者与不吸烟者。当然，这种死亡率假设的不同必须依合法的标准进行，比如种族不同时经验死亡率可能不同，但在定价的死亡率假设中，种族不可以作为死亡率区别假设的基础。

（3）如果利用标准生命表进行调整作为死亡率假设，每个年龄和保单年度的调整系数可能不同。比如 30 岁男性吸烟者死亡率是标准死亡率的 1.8 倍，随投保年龄增长至 45 岁时等于标准死亡率。

（4）死亡率改进在定价假设中非常重要，且对不同险种的作用不同，特别是长期寿险与年金保险。经验表明，死亡率是逐年下降的，这种趋势应该反映在死亡率的定价假设中，否则价格就会产生较大偏差。同时死亡率的假设对不同险种的影响不一。

（5）定期寿险对死亡率假设较为敏感，特别是短期定期寿险。

举几个死亡率修正假设的例子：

（1）A 公司对终身保险正常业务，利用公司经验数据对未来死亡率进行改进，而对保费递增的定期险，利用 94%公司的经验死亡率作为死亡率假设，即 94%×公司经验死亡率，且同时对未来的死亡率进行改进。

（2）B 公司死亡假设较为简单，直接对非吸烟者采取公司经验死亡率打 7 折，而对吸烟者则以公司经验死亡率为基础加成 80%，即 180%×公司经验死亡率。

（3）C 公司死亡率假设相对复杂，对保额小于 100 000 元的终身保险，利用中国人寿保险业经验生命表（2000—2003 年）的数据，对吸烟者和非吸烟者进行调整。对不吸烟者，55%×生命表死亡率；对吸烟者，140%×生命表死亡率；而对于超过100 000元的保单，将上面的调整因子各减少5%；对于定期保险，则将上面的调整因子增加10%。

2. 利率的设定

保单定价的利率假设可以看作保险人对保单持有人承诺的未来收益率。由于寿险保单通常期限都较长，所以利率的微小变化对保险人的经营都会产生较大影响。因此精算师在做利率假设时需要考虑的因素相当复杂，通常至少需要与投资部门进行协调。

在实务中，不同产品的利率假设可以不同，如分红寿险和不分红寿险、长期寿险和短期寿险、传统寿险和新型寿险的利率假设不同；同时，利率假设在整个保险期间也可以不同。由于利率假设对公司产品特别是长期产品价格及经营有重大影响，保险公司做利率假设时通常都相当保守。

3. 费用的设定

保险公司的费用类型很多，各家保险公司的费用结构都属于公司秘密，不会公之于众，但通常寿险公司的费用可以分为合同初始费、代理人佣金、保单维护费、保单终止费等几项，这些费用在定价假设时，通常分为固定费用（表示为每张保单的固定费用）、保费比例费用（表示为收取保费的一定百分比）和保额比例费用（表现为每单位比如每1 000元保额的费用）。由于费用假设对产品定价与公司经营都会产生较大影响，因此应谨慎设计。费用假设非常复杂，在不同年份，费用假设应该有所不同，通常初始年份较高，后续年份较低；对不同年龄的被保险人，费用假设也可以不一样；同时，费用假设也要充分考虑通货膨胀的影响。

（四）影响定价假设的因素

定价假设受若干内外部因素的影响。外部因素指的是保险人经营的经济与社会环境；内部因素指的是保险人的经营目标、销售渠道以及产品自身的特点等。

1. 社会经济环境

人口及人口结构的变化将改变寿险公司的市场状况，人口结构的变化同样会改变寿险公司的营销手段及经营的产品；投资收益率、债券及股票市场的状况将影响寿险公司的利率假设；经济周期会对产品定价产生影响，经济衰退伴随着失业率的增长，将导致伤残率、退保率等的增长。此外，科技的飞速发展又为产品开发及营销计算机化提供了良好的条件，在这种情况下，产生了诸如万能寿险等新型寿险产品，而万能寿险等新型寿险产品的定价假设与传统寿险的定价假设完全不同。

2. 公司目标

利润目标的设定会直接影响产品的价格，而保费规模则与价格成反比，如果公司目标在于保费增长，则定价假设可能就要激进一些（即隐含利率较高、费用率较低，从而使产品价格偏低以增强吸引力）。

3. 产品特点

分红保险的定价假设比不分红保险定价假设偏向保守；死亡类保险与生存类保险（如养老保险等）采用的死亡率假设不同；保障内容及保单选择权（退保、红利分配等）也严重影响定价假设，有更多选择权与保障内容的保单，定价假设通常趋于更为保守；其他诸如保险期限、保险金给付方式、缴费方式、再保险安排等，都是影响定价假设的重要因素。

4. 销售渠道等

销售渠道以及销售模式、销售队伍、目标市场定位等，都会对产品设计与定价产生影响。

二、自然纯保费

自然纯保费其实就类似于每一个年度更新一次的一年定期寿险的保费。下面举例进行说明：钟某，男，30 岁，投保某公司保险，该公司死亡率假设为中国人寿保险业经验生命表（2000—2003 年）所载标准死亡率，公司预定利率为 6%，且定价时均假定所有保单于年初同时成立，保费均在年初收取，而给付则发生在年末。下面以每单位保额即 1 000 元保额为例讨论不同产品的保费。钟某 30 岁时的自然保费计算如下。

1. 保险金支出现值计算

根据生命表，以 1 000 000 为人口基数，30 岁男性生存人数 $l_{30}=984\ 663$，而该年度死亡人数 $d_{30}=875$，每人给付死亡保险金 1 000 元，保险金支出总额为 875 000 元，因假定为年末给付，所以其现值为 $875\ 000\times(1+6\%)^{-1}=825\ 816.67$（元）。

2. 保费收入总额的现值计算

按收支相等原则，上述保险金支出总额的现值即为收入总额的现值，为 825 816.67 元，该值应由最初的生存人数 $l_{30}=984\ 663$ 共同平均分摊。

3. 纯保费计算

据上所述，纯保费 $P=825\ 816.67\div984\ 663=0.838\ 679$（元），即每单位保额，1 000 元保额，其费率为 0.838 679。如果小钟要购买保额 100 万元的保费，他需要支付的纯保费为 838.68 元。

自然纯保费对应的，就是每个年度的一年期定期纯保费，比如 40 岁对应的纯保费是 1.617 925 元，49 岁对应的自然纯保费是 3.112 264 元。

三、趸缴纯保费

假如钟某购买的是一份 20 年期定期寿险，则其趸缴纯保费计算如下。

每年保险金给付所需的财源与一年期的计算方法一样，即：

$$S\times d_{30}\times v=1\ 000\times875\times0.943\ 396=825\ 471.50$$

$S\times d_{31}\times v^2=1\ 000\times 922\times 0.889\ 996=820\ 576.31$

……

$S\times d_{49}\times v^{20}=1\ 000\times 3\ 144\times 0.311\ 805=980\ 314.92$

因此 20 年内保险金给付需要的财源就是：

$S\times(d_{30}\times v+d_{31}\times v^2+\cdots+d_{49}\times v^{20})=17\ 522\ 083.25$（元）

而这笔钱需要由最初的 $l_{30}=984\ 663$ 个人平均负担，这个负担的额度就是趸缴纯保费，正式标记为 $\overline{A}^1_{30:\overline{20|}}$（简称 A1）。因此：

$$A1=\overline{A}^1_{30:\overline{20|}}=\frac{S\times(d_{30}\times v+d_{31}\times v^2+\cdots+d_{49}\times v^{20})}{l_{30}}$$

$$=17\ 522\ 083.25\div 984\ 663=17.80\text{（元）}$$

即：男性，30 岁投保，保额 1 000 元，预定利率为 6%，20 年满期的定期保险趸缴纯保费为 17.80 元。

n 年定期寿险趸缴保费现金流如图 7-2 所示。

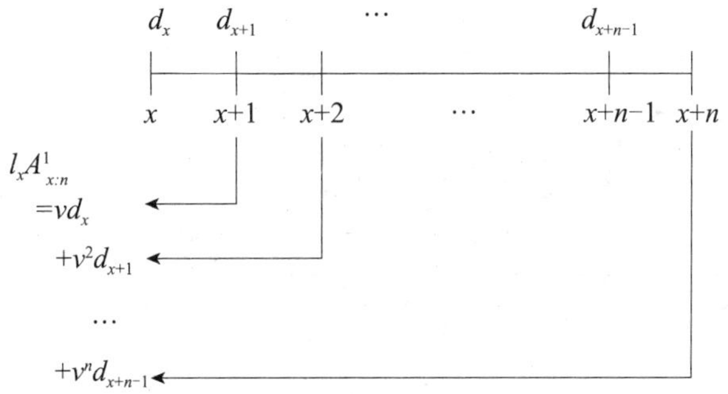

图 7-2　n 年定期寿险趸缴保费现金流

其他终身寿险、生存保险、两全险等各类险种的趸缴保费的计算与此类似，所不同者仅仅为，终身寿险需要一直求和到 $S\times d_{105}\times v^{76}$ 为止；20 年期生存保险所求者只有一项，即 $S\times l_{50}\times v^{20}$（因为生存保险是在满期后的第一个年初按生存人数给付）；两全险只是将生存保险费与定期寿险保险费加起来即可，对此不再赘述。

四、期缴均衡纯保费

期缴均衡纯保费中，保险金的财源计算与趸缴类似，不同的只是负担的人群。

仍以 30 岁男性投保 20 年定期寿险为例，假定利率 6%。20 年内保险金给付需要的财源依然是：

$S\times(d_{30}\times v+d_{31}\times v^2+\cdots+d_{49}\times v^{20})=17\ 522\ 083.25$（元）

但负担的人不再是最初的 $l_{30}=984\ 663$ 人，而是要包括以后各个年份存活的人，又因为计算的财源是贴现值，负担的人也要“虚拟”贴现到现在，这些人是：

$l_{30}+l_{31}v+l_{32}v^2+\cdots+l_{49}v^{19}$

因此每人负担的期缴保费为：

$$\frac{S\times(d_{30}\times v+d_{31}\times v^2+\cdots+d_{49}\times v^{20})}{l_{30}+l_{31}v+l_{32}v^2+\cdots l_{49}v^{19}}=\frac{17\ 522\ 083.25}{11\ 853\ 833.09}=1.48\text{（元）}$$

也就是说，作为一名 30 岁的男士，钟某投保 20 年期定期寿险，以中国人寿保险业经验生命表（2000—2003 年）为基础，假设年利率为 6%，保额 1 000 元，他的期缴纯保费为 1.48 元。

其他类型的险种、变动缴费日期等，基本原理与此类似，以 20 年缴费终身寿险为例，其现金流如图 7－3 所示，具体计算不再赘述。

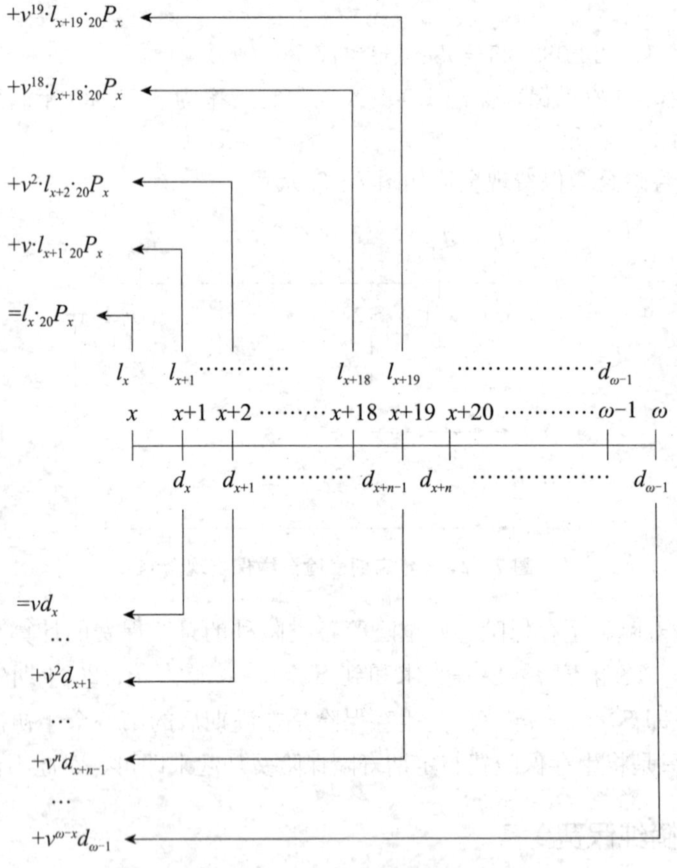

图 7－3　20 年缴费终身寿险现金流

五、总保费的计算

总保费是由纯保费和附加保费构成的。计算总保费时，一般可使用以下三种方法。

（一）三元素法

三元素法把附加费用分为三类：原始费用、维持费用和收费费用。原始费用是保险公司为招揽新合同，在第一年度支出的一切费用，在这里，我们把单位保额的原始费用设为 P_1。维持费用是指整个保险期间为使合同维持保全的一切费用，它应分摊于各期，可把单位保额的维持费用设为 P_2。收费费用是指收取保费时的支出。与维持费用一样，它也分摊于各期，单位保额的费用可设为 P_3。然后，把将来年份的附加费用折合成现值，就可得到附加保费的现值之和。再根据“毛保费现值＝纯保费现值＋附加保费现值”的原理，来计算总保费。三元素法的优点是计算结果准确，缺点是计算过程复杂、烦琐。

（二）比例法

比例法假设附加保费为毛保费的一定比例 K。这一比例通常是根据经验来确定的。设毛保费为 $\bar{P}$，纯保费为 P，附加保费比例为 K，则有：

$$\bar{P}=P+K\bar{P}$$

整理得：

$$\bar{P}=\frac{P}{1-K}$$

比例法的优点是计算简便，不足之处在于 K 值的确定缺乏合理性。

（三）比例常数法

比例常数法是根据每张保单的平均保额确定出的每单位保额所必须支付的费用，并把其作为一个固定常数，然后再确定一个毛保费的比例作为附加保费。设固定常数为 C，则可得：

$$\bar{P}=P+K\bar{P}+C$$

整理得：

$$\bar{P}=(P+C)/(1-K)$$

以上讲述的只是传统的保费计算方法，随着经营理念的变化和精算技术的进步，新的定价方法也不断发展。寿险领域以资产份额法进行定价已经被很多公司加以应用，而意外险、健康险等非寿险领域，随着统计技术的进步，定价方法方面的进展尤为迅速。

第二节　责任准备金与现金价值

一、责任准备金

（一）责任准备金的概念

保险公司向投保人收取保费从而保险合同生效后，为了能按保险合同约定在将来完全履行给付保险金的责任，必须将保费中的一部分资金予以提存，这部分提存的资金就是责任准备金。

前面给出了自然保费与均衡保费的区别，在整个保单有效期内，前期均衡保费将超过自然保费，该超过的部分是投保人超过自然保费多缴的部分，目的在于弥补后期均衡保费低于自然保费时给付不足的部分。以某 30 岁男性投保以本人作为被保险人的 20 年定期寿险为例，假定保额 1 000 元，死亡期末给付，预定死亡率采用中国人寿保险业经验生命表（2000—2003 年），预定利率为 6%，其 30～49 岁的自然保费如表 7-2 所示。

表 7-2　30～49 岁男性投保的自然保费

年龄	自然保费（元）	年龄	自然保费（元）
30	0.84	40	1.62
31	0.88	41	1.74
32	0.94	42	1.87
33	1.00	43	1.99
34	1.06	44	2.13
35	1.13	45	2.28
36	1.20	46	2.45
37	1.29	47	2.65
38	1.39	48	2.87
39	1.50	49	3.11

如图 7-4 所示，我们可以算得 30 岁男性 20 年定期寿险均衡保费约为 1.48 元，因此 38 岁前所缴纳的均衡保费大于自然保费，这部分多缴纳的保费应该加以计提并运用，以应付 38 岁及以后各年不足的部分。

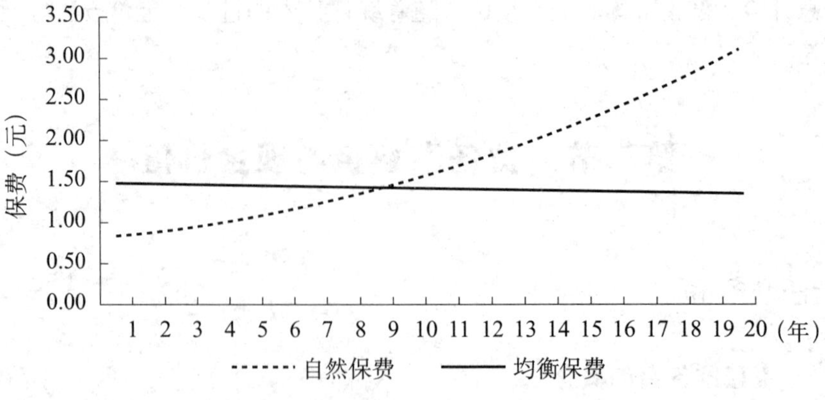

图 7-4　自然保费与均衡保费示意图

（二）准备金计算方法

可以有两种思路计算准备金：

一种思路就是保险人在会计年度末，把过去历年所收保费本息之和，减去至计算准备金的时点为止所应支付的给付保险金本息和。这种方法反映了准备金是从过去时点累积而来的，称为过去法。

过去法保单准备金＝过去均衡纯保费收入本息和（终值）－过去保险给付本息和（终值）

另一种思路则是着眼于未来，计算未来保险人所应承担的给付责任现值与未来所能收取的保费现值之差，这种方法反映了保单责任准备金的用途，即满足未来收不抵支的差额。

未来法保单准备金＝未来责任给付现值－未来纯保费收入现值

可以证明，在同样的死亡率、利率假设下，过去法责任准备金与未来法责任准备金理论上是相等的。但如果准备金计算基础发生变化，则过去法与未来法计算的准备金就会产生差异。保险经营中社会经济环境会不断发生变化，而保险公司经营理应面向未来，因此保监会《关于下发有关精算规定的通知》（保监发〔1999〕90号）中规定："会计年度末保单法定未到期责任准备金应当用'未来法'逐单计算。对确实不能用'未来法'逐单计算的条款，经中国保险监督管理委员会同意，可以采用'过去法'逐单计算。"

二、现金价值

（一）现金价值的概念

寿险合同通常是长期性的，在实务中，有些投保人可能在缴费期间出于各种原因比如经济状况恶化不能缴费或社会环境发生变化不愿缴费而需要退保，此时保单项下累积的责任准备金本息之和应该如何处理呢？从经济性质上讲，保单准备金属投保人所有，理应全部退还投保人；但就保险合同关系而言，退保是投保人违约，保险人可以全部没收这部分责任准备金。当然，上述两种处理方式均过于极端，一种可行的处理办法就是，将责任准备金分为两部分，一部分作为对投保人的惩罚由保险人扣留，另一部分作为投保人的"不没收价值"，归投保人所有。这部分归投保人所有的，就是现金价值，又称退保金或退保价值。

（二）现金价值的计算

现金价值的计算公式为：

$$CV=V-SC$$

式中：CV——保单在某一时刻的现金价值；

V——同一时刻年度末保单价值准备金；

SC——解约费用，一般随保单年度的递增而减少。

图 7－5 是终身寿险不同缴费方式下现金价值的累积情况。一般来说，趸缴保费方式下现金价值的累积速度最快，普通缴费（即终身缴费）方式下现金价值的累积速度最慢。

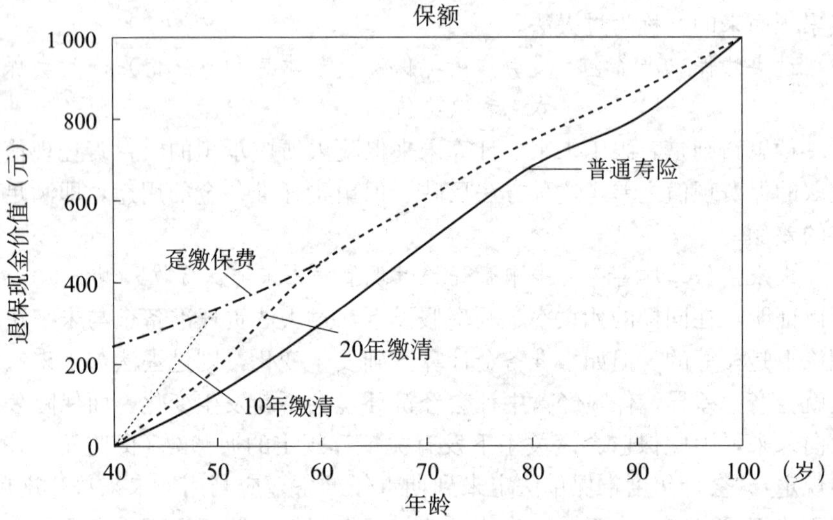

图 7－5　终身寿险不同缴费方式下现金价值累积速度对比

三、风险保额与风险净额

个人寿险分析一章“创新型寿险产品”中涉及两个概念，即风险保额与风险净额，这里再简单回顾一下。

风险保额，就是死亡保险金减去现金价值，表示保险人所给付的死亡保险金中，除保单持有人自有贡献之外，保险人所承担的部分。

风险净额，就是死亡保险金减去责任准备金，表示保险人给付的死亡保险金中，保险人实际承担的风险额（即除去保单持有人自有权属“责任准备金”后保险人承担的额度）。

四、利源分析与盈余管理

这部分内容看上去与人们购买消费保险产品无关，但人们在购买保险时经常会有这样的感觉：同样的保障，有些公司的产品会贵些；即便是同样的价格，有些公司投保就相对比较难。所以人们经常会发出感慨：实际需要保险的人往往买不到保险，被使劲推销保险的反而是那些身体健康不需要保险的人。如果从保险公司利源分析与盈余管理的角度出发换位思考一下，很多现象就不难理解了。

（一）利源分析

所谓利源分析，简单来说就是弄清楚公司盈利的来源。与普通商品不同，保险产品在生产出来并销售时并不清楚其实际成品，因为它只是一份对未来的承诺，未来什么时候、发生什么样的风险、需要赔付多少，要等实际经营结果出来后才能知道。在每个财务年度末，公司是否获利，很大程度上受到资产与准备金（实际是保险人的负债）的评估方法影响，但大多数的获利或损失却来源于保险费相对于赔付额的剩余或不足部分。假如保险公司产品设计定价人员能够准确设定保费计算的假设基础（即死亡率、利率和费用率），使假设与实际经营一致，那么保险公司就能获得预期中的利润。然而这是不可能的事情，公司经营过程中实际发生的死亡率、实际投资收益率及实际发生的费用，总会与预计的有所差异，这些差异就形成了公司盈余来源，主要包括三个来源：死差益、利差益和费差益。死差益，是指实际经营过程中死亡率优于定价假设，从而实际发生给付少于预期给付形成的收益；利差益是指保险公司在实际经营过程中的投资收益率高于产品开发时的预定利率而形成的收益；费差益是指保险公司因科技进步、厉行节约等使得实际经营过程中发生的费用少于预定费用形成的收益。

除了以上三个主要来源以外，保险公司经营过程中还有其他的盈余来源，包括失效收益、资产增值、预期利润，以及残废给付、意外给付、年金预计给付额等与实际给付额的差额。

所谓失效收益，其实就是对投保人的退保惩罚，由于退保金与保单累积的现金价值之间有一定的差额，这部分差额，就形成公司盈余来源之一。尽管失效收益是公司盈余来源之一，公司并不会寻求这部分收益，理由是，这部分收益是以公司业务量的减少为代价的，更重要的是，这部分不确定的业务量减少，会影响公司对可用资金的安排——考虑到有退保的要求，公司必须准备高流动性资产以便变现并支付退保金，这必然影响公司在高收益资产上的投资。资产增值更是寿险公司盈余的重要来源之一，因为寿险公司资金量庞大，基本上都是长期业务，可投资期限也较长，所以资产增值的规模也较大。残疾给付、意外给付、年金预计给付额等与实际给付额的差额与前面的死差益类似，也是公司盈余来源之一。而保单设计之初其实已经预设了一定的利润边际，预期利润理所当然是公司盈余的构成部分。

（二）盈余管理

利源分析是一种有效的管理工具，它不仅可以使寿险公司核算清楚该公司业务是有获利还是有损失，还可以使公司进一步认识到获利或损失的来源，以有效加强重点环节的管理，调整公司战略方针，使公司盈余在合理的基础上达到最大。

1. 死亡盈余管理

死亡率假设是寿险公司大多数产品计算保费时的主要假设基础，是利润或损失的主要来源。科学测定预期死亡率与实际死亡率结果，能使公司更清晰地了解死亡率变化对公司利润的主要影响。对于死差益的测定结果直接说明了保险公司业务盈利的多少。一般保险公司对死差益都会设定一个预定目标，测定结果无非有三种，即基本实现预期死差益目标、实际结果过低、实际结果过高。一旦出现实际结果过低或过高的情况，公司就要分析其原因，即便是实际结果过高，也要小心谨慎。如果实际结果过高是公司控制风险的成果，那么保险人不需要担心，但如果是由于死亡率假设过于保守、核保过于严格等，则有可能损害公司的产品竞争力，公司此时就需要进行一定的调整。当然，如果实际结果过低，保险人也应该认真分析总结原因，如果实际结果过低是由非预期不利事件造成那还好说，如果是死亡率假设过于激进、核保标准不够严格等原因造成，公司就要注意对相关环节进行调整。这些调整可能包括：选择最为恰当的死亡率假设作为定价基础；通过核保有效控制死亡风险；通过再保险安排减少赔款波动，获得核保的支持，限制大灾赔款以达到控制总赔款额的目的等。

2. 利息盈余管理

（1）利率测定的重要性。

就本书作者的观点看，在死差益、利差益与费差益三者中，最有挖掘潜力的，就是利差益。无论是从理论还是从实践上看，利率对保费大小的影响都非常大，从而利息盈余在盈余中的比例也较大。（当然，保险人也不能无限度地追求利差益，从而过于激进地从事投资业务。历史上因投资业务过于激进而遭遇破产的公司为数不少。从这个意义上讲，一个客观理智的投保人，其实不应该只看产品的价格是否低廉，因为，如果这种低廉的价格是在过于激进的投资策略的支持下达成的，为了自己长远保障的安全性，最好还是远离这样的公司）。

利率虽然不是保费计算中的第一基础，但它对保费高低影响很大。对普通型寿险产品而言，由于经营期限长，从而隐含利率意味着长期保证利率，且给付时间不确定，一旦测定值偏离较大，对公司经营会造成重大影响。20 世纪 90 年代大量高利率保单造成寿险公司严重利差损的情形使各大寿险公司对利率的测定变得十分谨慎，也正是在这一背景下，我国推出了不少新型寿险产品。即便是新型寿险产品，由于这些产品对利率非常敏感，属于利率敏感型产品，其现金流动具有更大的不确定性。此外，保单选择权也在一定程度上受利率的影响，进而影响寿险公司的现金流。

（2）利息盈余管理。

利息盈余管理其实就是投资资产管理。公司要在合规情况下，关注公司资产的主要形式，同时注意负债结构对投资过程的影响。此外公司在进行投资时，应考虑的风险因素很多，包括业务风险、信用风险、流动性风险（利率风险、资产负债是否匹配）等。

3. 费用盈余管理

在保险市场竞争日益激烈的情况下，公司调整利率或死亡率等指标会使公司经营出现一定的困难，为了降低成本以提高竞争能力，公司常常采用缩减费用的方法以提高公司的盈利水平。

（1）费用测定的重要性。

对于普通型寿险而言，由于第一年或前几年的费用较高，其前几年的盈余往往是负值，随着时间的推移，费用逐渐摊回使盈余出现正值并不断提高，可见费用对盈余总额的影响是很大的。通常认为寿险公司长期业务的前5～7年盈余为负值是合理的，也是可以接受的。

（2）费用盈余管理。

由于费用的复杂性，有必要对其进行更深入的分析。一般来讲，费用有多种形式，包括：1）变动费用，即这些费用随着业务量的增加而增加，如佣金等；2）半变动费用，这些费用随业务量的增加而呈阶梯式增长，如核保费用、代理人奖励等；3）固定费用，这些费用随业务量的增加而基本保持不变，即使有所变化，也相对较小。

公司为了加强费用管理，可以修改产品的设计，降低公司费用。在利源分析过程中，则着重关注以下几个方面，包括：1）费用资料的基础；2）过去定价信息；3）会计系统，包括费用分布系统和预算系统；4）费用分摊的方式。

第三节　健康险定价

一、健康保险与寿险产品定价基础的异同

（一）健康保险与寿险产品定价基础的不同之处

1. 赔付额度

寿险赔付的额度通常在保单中约定，采取固定额度给付方式，而健康险索赔金额就很难明确给定。比如医疗费用索赔的金额主要取决于疾病或伤害的严重性，有时还受医疗技术不同的影响（比如同样的肺部手术，可以采取传统的手术方式，也可以采取最新的微创手术方式），从而使医疗费用可以从相当大一笔金额变为非常小的一笔赔付。

2. 索赔频率

寿险中除年金是按特定周期有规律地支付外，绝大多数寿险产品对保单中每一位被保险人只作一次支付（死亡只会发生一次，生存状态也是以某一时点的状态为准）。而健康保险不然，以医疗险为例，只要是在保障期内，健康险有可能对保单名下每一位被保险人作多次给付，只要累积给付额不超过保额即可。

3. 环境影响

除非社会发生剧烈改变，寿险给付受环境影响很小，而健康险给付就可能明显受到环境影响，经济状况、经济周期、技术进步、医疗实务等都会对健康给付发生较显著的影响。

4. 地区影响

在不同的省份，寿险保费一般不会有不同，因为期望寿险不同省份间的区别不是太大。但医疗保险等健康保险则不同，医疗成本在不同地区之间的变化很大，有些疾病的发病率区域差异也比较明显，因此有些健康保险会按不同地区分别计算保费。

（二）健康保险与寿险产品定价基础的相同之处

尽管存在上述差别，健康保险与寿险产品定价的基本原理是相通的，为了提供资金以支付到期的健康保险索赔，以及弥补公司过去经营中发生的各项费用，保险公司都必须从投保健康保险的人群那里收取保险费，而保险费确定的基本原理依然是大数定律，坚持的原则依然是同一险种、同一类风险人群形成的保单组中，在保障期内达到保费本息和与赔付加经营费用的本息和，在统计意义上达到均衡。

与寿险保费确定时以生命表为基础做死亡率假设来计算寿险保费一样，健康保险的保险人利用发病率表为基础做发病率假设来计算健康保险的保险费。发病率表描述的是特定人群中，不同年龄段的个人，其疾病和意外的发生概率。为了预测发病率，保险公司通常会参考发病率表，根据自身的经验数据做发病率的假设，然后再根据假设的发病率信息计算理赔成本，也就是保险公司预估的，未来为提供保单给付将发生的成本。保险公司必须为公司所提供的每一种给付计算其理赔成本。

二、健康保险定价的基本原理

保险定价的基本原理都类似，从成本法的角度就是求出纯保费，再以一定的方式加上附加保费，就得到总保费。纯保费就是预计的索赔频率与损失额度的乘积：

理赔成本＝保障期内预期索赔频率×每次索赔的平均金额

保险人利用估计的理赔成本，来估计应该从投保人处收取的纯保费，以期收取的纯保费足以支付保障期内的健康保险给付，然后再加上公司应付不可预估意外事件的风险附加，再加上预计的、足以弥补公司运营所发生费用的附加保费，就得到预计的总保费。这里，由于健康保险的风险因素比寿险要复杂得多，健康保险面临的风险比寿险的不确定性更大，因此保险公司通常要在健康保险的附加保费中包含一个比寿险附加费率更高的风险附加费率。

要直观反映健康险保费的合理性，可以计算损失赔付率指标：

损失赔付率＝已付给付额÷已收保费额

有些保险人在损失赔付率计算中用已发生索赔代替已付给付额，用已赚保费代替已收取保费。该指标直观反映了保险公司收取的保费与赔付额间的关系。损失赔付率为1，表示支付的赔付额与收取的保费相等；损失赔付率大于1，表示给付额超过了保费，公司经营处于亏损状态，需要增加保费；损失赔付率小于1，表示收取的保费超过已付给付额，如果这个比例过低，可能表明保险人对保障的收费过高，长此以往会影响保险人的竞争力。

关键词

单利	复利	现值	终值
生命表	自然纯保费	趸缴纯保费	期缴纯保费
责任准备金	现金价值	风险保额	风险净额
损失赔付率			

复习思考题

1. 厘定保费时，应遵循什么原则？
2. 简述寿险定价基本假设。
3. 生命表对人寿保险费率的厘定有什么重要意义？
4. 人寿保险的纯保险费率是如何计算的？
5. 人寿保险毛保费的计算有哪几种方法？
6. 健康保险与意外险保险费率是如何厘定的？

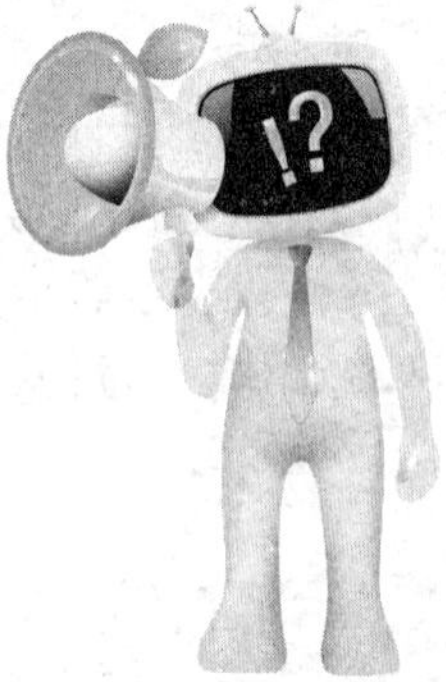

第八章　保险公司内部运营

我国商业保险在发展之初，个人寿险代理存在若干不规范行为，导致保险业总体形象长期不佳。近年来，保险业的总体形象虽有所好转，但大多数人对保险业的运行机制还是不太了解，从而产生了对保险行业的误解。因此，了解保险公司的内部运营机制及各部门职能，对于扭转人们对保险行业的看法、提升人们充分利用保险产品进行科学合理的理财规划的意识，有着十分重要的意义。

第一节　寿险公司组织与功能

一、保险人的组织形式

根据组织形式的不同，保险人可以分为国有独资公司、股份有限公司、相互人寿保险公司、非公司制保险组织、个人保险组织和专业自保组织。当今世界保险人的主流形式都是股份公司形式，因此本书前面各章有时将保险人与保险公司混用。

（一）国有独资公司

国有独资的人身保险公司是指由国家或政府授权投资设立的保险经营组织，其股东是国家。如 2003 年股份制改革前的中国人民保险（集团）股份有限公司、中国人寿保险（集团）公司均为国有独资保险公司。

（二）股份有限公司

大多数人寿和健康保险公司采取了股份公司的组织形式。股份制保险公司是由购买该公司股票的个人和组织所拥有的保险公司。任何出资人都可以作为股东，并享有股东权利。我国第一家股份制保险公司是成立于 1988 年的中国平安保险公司。

（三）相互保险公司

相互保险公司是由其保单所有人拥有的保险公司，这种公司的部分营业利润将不定期地以保单红利的方式分配给保单所有人。现存的大多数相互保险公司许多年前曾经是股份公司，后来才转化成相互公司。将股份制公司转化为相互公司的过程称为相互化。日本寿险业的相互保险最为发达，日本寿险公司总资产额前三的均为相互人寿保险公司。目前国内只有一家经营财产险的相互保险公司——阳光农业相互保险公司。另有两家相互保险组织，分别为慈溪市龙山镇伏龙农村保险互助社和慈溪市龙山农村保险互助联社。

（四）非公司制保险组织

非公司制保险组织又可分为相互保险社和保险合作社。相互保险社是最早出现的保险组织，也是最原始的相互组织形式，目前在欧美各国仍普遍存在。保险合作社是一种特殊的相互组织形式，它要求社员加入时必须缴纳一定金额的股本，并且合作社与社员的关系比较永久，社员认缴股本后即使不是保单持有人也具有社员资格，与合作社保持密切关系。保险合作社一般属于社团法人，是非营利性机构。目前全球具有影响力的保险合作社有美国的蓝十字与蓝盾协会（Blue Cross and Blue Shield Association）、日本的“全劳济”和新加坡的“职总英康”。

（五）个人保险组织

个人保险组织在世界各国都比较少见，迄今为止，只有英国伦敦的劳合社。劳合社是世界上最大、历史最悠久的个人保险机构。劳合社不仅是最古老的保险组织，而且它所出具的保单条款、制定的费率在世界保险市场上一直是被效仿的对象。

（六）专业自保组织

专业自保组织是那些由其母公司拥有的，主要业务对象即被保险人为其母公司的保险组织。它是一种由其组织上隶属的母公司紧密控制的，专为其母公司提供保险服务的组织机构。母公司直接影响并支配着该专业自保组织的运营，包括承保、索赔处理的政策和投资行为等。专业自保组织是决定自留风险的企业避免不合理税收的技术性产物，也是企业利用内部基金进行风险融资的高级形式。

由于社会经济制度、经济管理体制和历史传统的不同，不同国家对保险经营的组织形式有不同的规定。例如，美国规定的保险组织形式是股份有限公司和相互公司。日本规定的保险组织形式是株式会社（股份有限公司）、相互会社（相互保险）以及互济合作社三种[①]。2015 年修正的《中华人民共和国保险法》不再对我国保险公司具体的组织形式作出规定，主要由监管机构审批。目前，我国保险公司的组织

---

① 刘冬姣. 人身保险［M］. 2 版. 北京：中国金融出版社，2010.

形式有股份制保险公司（含国有控股）、相互保险公司、中外合资保险公司和外国保险公司分支机构。

二、保险公司的职能领域

尽管保险人的组织形式多种多样，但主要都是股份制公司，因此本部分以寿险公司为例阐述保险人的内部机构设置与各自的职能领域。

保险公司的职能领域通常包括保险精算、营销、核保、客服、理赔、投资、会计、法律事务、人力资源、信息系统等，而公司实际运营过程中，大多数职能领域并不仅仅是只涉及公司某一核心业务，比如信息系统部在保险公司的所有运作活动中都具有重要作用。保险公司的组织方式具有多样性，为适应特定需求还可以对公司组织加以变动。保险公司的业务部门、职能部门的设置，可参考《保险学》（戴稳胜，2014），本部分以保险公司各部门的功能为主线加以阐述。

（一）市场营销：市场调研→产品开发→保险营销

1. 市场调研

保险公司就是通过产品销售收入超出成本部分来获取利润的，而产品要销售出去，就必须要满足客户某方面的需要，因此保险公司必须先进行市场调研，了解客户在风险管理领域的新需求及市场潜力，针对需求设计产品。保险公司还需要调研了解公司的经营状况。因为客户对风险管理的需求并不全部能加以满足，在了解到一些新需求，而市场上尚未有满足这类需求的产品时，产品开发人员必须回答这样几个问题：（1）这种需求为什么没有相应产品加以满足？仅仅是因为竞争对手没有考虑到，还是因为这种需求难以满足？（2）如果是前者，需要回答这样的问题：这种产品的可复制性如何？如果花大力气开发出来，会不会被竞争对手迅速模仿从而失去竞争先机？（3）如果是后者，则要回答这样的问题：是否满足可保条件？竞争对手未能开发，是否只是受制于其公司资源？如果是，本公司能否满足这种需求？为了回答这些问题，产品开发人员就要调研公司原有的经营状况，结合对前述问题的思考，从中寻找保险产品开发的方向和设计点，从而为开发能够唤起消费者需求的保险产品提供思路。

2. 产品开发

在市场调研基础之上，公司协调各部门，包括精算部、产品管理部、营销部门等，甚至为此专门成立产品开发委员会，组织设计保险新产品，或对旧产品进行改造以形成系列保险产品。产品开发是一切保险经营的起点。

需求是产品开发的出发点，也是公司经营成功的基石。任何不是出于客户需求的产品，无论技术多先进，都会以失败而告终。因此保险公司在进行产品开发的时候，必须把客户的需求放在首位，既要注重客户的现实需求，又要注重客户的潜在需求，既要考虑客户的近期需求，又要考虑客户的长远需求。新产品终究要接受市场的检验，如果市场上对它没有需求，或者需求很少，这种产品开发就很可能得不偿失，因此保险产品的开发应该把满足顾客需求放在第一位。由于保险消费者的经济收入、职业文化水平等方面的差异，以及经济社会环境的变化，社会上对保险的需求是多种多样的、多变的，所以要全面、准确地分析市场需求状况以及背后的影响因素，既要注重顾客的近期需求，又要考虑顾客的长远需求。由于受消费水平、价值观念、投保动机等多种因素的影响，客户对保险的需求呈现多层次性和多类别性，尽最大可能满足不同客户对风险保障的不同需求，是产品开发的基础。

"巧妇难为无米之炊"，保险公司只有拥有丰富的产品线，有多样化的产品集群，才能吸引客户，并最大限度地满足保险客户的需求，才能进一步展开其他经营活动，比如营销承保、防灾防损、保险理赔；有了丰富的产品线，保险公司才能围绕保险产品进行各项业务，因此保险产品的开发，对于保险公司的市场开拓，以及保险经营目标的实现，具有十分重要的意义。

3. 保险营销

保险营销是市场营销中的与生活紧密相连的营销体系之一，是指为满足被保险人的风险保障需要、实现保险企业的经营目标而进行的保险商务活动的全过程，包括市场调研、目标市场选择、开发新险种、价格确定、营销渠道选择、推销及客户服务等环节。

保险营销并不是保险推销，保险推销只是保险市场营销过程的一个阶段，但是保险推销是保险营销特别注重的一个环节，这是由保险商品的特殊性所决定的。虽然人们的生活中风险无处不在，但保险需求却不像人们饿了要吃饭、冷了要穿衣那样会产生直接的需求，因为风险在风险事件未发生时是看不见、摸不着、无法直接感受到的；同时保险这种商品只是保险公司对未来的一种承诺，这种承诺的履行只发生在保险事故发生后或约定期限届满时，不像一般商品或服务那样马上就有所感受。保单从外在的形式来说，只不过是一份合同，虽然代表了保险公司的信用，但对投保人而言，却无法在买保险的时候，马上就见到保险单的收益以及效果，而且保险产品抽象复杂，使得人们对保险商品了解得比较少，如果没有销售刺激和引导，通常人们不会主动购买保险商品。正是这种购买欲望的缺乏，使保险推销成为保险营销中的一个重要组成部分，也就是保险营销必须有保险推销这个环节。

（二）核心营运：新业务与核保→再保险→客户服务→理赔

1. 新业务与核保

核保与理赔，一个管业务进，一个管给付出，是保险经营的两个核心。保险产品一旦开发出来，一定是面向社会公众的，每一位希望获得保险保障的人都可以向保险人提出投保申请，但即便投保人对保险标的有可保利益，也不是所有的投保需求都能得到满足。那些能够得以满足的投保需求，也不一定都能以同样的条件加以满足，原因很简单：保险标的的风险水平不一，有些标的的风险水平高于平均水平，有些标的的风险水平低于平均水平。比如在健康保险中，保险标的就是人的身体与健康，人的身体与健康的出险概率要受到很多因素的影响，比如说平时的生活习惯，是否经常锻炼，本人的营养水平、生活区域、工作职业性质等，都会使得保险标的即人的身体与健康相异，从而发生风险事故的概率不同。在寿险中，保险人经营的风险是死亡或生存，人的死亡率受很多因素的影响，尤其是年龄因素，它就使得每个人在不同年龄的死亡危险呈递增状态，而其他因素的影响，又使得同龄人的死亡风险也有所不同，从而所适用的费率就应有所差异。但大数定律作用下的保险风险同质性要求同一风险池内的风险单位出险概率应该相似，所以在保险经营中，核保非常重要。承保人通过核保，对危险程度不同的保险标的进行分类，按不同标准决定是否承保以及以什么费率承保。如果核保这一环节把控不好，逆选择问题也将非常严重。因此为了保证保险业务平稳发展，保险人必须进行核保活动。

2. 再保险

再保险又称分保，是直接承保人将所承保的保险业务的一部分或者全部，分给其他投保人的过程。分保与承保在现代保险运行中具有极为密切的关系。虽然从理论上可以把承保和分保分为两个环节，在顺序上也可以认为是先有承保后有分保，但在实践中，承保和分保是同一过程的两个方面，保险人在承揽保险业务的时候，首先往往根据自身的财务实力确定本身的自留额，在确定自留额的同时其实也就确定了向其他承保人的分出额，自留额和分出额共同构成了承保。有些大额保险业务的投保人在考虑与选择不同的保险人时，往往需要保险人做好分保计划，分保计划的优劣也会成为业务能否成交的一个重要影响因素。不仅如此，在现代保险制度下，分保大多预先商定分保合同，某一保险人在承保前必须事先签订分保合同，从这个意义上来讲，分保是承保的一个前提条件。

分保有利于扩大保险人的承保能力，增加业务范围。保险人自身的承保能力与其资本金之间存在着制约的关系，分出的保险业务不计算在其中，而且分保有利于分散风险，控制承保责任。如果保险人独自承保大额保险合同或承保的责任超出其经济实力时，一旦发生重大保险事故，就会使保险人陷入危机，而通过分保，将自己承保的金额控制在其最高赔付能力的额度内，把超过自留额的部分分给其他保险人，从而把危险也分摊给其他保险人，自身的赔付责任得到了控制，从而促进稳健经营目标的实现。

3. 客户服务

保单签发后，经过投保人或被保险人缴纳保险费及签收保单，保险公司对有关保险单证就应该马上归档并妥善保管，尤其是人寿保险，其特点就是保障期限长，因此有关单证更是需要长期保管。目前我国保险机构基本上都建立了保险单证的现代化管理系统，除实体单证外，还包括电子微缩管理库和全方位的电子查询网络，从而实现了保险单证管理工作的现代化。

在整个保单生命周期内，保险人要提供各种客户服务工作，除理赔之外，各种保单维护收费、保单变更等都是客户服务的重要内容。

4. 理赔

理赔可以说是保险经营的最终环节，是保险之所以存在的根本原因。没有理赔工作，保险就没有存在的必要性。但从保险公司经营实务角度看，保险经营过程是一个连续不断、周而复始的循环运动，从这个角度考察，保险经营活动的最后一个环节——保险理赔，既是上一个保险经营活动的终点，又是下一个保险经营活动的起点。良好的理赔工作，对于刺激和推动下一轮保险经营活动的开展具有极其重要的意义。通过理赔工作，保险承保的质量得到检验，保险展业是否深入、承保手续是否齐全、保险费率是否合理、保险金额是否恰当，在发生赔案之后都一一暴露出来。此外，通过理赔，有利于发现防灾防损工作中的薄弱环节，以便于保险人进一步掌握灾害事故发生的规律，总结经验和吸取教训，尽量做好事前预防工作，进一步降低事后赔偿的可能性。

（三）资产业务：投资

与其他金融机构类似，从资金属性角度看，保险公司从事的业务有两大类：第一类是负债业务，也就是与保险保费收入相关的业务；第二类是资产业务，就是保险资金的运用，从保险经营的角度看它就是保险投资。资产业务是指保险公司在损失补偿或经济给付过程中，利用保险资金收支的时间差，把积聚的保险资金闲置的一部分投资于资本市场，以使保险资金保值增值。

虽然从严格意义上来讲，保险投资和保险资金运用这两个概念在内涵和外延上都有所区别，但从实务角度看，保险资金运用，基本上指的就是保险投资。从经济学意义上讲，投资指的是增加或更换资本资产的支出，最终目的在于在现有资本存量增加的基础上，实现扩大再生产。保险投资的侧重点有所不同，主要是通过各种投融资活动增加金融资产，直接实现公司盈利。保险资金运用概念的外延比保险投资更为广泛，包括保险公司对资金的占用和使用两个部分，也就是既可能体现为实体资产的增加，也应该包括金融资产的增加。保险投资仅仅是保险资金运用的一种方式，保险资金运用并不完全等同于保险投资。由于保险公司经营的特殊性，保险资金运用以保险投资为主，所以在理论上对二者没有作出严格的区分，通常就把保险资金运用等同于保险投资。

（四）后台支持：会计＋财务管理＋人力资源＋信息系统

会计工作的重点是以一套标准的体系，实现信息的准确传播。财务管理则复杂得多，它是企业管理中的一个重要子系统，是企业经营管理的枢纽和核心。企业的一切经济活动，都要通过财务管理来核算、反映和有效控制。会计是财务管理的信息基础，财务管理是对会计的进一步衍生。长期以来，我国保险公司的财务管理很大程度上都停留在被动反映的会计记账信息反馈阶段，财务管理的系统性、控制性功能没有充分发挥，以至于上级公司对下级公司的财务缺乏约束力，对保费收入、经营费用的开支等，都仅仅是事后反馈，未能达到信息反馈向经济活动控制的转变。这需要我国财务管理领域的专业人员与保险公司财务专家共同努力，使财务管理工作尽可能成为公司经营管理的有力工具。

从人力资源角度看，保险作为一种特殊的商品，从业人员的道德品质与业务能力直接制约保险行业的服务水平。如果保险从业人员缺乏从业道德，从业过程中就可能形成从个人与小团体利益出发的种种行业乱象，比如乱杀价、高额手续费等，如果保险中介从业人员道德水准不高，就可能产生超越权限乱承诺、误导承诺、恶意招揽乃至以佣金回扣获取业务等现象；即便投资、精算等专业人员，如果不强调从业道德以及没有合理的绩效评估体系，那投资人员就可能从自己的投资绩效提成角度出发，不顾风险，盲目追求高回报，精算人员就可能不重视顾客的长期保障需求，寻求能迅速获取市场份额的产品开发。因此，保险业的人力资源管理，不仅仅是设置合理的人力资源体系、招募合格的从业人员，更要注意保险从业人员的职业道德教育，加强员工岗前培训，将风险意识、服务意识贯穿于整个保险行业，贯穿于整个保险经营的过程。

保险业本身就是一个信息驱动的行业，保单本质上就是一系列信息的组合，无论对投保人、保险公司还是对投资人、监管者，保险信息化都是向他们提供准确信息、实现行业理性发展的必要基础条件。保险公司应该在现有基础上加快信息化、网络化的发展，丰富与拓展电子商务、互联网保险及衍生的各项服务手段与领域，提高保险公司的业务处理能力与工作效率，以为顾客提供高效、便捷、优质的服务，提升公司在全行业的竞争力。

（五）内部治理：审计→合规

保险公司的内部控制和风险管理是保险公司稳健经营的重要保障，而公司内部管理不科学、不规范、不严格是经营风险的根源，因此建立科学的管理体制，强化保险公司的内部控制，是防范保险公司经营风险的有效保证。同时，保险公司内部控制制度也是连接保险监管制度和企业微观治理结构的重要桥梁。建立保险公司内部控制制度的目的在于建立公司内部各个部门之间的相互制衡机制，通过刚性制度安排提高公司成员的自我约束意识，以便及时发现和防范经营风险，提高公司的核心竞争力。实践表明，健全的内部控制制度是保险公司得以有效进行风险管理的重要内部制度保障，也是衡量保险公司经营管理水平的重要标志。

落实加强内控制度建设的目标，需要企业管理层的重视和员工的认可，由企业逐步引导员工自觉地用内部控制制度约束自己的行为，使企业的内控行为进一步内化为员工的内控行为。同时，不断进行内部控制系统运行效率的评估，在发现内部控制系统的运行出现问题或在内部控制系统正常运转的情况下仍出现非系统性风险时，不断修正内部控制系统，以便更好地发挥其作用。

第二节　核保与理赔

一、核保

（一）核保的含义

核保又称风险选择，它对投保的保险标的或被保险人的风险程度进行评估与分类，将之分为四个等级（见图 8－1），即：（1）优选风险，其出险水平低于平均出险水平；（2）健体风险，其出险水平与平均出险水平近似；（3）次健体风险，其出险水平高于平均出险水平，但尚未高到拒保水平；（4）拒保风险，或因其出险水平过高，或因出险单位过少，如果保险公司承保该类风险会严重影响其经营稳健性。在风险分级的基础之上，再决定是否承保，以及如果承保，适用什么样的费率或采取什么限制措施。因此核保可以看作以下步骤的统一：（1）决定哪些风险可以被接受；（2）确定与此可接受风险对应的应收取的保费以及保险合同上的条款；（3）监督上述每一项决策。

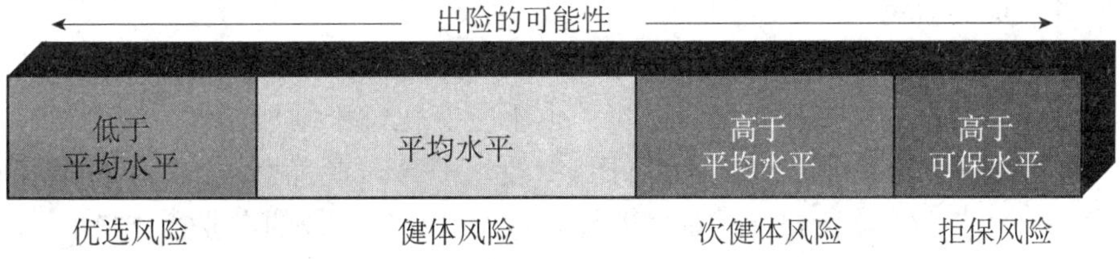

图 8－1　核保基本原理：根据出险可能将保险标的分为四个等级

在保险实务中，承保各环节除了核保以外，进行的就是签单、出单、通知、登记存档等工作。这些工作也很重要，好的承保工作不仅能使获得保险的客户以适当的费率及条件得到保险保障，并将不可保风险排除在外，而且会使得到保障的客户和被拒保客户都能获得良好的体验。但是，承保工作中的核心与前提，依然是核保工作，这是承保工作中大量实质的、关键的和技术性的工作。核保工作的目的在于辨别投保风险的优劣，并使可接受承保的风险品质趋于一致，以利大数定律的发挥，从而保证公司业务质量，保证保险企业经营的稳健性。其重要性具体体现在以下几点：一是通过核保，把不适合承保的投保申请淘汰掉；二是通过核保把承保的保险标的及被保险人进行风险分类、制定适当的承保费率及限制条件，维持了差别费率公平原则，防止了逆选择；三是核保工作的加强有利于防范保险欺诈。

（二）核保的原则目标

核保的基本原则主要有两方面：一是做到风险的合理分散。在自有资源范围内尽可能通过不同类型业务、不同市场、不同区域的业务分散风险；对同一险种，优质风险标的越多越好。二是做到保费的合理收支。一份过于严格的保单确实可以降低损失率，但会减少保费收入、减少风险池的风险单位数，不利于大数定律的发挥。所有承保活动都必须满足承保的目标，并以此支持承保的根本目的——保持业务增长、实现公司盈利。在此原则指导下，核保要尽可能达到以下六个目标：提供适度保障、坚持选择标准、坚持定价标准、维护市场稳定、提供优质服务、维持专业竞争水平。核保还要维持上述六个目标间的均衡。

所谓提供适度保障，就是要根据投保人、被保险人的状况，提供恰好能满足投保人需求的保险保障，保障不足既会影响对被保险人的保障，又会压缩公司业务量，不利于公司赢利目标的实现。

承保员的工作有时称为风险选择。简单来说，承保员有责任决定什么条件下可以接受哪些投保人的投保要求。承保员要坚持风险选择的标准，既要防止逆选择从而选择标准不能过于宽松，同时选择标准又不能过于严格，否则保险业务就很难增长。

价格是核保员在决定接受投保人投保时可以影响的因素之一，坚持定价标准同样是核保的重要原则之一。通过坚持定价标准，承保员使得保险公司可以对每位被保险人收取适当的保费，既获得少量利润，又保持公司在市场中的竞争力，从而有利于业务人员的营销。

核保人员还需要维护市场稳定，并在此基础上为投保人提供优质服务。维护市场稳定意味着价格要保持相对稳定，险种也不应变化过于剧烈；优质服务意味着核保过程既要准确，还要速度快、态度好、专业水平高。事实上，如果承保服务质量高，投保人甚至会忽略价格上的细微差异，从而维持本公司的专业竞争水平。

（三）核保的内容与规则

1. 核保内容

（1）对投保人的核保。

我国保险法规定，投保人必须具备两个条件：一是具有相应的民事权利能力和民事行为能力；二是投保人对保险标的应有法律上认可的利益即保险利益。对投保人的核保主要是审核保险利益。我国人身保险合同的订立，投保人必须对被保险人具有保险利益，被保险人必须为投保人家庭成员，或投保人投保获得了被保险人同意。凡有死亡给付条款的合约，必须要得到被保险人的同意，父母为未成年子女投保的除外。

（2）对投保标的的核保。

人身保险的核保就是对被保险人的身体与健康状况进行核保。对高额保单，保险公司还需要对被保险人的财务状况进行核保，包括被保险人的资产状况、负债状况，以及收入和储蓄投资规划等。

（3）对保险责任的核保。

通过风险评估确定承保责任范围，明确对所承保风险的赔付责任。只有通过风险分析评价，保险人才能明确所承担的风险与对应的赔偿给付责任。对于常规风险，保险公司可以按基本条款加以承保，对于一些特殊风险，保险公司可以与投保人协商，商定更充分的合同条款（比如免赔额、比例赔付、责任免除、附加条款）后进行特约承保。特约承保既可以满足被保险人的特殊需要，又可以控制保险公司的风险，是一些特殊情况下的核保决策。

核保员核保时还要多方注意，详加考察，以对保险金额进行核保、对道德风险与逆选择等主观风险因素进行核保等。

2. 核保规则

实际核保时，保险公司会根据险种的不同遵循多种细致的规则。对于高额保险需要做财务核保，而非高额保险，除不用做财务核保外，其他方面与高额保险一样，至少包括医疗因素与非医疗因素。

医疗因素至少包括对被保险人既往病史与家族病史的核保。因为疾病的某些特征，即便在一定时期内被治愈，它仍有可能复发或留下后遗症等，从而增加了风险，所以需要对被保险人的既往病史进行核保，一方面要求投保人如实告知，另一方面如有必要应在被保险人的同意之下查阅既往病历以更全面地了解被保险人的健康状况，从而控制风险。很多疾病有遗传倾向性，父辈的疾病可能会对后代产生一定影响，作为被保险人，如果有家族病史，也应该如实告知保险公司。

非医疗因素则是那些本身与医学无关但会影响被保险人未来出险概率的因素，包括个人生活习惯、嗜好，从事的职业等。影响被保险人未来出险概率的嗜好主要是一些不良生活习惯，比如吸烟、酗酒等，而吸毒更是不可接受的恶习之一。职业也是影响出险概率的重要因素，不同职业的出险概率不一样。按风险程度的不同，职业可以分为事故风险职业、健康风险职业、工作环境风险职业等。在核保时需要对被保险人所从事的职业、具体工作岗位、工种及工作性质等作详细了解，当职业变更时，被保险人还应该通知保险人，保险人有可能会重新审定新的保险费率。非医疗因素还包括被保险人生活的自然环境与社会环境。

（四）核保决定

按核保规程与核保技术手册的要求，核保员经过分析，最终作出核保决定。超出权限之外的保件，核保员出具核保意见后报上一级核保人员。

常见的承保风险分为两大类，即标准体组与次健体组。标准体组就是那些正常的、可以按标准费率承保的人群，优选风险通常归入标准体组加以承保。次健体组是风险超过平均出险水平但尚未达到拒保水平的人群，对次健体组被保险人进行归类并制定相应费率是保险公司的一项重要工作。

次健体组中超出标准体组风险水平的那部分风险通常称为额外风险，额外风险导致的死亡率称为额外死亡率。额外风险有三种情况：一种是随着进入年龄（即成功投保的年份）的增加而递减，一种是与年龄无关，保持固定不变，还有一种是随年龄增长而递增。对于递增型或固定型额外风险，承保时可以按年龄增加法进行承保；递增型风险还可以按保费加成法承保，这通常是在假定各年龄死亡率以一定比例增高的情况下进行；额外风险不随年龄变化而改变，比如额外死亡率是由职业或喜欢从事高风险活动导致时，可以采用定额附加保费法承保；对于递减风险，可以按保险金额削估法承保，即签约后在约定期间内发生保险事故时，保险公司按一定比例削减保险金给付。

二、理赔

人身保险的理赔是指保险公司按照保险法和保险合同的规定与要求，对被保险人发生的死亡、伤残、疾病或生存至约定期限等，决定是否承担保险金给付以及如何承担保险金给付的过程。从法律角度讲，理赔是保险公司履行保险合同的过程，是法律行为；从经济学角度讲，理赔是保险经营的最后一个主要环节，是实现保险经济关系的过程。没有理赔工作，保险也就失去了存在的意义。

理赔的原则，简单来讲就是“主动、快速、准确、合理、重约、守信”，该赔的要迅速准确地赔付且使受益人最大程度达成满意，不该赔的坚决不赔且能迅速正确地依法或按合同给出拒赔原因，使保险客户即便索赔请求遭拒也能达到最大满意。

这里简单介绍一下我国对理赔相关的法律规定。

（一）投保人一方出险及时告知及索赔的义务

投保人、被保险人或者受益人知道保险事故发生后，应该及时通知保险人。

在保险事故发生后，被保险人或受益人应将事故发生的时间、地点、原因及其他有关事项，以最快的方式通知保险人，并提出索赔请求。

人寿保险以外的其他保险，其被保险人或受益人对保险人请求赔偿或给付保险金的权利，自其知道保险事故发生之日起 2 年不行使而消灭。

人寿保险的被保险人或受益人对保险人的请求给付保险金的权利，自其知道保险事故发生之日起 5 年不行使而消灭。

（二）被保险人有依法、按合同约定理赔的义务

保险人收到被保险人或者受益人的赔偿或者给付保险金的请求后，应当及时做出核定；对属于保险责任的，在与被保险人或者受益人达成有关赔偿或者给付保险金额的协议后 10 日内，履行赔偿或者给付保险金义务。

保险人自收到赔偿或者给付保险金的请求和有关证明、资料之日起 60 日内，对其赔偿或者给付保险金的数额不能确定的，应该根据已有证明和资料可以确定的数额先予支付；保险人最终确定赔偿或者给付保险金的数额后，应该支付相应的差额。

第三节 保险资金的运用

与一般金融机构类似，人身保险公司的业务包括负债业务与资产业务两大类。与一般金融机构不同的是，保险公司根本的业务在于负债业务，即通过出售保单提供保险服务获得利润。负债业务利润有两个组成部分：一部分是实际赔付与预期赔付之差，这部分收益在寿险中被称为死差益；另一部分是通过保险公司提高效率、压缩费用，使实际费用低于定价时的预期费用造成的差额，这部分收益称为费差益。当然，退保收益等也是负债收益的来源之一。随着保险行业竞争加剧，保险公司资产业务，即投资的重要性越来越重要。对于保险公司而言，保险资金的运用，增强了公司的盈利能力，对公司偿付能力是一种保障，同时也促进了保险公司的人才培养，增强了其竞争实力。近年来，保险资金的入市也为我国保险公司扩大资产规模、提升盈利水平创造了机会，为业务创新、保险费率市场化改革创造了条件，特别是增强了我国保险业全面对外开放过程中的竞争力，有利于保险公司与国际接轨，向专业化方向发展，逐步走国际化道路。如前所述，保险资金运用与保险投资严格意义上讲并不等同，但由于保险投资的特殊性，人们一般并不严格区分保险资金运用与保险投资。

一、人身保险公司投资资金的主要来源

经营人身保险的保险公司资金主要由资本金、责任准备金、保险保障基金以及公积金、保留盈余等其他资金组成。

（一）资本金

资本金是指保险公司成立时由股东认缴的股金或政府拨款以及其他实际拥有的资本。拥有法定资本金是保险公司成立的一个必要条件。各国保险法均对保险公司的开业资本金规定了最低限额。如在美国，对于开业资本金的最低限度，各州都有自己的法定要求；在加拿大，产险公司的最低资本金为150万加元，寿险公司为200万加元。我国《保险法》第69条规定："设立保险公司，其注册资本的最低限额为人民币二亿元。国务院保险监督管理机构根据保险公司的业务范围、经营规模，可以调整其注册资本的最低限额，但不得低于本条第一款规定的限额。"保险公司的注册资本必须为实缴货币资本。保险公司的资本金平时极少有付出的机会，可以尽量加以运用，因此资本金成为保险投资的重要资金来源。

（二）责任准备金

责任准备金是保险公司为了承担未来发生保险责任而从收取的保险费中按一定方式计提的资金。责任准备金本质上是保险公司的负债，保费收入中总有一部分以

责任准备金的形态滞留于保险公司内部，为保险公司的资金运用提供了稳定的资金来源。对于人身保险公司特别是寿险公司来说，责任准备金是可运用保险资金的主要组成部分。

（三）保险保障基金

保险保障基金是保险公司根据保险法律法规的规定筹集，用于防范保险公司可能出现的风险而建立的基金。我国保险法规定，保险公司应当按照金融监督管理部门的规定缴纳保险保障基金，这部分保障基金在实际动用之前，也成为保险投资的资金来源。

（四）其他资金

其他资金包括公积金、未分配利润、保留盈余及结算中形成的短期负债等，这些资金也作为保险资金的一部分，可以进行投资、运用。

二、保险投资的基本原则

保险投资的状况直接影响保险公司经营的稳健程度，影响公司偿付能力，关系到投保人的利益。保险资金具有负债性、社会性等特点，这决定了保险投资有其特定的原则。《保险法》第 106 条规定：“保险公司的资金运用必须稳健，遵循安全性原则。”我国保险投资的基本原则包括三个：安全性原则、收益性原则、流动性原则。

（一）安全性原则

安全性是指保险公司所有资产的可实现价值不少于其总负债的价值，也就是说，要保证保险投资资金的返还，以保证保险人的偿付能力。安全性原则包括两个方面：一是尽可能避免投资风险过大的项目，以防投资失误造成巨额损失；二是进行投资组合进而分散投资风险。

（二）收益性原则

收益性是指获取投资收益的能力。收益性原则是由保险投资的目的所决定的。获得最大的投资收益，是保险公司进行投资的最主要动机。保险人的投资应在总体上符合安全性要求的前提下，尽可能提高投资收益水平。同时，良好的赢利性又是资金安全性的有力保证。

（三）流动性原则

流动性是指保险资金的投资要能保持较高的可变现性，能在紧急情况下，迅速地将投资变现为现金，以保证对保单责任以及其他责任的支付能力。保险资金具有负债的性质，保险事故发生时需要及时对索赔人提供赔付，而保险事件的发生又具有一定的随机性。因此，投资中的保险资金要保持足够的流动性，以随时满足保险赔偿和给付的需要。

上述三个原则相辅相成，有时也存在矛盾。例如：一般变现能力强的投资项目，赢利能力相对会低一些，如银行存款；有的投资变现能力与赢利能力可能都不错，但安全性可能相对较低，如股票投资；有些投资安全性强、收益高，但变现能力却不佳，如基础设施投资。因此保险投资需要在上述三原则中加以权衡。由于投资时出于不同的目的而侧重强调不同的原则，就会形成不同的投资策略。这里不加赘述。

除了核保、理赔这两大负债业务的核心，以及保险投资外，保险公司内部经营的重要内容还包括市场营销、客户服务等。以客户服务为例，从人身保险产品销售开始，整个客户服务过程就已经开始，包括咨询、约谈、面访、签订保单、收费等，均属于全面客户服务的内容。而自保单签订开始，保险公司的客户服务开始进入内部经营环节，包括保单存续期间保险计划的变更、保单受益人的变更、保单收费、保险问题的解答、信息的更新传递、理赔协助等。保险服务的全过程对于保险的客户体验、公司形象、未来新业务拓展等都有着重要意义。受篇幅所限，本书对保险公司内部运营的其他内容不再做详细介绍。

关键词

营销　　保险资金运作　　内部治理　　核保　　理赔
保险资金运用　　保险投资　　保险投资三原则

复习思考题

1. 简述保险公司的职能领域。
2. 简述保险客户服务的意义。
3. 简述保险核保的概念与基本原则。
4. 简述次健体承保常采取的做法。
5. 简述理赔的法律意义与经济意义。
6. 简述理赔工作对公司经营的意义。
7. 简述可运用保险资金的来源。
8. 简述保险投资的基本原则。

第九章　团体人身保险

团体险保单为被保险人提供了部分保障，但有时却可能导致被保险人自身运用保险产品进行风险转移的意识不足。因此，人们有必要了解一些团体人身保险方面的知识。

第一节　团体人身保险概述

一、团体保险的概念与种类

所谓团体保险，是以团体、机构或企业为投保人，为 5 个以上特定团体成员（可以包括成员配偶、子女和父母）投保，由保险人用一份保险合同提供保险保障的人身保险。团体保险的投保人不一定是法人，但一定不是自然人，团体保险的被保险人是该团体的合格成员。它是人身保险业务的一种经营方式。能够投保团体保险的团体，必须不能是以投保保险为目的成立的团体，而必须是已经存在的、有其特定非保险业务的正式团体，其目的在于规避逆选择（当然，这只是必要条件，满足这些条件的团体不见得就可以投保团体保险，比如抗癌协会这样的团体）。

团体保险主要包括 4 种类型的保险业务，即团体人寿保险、团体健康保险、团体意外保险和团体养老保险（包括企业年金业务）。

团体保险按保费分摊方式的不同，分为醵金制计划（即投保机构与团体成员共同分摊保险费的计划）和非醵金制计划（即投保机构全额承担保险费的计划）。

二、团体保险的特点

与个人人身保险业务相比，团体人身保险从保险开发到经营环节都有非常明显的不同，这里加以简单介绍，详细内容在本章第二节再加以阐述。

（一）使用团体保单

保险公司对投保团体保险的企事业单位、机构或团体出具团体险保单，这个保单称为“总保单”或“主保单”，对团体保险的参保人员出具保险凭证。主保单会详细列明团体保险投保人与保险公司之间的权利义务关系，而保险凭证只记载合同条款相关信息及索赔步骤。

团体保险合同的订约双方是投保团体与保险公司，因此“最大诚信原则”要求的保险人对投保人的详细告知义务只需要对投保团体履行而无须对其保障的每一位被保险团体成员履行。团体又是保单持有人，而团体保险保单持有人往往要承担一部分保单管理工作，这形成了团体保险的第二个特点：管理成本低。

（二）管理成本低

团体保险的另一个显著特征是以相对低于个人保险的成本为多人提供保险保障。保险人之所以可以提供相对价廉的保险，是因为团体保险所需的管理费用较低。管理团体保单的费用要远远低于管理个人保单的费用。当然，一个团体保险保单的管理费用通常要高于一个个人保险保单的管理费用，但一个包括 50 位被保险人的团体保险保单的管理费用要低于管理 50 份个人保险保单的费用。譬如，团体保险的核保成本和保单签发成本通常要低于个人保险，这是因为团体保险人把团体作为一个整体核保，而不是按单个人进行核保；团体保险人只签发一个主团体险保单，而不是签发许多个人保单。此外，一个团体险保单的销售成本也要低于许多个人保单的销售成本。团体保险的管理费用较低的另一个原因是，团体保单持有人负责处理了许多日常管理工作，而个人保单的相应工作则必须由保险人完成。

团体保险计划的管理主要是一些簿记工作。譬如，团体人寿保险计划的一些必要记录内容包括每一位计划参加者的姓名、保额和受益人姓名等。如果由保险公司负责管理这些记录，那么相应的团体保险计划称为保险人代管计划。如果由保单持有人自己负责管理这些记录，那么相应的团体保险计划称为自行管理计划。不论采取哪一种管理模式，有关团体构成和团体变化的任何信息必须每月向保险人报告一次。

除上述单证印制、管理成本低以外，团体保险的附加佣金比例也较低。个人人身保险的代理人对每一单（即针对每一个被保险人）都要提取相应的佣金，而团体保险不需要，而且很多团体保险投保人会与保险公司直接商洽，免除佣金支出，从而既降低了保险公司的佣金支出，也减轻了投保人的保费支出。同时，团体保险的第三个特点，即不需要对每一位被保险人进行核保，也降低了保险公司的核保成本。

以上这些因素的共同作用，就使团体保险的管理成本比个人保险要低。

（三）以团体核保代替个人核保

前面讨论过，人身保险核保就是对投保人、被保险人的风险进行评估，对风险进行分类并制定不同的承保决策的过程。实际上团体保险最大的特点就体现在核保方面。团体保险的核保不对每一位被保险团体成员进行核保，而是对团体的性质、大小、团体参保人数、团体被保险人的保额等方面进行风险评估。当然，如果投保的团体规模过小，比如少于8个人（不同公司有最少人数的规定），那就既需要对团体进行核保，也需要对团体成员进行核保了。

（四）团体保险合同设计灵活

由于保险合同的专业性很强，为保护投保人利益，国际上一般都要求保险公司事先制定好保险合同条款供投保人事先阅读理解及监管部门监督，保险合同一般都是附和性合同，即保险公司每一款产品都是标准化的，不能按投保人的要求单独制定条款。团体保险合同不同，每一份团体保险合同都可以按照投保人的要求量身定制，尽管合同都要遵循特定模式与规范，都需要特定的标准条款，但与个人人身险相比，团体人身险的灵活性相当大，且投保团体规模越大，合同的灵活性越大。大多数情况下，只要投保人的要求实现起来不是太过复杂，不会为可能的逆选择提供方便之门，不违反法律与公众利益，保险人通常愿意根据投保人的要求设计合同。

（五）团体保险定价方法多样

团体保险产品以投保团体的实际风险水平作为保险定价的基础，在确定团体保险续期保费时，保险公司会根据经验使用表定费率、经验费率及混合费率等多种定价方法。在计算首期保费时，由于对投保群体没有经验数据作为参考，因此首期保费通常都采用表定费率法确定。如果团体规模足够大，那么团体的实际损失经验就会成为确定团体保险续期保费费率的重要因素。

三、团体保险对员工的意义

（一）人寿保险作为员工福利

西方发达国家的企业常常用保险产品为雇员提供福利，企业可以将其雇员作为被保险人，由企业支付寿险保单的一部分或全部的保费，而由雇员自己指定受益人。这种福利计划的主要途径是参加团体人寿与健康保险计划，有很多雇主还为其雇员提供团体退休计划。有时一些企业会为自己特定的员工提供特定的个人人身保险计划，以此作为福利奖励特定员工。通过提供这种额外的福利给那些有价值的雇员，企业可以增强自己的竞争力，吸引并挽留这些雇员。下面介绍两种最常见的作为福利的人寿保险计划，即延期补偿计划和保费分担计划。

1. 延期补偿计划

延期补偿计划由雇主提出，通常由投保团体保险的机构缴纳保费，参加该计划的员工为被保险人，受益人也是投保人团体（我国人身保险受益人不可以是单位，所以这类保险在我国目前不存在），同时双方约定，雇员退休的时候把保单累积的现金价值用来购买年金，指定年金领取人是员工本人，这样就可以为雇员家庭提供收入。大多数延期补偿协议规定，如果雇员在协议规定的日期之前自愿终止雇佣关系，他只能领取雇佣关系终止日前总补偿金额中属于他本人的那部分，而雇主缴纳的部分则不属于雇员所有。有时也会按雇员在企业工作的年限，规定雇员能够获得的延期补偿总额度的不同比例。因此，延期补偿计划已成为对雇员留守企业的一种激励。

2. 保费分担计划

保费分担计划其实就是前面所讲的醵金制计划，由雇主和雇员按约定的各自分担的比例共同承担保费，指定特定的雇员为被保险人，受益人则由雇员自己指定。

这种保险通常是终身寿险，保单可以由雇主所有，也可以由雇员所有，一般约定由雇主缴纳每年保费中保单现金价值增量的部分，剩余部分由雇员自己缴纳，因此在任何时刻，雇主缴纳的保费总额都等于保单的现金价值。这类保单一般还会约定，雇主有权从保单现金价值中提取至少等于他为该保单所缴纳的保费部分。因此，如果雇员在保单有效期内死亡，雇主就可以收回他所缴纳的保费，而雇员指定的受益人则获得保险金的剩余部分。当雇员退休或脱离企业时，他通常可以获得保单的所有权，但必须补偿雇主为该保单缴纳的保费。

（二）健康保险消除雇员后顾之忧

大多数人在患有严重疾病以后，往往无力负担全部的医疗费用，在因疾病或伤残而不能工作时，也难以承受其收入损失。被保险人可能由于疾病或伤残面临经济损失的风险，而人寿和健康保险公司销售的大量个人和团体健康保险产品可以用来防范这种风险。其中以团体为投保人购买的健康保险即为团体健康保险，可以为企业员工消除后顾之忧。

事实上，人身保险对于企业增强自身信用、增加对员工的吸引力和员工的忠诚度、消除员工后顾之忧有着独到的作用。团体人身险与个人人身险，在保障范围方面并无太大不同，所迥异者只是投保、承保方式，以及合同条款方面。

第二节　团体保险的经营

一、团体人身保险核保

核保也是团体保险与个人保险的重要差别之一。虽然团体保险与个人保险的核保目的相同，都是判断被保险成员是否处于平均风险水平、其损失经验是否可以预测以及对保险人而言承保风险是否可以接受，但个人寿险与健康险的核保准则要求准被保险个人满足保险人的承保标准，团体保险的核保则主要强调团体的特征而通常不要求单个团体被保险人提供可保证明。对团体进行风险评估时，团体核保员也要设法防范逆选择，并尽量降低提供保险的相关成本。最后，团险核保员还必须确定该团体所处的风险级别，并确定合适的保费率。

每个承保团体险的保险公司都要制定一套自己的核保准则，以界定它所提供的团体保险类型和它所承保的团体类型。但团体核保员在评估每一个团体存在的风险是否属可接受风险时，必须考虑该团体具体的风险特征。这些自身风险特征包括组成团体的目的、团体规模、进入团体的新成员数量、团体的稳定性、对参与计划的合格团体成员规定的比例、给付水平的确定方法以及团体的主要活动等。下面我们将逐一介绍这些风险特征。需要注意的是，在任何特定的情况下，团体核保员可能需要考虑团体的各种其他特征。

（一）组成团体的目的

团体保险核保准则中对团体有一条最基本的要求，即该团体的组成必须是出于非保险原因。因为如果只是为购买团体保险而组成团体，往往会有较高的逆选择倾向，那些认为自己没有资格投保个人险的人比那些能够购买个人险的人更可能加入这样的团体。

（二）团体规模

团体规模是影响团体风险水平的重要因素之一。一般来说，团体的规模越大，团体的经验损失率越接近于预计的损失率。并非所有的保险人都愿意涉足小团体保险市场。不少保险人制定了自己的最小团体规模要求，对团体成员人数达不到该要求的团体仍然不予承保。对于很小的团体（如 15 人以下），团体核保准则往往要求团体中的每一位成员都提供可保证明。对于较大的团体（如 15～50 人的团体），核保员通常将同一行业的若干个规模接近的小团体合并，然后预测它们的损失率，可以预期这些小团体在合并以后的损失率将接近于一个大团体的损失率。

（三）进入团体的新成员数量

团体核保的另一个重要要求是有足够的新成员定期加入团体。年轻新成员需要满足下面两个条件：（1）可以替换脱离团体的成员，从而保持团体规模的稳定性；（2）可以保持团体年龄结构的稳定性。如果一个团体在若干年内没有新成员加入，那么这个团体的年龄结构将日趋老化，因而团体的损失率和保费率都将向上攀升。反之，如果年轻的新成员不断加入团体，团体的年龄结构和预期损失率将更趋稳定。当然，年轻是相对而言的，对一个全部由退休人员组成的团体而言，65 岁的新成员就可以认为是年轻的，他们的加入将有助于稳定该团体的年龄结构。

（四）团体的稳定性

虽然团体成员的变更对保险公司比较有利，但保险公司必须能够预测团体存在的合理时间长度，并保持团体构成的相对稳定性。否则，管理团体保险计划的成本将太高。因此，核保员通常拒绝为那些成员变动过于频繁的团体签发保单，譬如，季节性或临时性员工的团体通常不被视为一个可保团体。

（五）参与比例

投保团体保险时团体中合格团体成员要达到最低比例。要求最低比例的目的在于防止逆选择和歧视现象的发生。从原则上讲，特定的最低比例要求主要取决于团体保险计划是属于分担型计划还是非分担型计划。如果是非分担型计划，一般员工都要参加；而分担型计划，因为需要员工自缴一部分保费，所以不强求全部参加，但为防止逆选择，保险法及保险公司都要求，投保的组织最少要投保75%的员工。

（六）给付水平的确定

团体保险的被保险人不能自己选择保险金额，这是避免逆选择的必要步骤。没有这一限制，那些健康状况不佳、不能获得个人保险的团体成员将可能选择比健康的团体成员更大的给付金额。每位被保险人的保险金额通常由团体保单持有人与保险公司共同制定，它们一起确定一种公平合理的方法，用来确定向团体被保险人提供的给付水平。这种确定给付水平的方法将记录在总团体保险合同中。

某些团体险保单允许被保险的团体成员从任选保障的一览表中选择额外的保障。在大多数情况下，团体保险人通过下述两种方法使逆选择的影响最小化：（1）限制团体计划所能提供的任选保障；（2）如果这种任选保障的给付水平较高，并且团体被保险人不能提供令人满意的可保证明，保险人保留权利，可拒绝该团体被保险人选择的任选保障。

（七）团体的活动

根据团体的正常活动，团体的风险等级可分为以下三个：标准风险、次标准风险和拒保风险。如果某团体的活动不会导致其成员出现高于平均水平的损失率，那么该团体就属于标准风险。如果一个团体的活动将导致其成员出现高于平均水平的损失率，那么该团体就属于次标准风险，需要缴付的保费将高于标准风险的保费。比如，由煤矿工人所组成的团体就属于次标准风险，因为采煤作业具有较高的风险。当一个团体的正常活动过于危险时，保险公司将拒保。譬如，许多保险公司会拒绝为一个全部由赛车手所组成的团体签发团体险保单。

不同保障类型的保单对团体的同一活动的风险评价结论并不一致，比如对团体发病率风险有显著影响的活动通常对团体死亡风险的影响极其微小，因此，一个团体购买的健康保险可能需要按次标准费率缴费，但其购买的团体寿险可能只需要按标准费率缴费。

二、团体保险的定价与保费处理

（一）产品定价

1. 产品定价方法

保险公司对团体保险费率的设定通常本着具体案例具体分析的原则，换言之，保险人评估每个团体并厘定其保费率，保费应足以支付团体的索赔并对保单持有人而言是公正的。为了使保费率符合上述标准，保险公司必须预计将发生的以下两项成本：提供团体险保单所承诺的给付和管理团体保险计划成本。对于一个特定的团体险保单，保险公司可以通过表定费率法、经验费率法或混合费率法对上述成本进行估计。

团体保险费率不同于个人保险费率，它通常在保单继续有效的每一年重新计算一次。保险人通常只保证一个保单年度的团体保险费率，在下一个保单年度开始时或者任何一个保费到期日都可以修改保费率。但在任何一个 12 个月长的期限内，最多只能改变一次保险费率。下面我们讨论保险公司如何利用表定费率法、经验费率法和混合费率法确定团体首期保费和续期保费。

（1）表定费率法。

表定费率法通常在保险公司确定新投保团体的首期保费时使用，因为没有该团体的历史赔付经验和费用经验，这时保险公司就利用自己的经验数据，或者是其他保险公司的经验数据，估计该团体的预期赔付和费用经验，进而计算团体保险费率。这种不使用具体团体的历史赔付经验和费用经验而利用自有或其他公司的经验数据厘定的费率，就是表定费率。

保险公司通常利用表定费率法确定新投保团体的首期保费，并确定小团体的首期保费和续期保费。这两种团体都缺乏可供保险公司确定费率使用的历史赔付经验和费用经验。小团体由于规模不大，其赔付经验缺乏可靠性，保险公司难以确定这种历史赔付经验是一种偶然结果还是确实反映了该团体的一般经验。

（2）经验费率法。

经验费率法是保险公司以特定团体的历史赔付经验和费用经验为基础，确定团体保险费率的一种方法。保险公司通常应用这种方法确定大型团体的续期保费。在许多情况下，保险人也使用经验费率法确定那些目前正被其他保险公司承保的大型团体的首期保费。在这种情况下，保险公司可以获得该团体先验赔付经验的有关信息。

（3）混合费率法。

某些团体的规模较小，使得保险公司不能完全依赖经验费率法，但它们又足够大，使得保险人将重视其赔付经验和费用经验。在这种情况下，保险人将采用混合费率法，即采用表定费率和经验费率两者结合的一种方法确定团体保险费率。团体规模越大，保险人给予团体自身经验的可信度就越大，而对表定费率的依赖程度将越小。

（4）费率的其他考虑。

团体保险费率的确定非常复杂，厘定费率时保险公司不仅要决定是否使用团体自身的赔付经验，或者在多大程度上使用，还需要考虑其他一系列因素。譬如，保险人必须考虑团体保险计划的给付水平。此外，团体保单持有人如何管理计划也在很大程度上影响着保险公司对团体保险计划的管理费用。因此保险人在计算保费率时会考虑很多因素。下文在描述团体寿险与健康险保单所提供的给付时，会说明具体保险因素如何影响团体保险费率。

2. 影响团体保险定价的因素

团体保险具体定价时要考虑很多因素，这些因素包括：

(1)人口统计资料测算的死亡率、发病率等，该因素不同地区的团体会有所不同。

(2)保险公司的费用水平。

(3)保险公司的预期投资收益率。

(4)投保团体所属的行业或职业危险性，比如教师团体与煤矿工人团体，职业危险性显著不同。

(5)免体检限额也是重要的影响因素，投保额在该金额以下的团体成员，不用核保便可按照标准费率承保，而免体检限额越低，说明核保越严格，通常理赔经验也越好。

(6)投保团体的规模大小。

(7)其他因素，比如再保公司建议，公司确定的风险和利润附加等。

（二）保费额

团险保费通常按月缴付。前文所述的保费率一般都以 1 000 元的给付单位为基础，也就是说，保费费率是指团体保险每提供 1 000 元保险金应缴的保费比率。

虽然通常保费率保证一年不变，但按月缴付的保费额是随着当月的有效保额不断变化的。例如，团体寿险保单按月缴付的保费等于每 1 000 元保额的保费率与当月有效单位（1 000 元保额）数的乘积。因此，如果雇主在当月增加了几个新雇员，当月的保费将会增加，但当年每 1 000 元保额的保费率并没有发生变化。

例如，某企业为自己的员工投保了团体保险，表 9－1 和表 9－2 是该企业每个月要缴纳的保费的计算过程，其中反映了：（1）男性和女性死亡率的预期差异；（2）10%的行业附加；（3）15 元的合同费用附加；（4）5%的规模折扣。

表 9－1　表定未调整保费的计算

	保险金额 (1)		月费率（%） (2)		月保费 (3) ＝ (1) ÷1 000× (2)	
年龄	男性	女性	男性	女性	男性	女性
20	800 000	500 000	0.12	0.07	96.00	35.00
30	2 200 000	2 100 000	0.15	0.08	330.00	168.00
40	1 200 000	1 100 000	0.30	0.18	360.00	198.00
50	900 000	700 000	0.86	0.60	774.00	420.00
60	1 000 000	600 000	2.13	1.80	2 130.00	1 080.00
合计	6 100 000	5 000 000			3 690.00	1 901.00

表 9-2 调整的费率与月保费

男女员工月保费之和	5 591
加 10%的行业附加后的月保费	6 150.1
加 15 元合同费用附加后的月保费	6 165.1
考虑 5%规模折扣后的月保费	5 856.845
每 1 000 保额的月保费率（除以总保额 11 100 000 元，再乘以 1 000）	0.527 644
最终当月保费（11 100×0.527644）	5 856.85

最终该企业为自己的员工每月缴纳保费 5 856.85 元。

（三）保费退还

每个保单年度末，有些团体险保费可能需要退还给团体保单持有人。团体险保费的退还类似于分红个人寿险保单所提供的红利。签发个人分红保单的保险公司通常称之为红利，不签发分红保单的保险公司则通常称之为经验退费。

保费的退还金额取决于保险公司对团体赔付经验及其费用经验的评估。如果团体规模足够大，这种评估将主要依赖于团体自身的经验。如果团体规模不大，那么这种评估将综合考虑团体自身的经验和其他类似团体的经验。如果该团体的赔付经验或者保险公司的管理费用低于保险公司在确定团体保费率时的预期值，那么保险公司将退还为该保障收取保费的一部分。

所有的保费退还都将支付给保单持有人，分担型计划也是如此。如果分担型计划的退还金额超过保单持有人所分担的团体保费，那么超过部分必须用作团体保险计划参与者的个人福利。譬如，雇主既可以将保费退还的超额部分用于支付下一年度的雇员分担额，也可以为被保险雇员购买新的保险保障。

三、团体险保单条款的协商

无论团体险提供的是人寿保险还是健康保险，团体险保单都会包含一些特定条款。这些特定条款界定了哪些团体成员有资格获得团体保险保障、保单的宽限期，确定了何时对保单及团体成员的保障成为不可抗辩的，并且规定团体保单终止日及团体被保险人保障的终止日。

（一）典型的团险保单条款

1. 被保险人资格要求

每个团体保单都要规定什么人有资格获得该保单的保障，比如大多数团体险保单规定，只有全职雇员才能成为团体险保单的被保险人，因此兼职雇员不属于合格雇员之列。

许多团体险保单的条款都规定了新团体成员有资格获得保障所必须满足的要求，

这些资格条款中最常见的是在职工作条款和观察期条款。在职工作条款规定：为有资格获得该保障，被保险雇员在保单生效之日必须在职工作，而不是在职患病或休假，否则在他重返工作岗位之前，他将不受此团体险保单的保障。

观察期是指新的团体成员在有资格注册团体保险计划之前必须等待的一段时期（通常为1～6个月）。如果新雇员工作了很短一段时期便终止雇佣关系，观察期要求将能降低团体保险计划的管理成本。在非分担型团体保险计划中，满足其他所有资格要求的新团体成员在观察期末将自动获得该团体保险计划的保障。与之相反，如计划是分担型的，则观察期之后还必须经历一段适任期间。注册期间，通常为31天，在此期间，新团体成员可以首次注册团体保险计划。作为注册程序的一部分，雇员必须签署授权书允许雇主从其工资中扣除部分薪金以缴付其保费分担额。只有当雇员完成这种授权之后，分担型团体保险计划才能生效。如果雇员在首次注册期间拒绝加入团体保险计划或者中途退出团体保险计划，那么他日后再要求加入该计划时，就必须提供可保证明。

2. 宽限期条款

团体寿险与健康险保单通常也包含宽限期条款。在宽限期内团体险保单继续有效，但与个人险保单不同，团体险保单的宽限期条款规定，如果团体险保单由于在宽限期内未缴保费而被终止，那么团体保单持有人在法律上有责任为宽限期内所提供的保障缴付保费。

3. 不可抗辩条款

团体保单也包含不可抗辩条款，用来限定保险公司对团险合同有效性提出抗辩的期限。一般团险保单不可抗辩条款把保险公司的抗辩期限制在保单生效后两年内。一般这是法律允许的最长期限。与个人投保单相比，团体投保单中出现重大不实告知的可能性很小，因此保险公司很少对团体险保单的有效性提出抗辩，但不可抗辩条款允许保险公司对单个被保险人的保险保障提出抗辩，即如果是要求被保险人提供可保证明的团体保险，而被保险人在书面证明中对其可保性作了重大不实告知，那么将允许保险公司据此对被保险人的保险保障提出抗辩。保险公司通常在被保险人提供可保证明后的一到两年内，有权对被保险人的保险保障提出抗辩。

4. 保险责任终止条款

个人保险单有效，其所提供的保险保障就有效；个人保险单终止，相应的保险保障也随之终止。许多类型的团体保险合同也类似，主团体保险合同终止时，团体成员的保险保障也会终止。但是在团体保险合同的有效期内，某些团体被保险人的保险保障也可能终止。

（二）团体寿险保单特有条款

1. 给付金额

团体寿险保单必须明确规定每一位团体被保险人的保险金额，或者规定保险人用以确定保险金额的方法。团体寿险保单通常包含一个给付计划表，用以确定每一位团体被保险人的保险金额，这种给付计划表中有两类保险金额最为常见：一类是通过一个特定的公式确定保险金额，譬如，在团体人寿保险计划中，每一位雇员的保险金额经常表示为雇员薪金的某个约定倍数。另一类是给付计划表中规定明确数额，这种类型的保险金额又分为以下两种情况：（1）为每一位团体被保险人确定保险金额；（2）为每一种类别的团体被保险人确定保险金额。需要注意的是，团体险保单不能以个人为基础确定保险金额，这样将违背旨在防止逆选择的团体核保准则。保险金额的区分必须以客观指标为基础，如职务或薪金水平等。

如果团体寿险保单还为团体成员的受抚养者提供保险保障，那么就必须包含一个独立的给付计划表，用以确定受抚养者的保险金额。这种给付计划表既可以为所有的受抚养者提供统一的保险金额，也可以首先为团体成员的配偶确定一个保险金额，然后再为其子女确定一个较低的保险金额。一般保险公司会规定，受抚养者的保险金额应低于团体成员的保险金额。

2. 转换权

团体寿险保单可以包含转换权条款。转换权条款规定，如果团体被保险人因特定原因而终止团体保险保障，那么该团体被保险人可以将其团体保险转换为个人保险，而无须提供可保证明。根据我国相关规定，被保险人离开原单位时，对请求将团体人身保险中涉及自己的部分变为个体保险单的，人民法院应予支持。但团体保险合同中明确约定职工不得将涉及自己的部分转变为个人保险单的除外。因此在我国如果员工并非退休而脱离企业时，保单所有权的转移，会因为合同事先的约定而有所不同。

3. 年龄误报

个人寿险保单年龄误报条款规定：被保险人误报年龄时，保险人可以根据被保险人的真实年龄调整其死亡保险金以反映被保险人的年龄的误报（我国保险法规定的是两者均可作为备选项）。由于团体被保险人的死亡保险金是由团体寿险保单的给付计划表所确定的，所以大多数团体寿险保单的年龄误报条款规定：当团体被保险人由于年龄误报导致实缴保费与应缴保费不相符合时，保险人将调整实缴保费，以反映团体被保险人的真实年龄。

4. 保险金给付选择权

团体寿险保单的被保险人死亡时，受益人通常一次性领取死亡保险金，但有时团体寿险保单也提供保险金给付选择权，此时团体被保险人和/或受益人可以任选一种给付方式，其中通常包括了所有常见的给付方式。不过，团体被保险人或受益人在行使选择权时必须满足一个前提条件，那就是死亡保险金必须达到约定的最低金额。

（三）团体健康保险特有条款

1. 转换条款

该条款给予将脱离团体的被保险团体成员一种有限制的权利，允许其购买个人医疗费用保险而无须提供可保证明。这种权利的限制是：如果某保障可能带来被保险团体成员出现超额保险，则保险公司可以拒绝签发此个人保单。譬如，对于将转换工作而又符合新雇主提供的团体医疗费用保险投保资格的雇员，如果向其签发个人医疗费用保险，就可能出现超额保险。当被保险团体成员决定将其团体保险转换为个人健康险保单时会发现，个人健康险保单与团体健康险保单有几个不同之处。譬如，被保险人为个人保单通常需要缴付比团体保险更高的保费率，个人保单规定的给付条件可能会比团体保单更严格。

2. 既存状况条款

与个人健康险一样，团体健康险保单——医疗费用保单和残疾收入保单——通常也包含既存状况条款，只不过一般团体险保单的既存现状条款规定的时限较短，比如 3 个月。团体保单通常也规定：对于某一既存状况，如果被保险人已经连续 3 个月没有为此状况接受治疗，或者被保险人受保于保单下已经持续了 12 个月，则不再被视为既存状况，因而此状况也将合理地获得保险保障。

根据大多数团体保单的规定，如果满足以下两个条件，保险公司对在保单生效时已获得保险保障的任何团体成员都免除既存状况要求：（1）该团体以前曾受另一家保险公司签发的团体健康险保单的保障；（2）团体成员受从前的那个保单保障。因此，如果团体保单持有人决定转换保险服务的提供者，新提供者保单中的既存状况条款将不适用于受保于以前计划下的团体成员。

第三节　团体人身保险险种

绝大多数的团体寿险保单都是按年续保定期保险计划。保险公司还经常签发意外死亡和残疾保险计划，该计划既可以单独签发，也可以附加于其他团体寿险保单之上。保险公司有时也签发某些终身团体寿险计划，但这种计划非常少见，而且通常为已退休的团体成员提供保险。

一、团体定期寿险

团体寿险保单中的按年续保定期保险类似于个人保单中的按年续保定期保险。在每年续保时，团体被保险人无须提供可保证明。这些定期保单不累积现金价值，保险人有权每年改变其保费率。

海外很多团体按年续保定期保险还可以用于为其他雇员福利计划提供资金，以补充团体寿险计划的给付。比如遗属收入给付的资金通常来源于团体按年续保定期保险。遗属收入计划为团体被保险人的特定遗属提供定期收入给付。大多数遗属收入给付计划根据团体被保险人死亡前的薪金及其遗属人数，提供按月给付金额。比如该计划可以规定：(1) 如果团体被保险人的遗属只有其配偶或只有受其抚养的子女，则每月给付金额等于团体被保险人月工资的 20%；(2) 如果团体被保险人的遗属除配偶外，至少还有一个受其抚养的子女，则每月给付金额等于团体被保险人月工资的 30%。对团体被保险人配偶的给付时间通常持续到以下两个日期中先到达的时间：(1) 其配偶再婚后的一个特定日期；(2) 其配偶年龄达到 65 岁。对未婚子女的给付时间通常持续到子女到达 19 岁；如果子女是全日制学生，那么给付时间将持续到其不再是全日制学生或年龄到达 23 岁为止，两个日期中以先到达者为准。

二、团体意外死亡与残疾保险计划

意外死亡与残疾给付可以成为团体寿险保单或团体健康险保单的一个组成部分，或者可以作为一张单独的团体险保单签发。意外死亡与伤残保险成本较低，因而其对团体保险计划，尤其是醵金制团体保险计划具有很强的吸引力。当意外死亡给付是团体定期寿险计划的附加险时，意外死亡保险金通常等于基本团体定期保险计划所提供的死亡保险金。许多意外死亡与残疾保险计划还为雇员在出差过程中发生的意外事故提供出差事故保险金。

意外死亡与残疾保险经常是旅游团体、汽车俱乐部或运输公司（如铁路公司和航空公司）所购买的团体寿险计划的组成部分。

三、团体终身保险计划

有些机构可能利用团体终身寿险计划帮助雇员在团体定期寿险计划终止时购买退休后的人寿保险保障。在大多数情况下，团体终身保险是作为补充保险提供的，也就是说，团体成员可以在基本团体按年续保定期计划的基础上，选择终身保险计划。由于补充保险的被保险人通常要分担较大份额的保费，所以加入团体终身保险计划的雇员比例明显低于加入其他团体分担型计划的雇员比例。不同团体终身保险计划的特点有很大差异，下面以团体缴清计划、均衡保费终身寿险计划与团体万能寿险计划为例进行探讨。

团体缴清计划所购买的团体人寿保险是缴清终身寿险和保额递减定期保险的结合。这是一种醵金制计划，在该类计划中，雇员的保费分担额作为趸缴净保费购买缴清终身寿险，而雇主的保费分担额用于购买使雇员的总保额达到预定水平的团体定期保险。其中每一位雇员的缴清保险总保额将逐年递增，而雇主为雇员购买的团体定期保险保额则逐年递减。

有些保险公司也为团体提供均衡保费终身寿险。均衡保费计划通常是在限期缴费终身寿险计划（如 65 岁缴清终身寿险）的基础上签发的。由于这种保单可以累积现金价值，所以雇主经常利用它们为其雇员提供退休收入。

如果团体终身寿险计划是非醵金制计划，那么雇员对保单的现金价值没有既得利益。当雇员脱离团体时，其在团体保险计划中的保险保障将被终止，而且保单的任何累积现金价值都将归投保的团体所有。如果团体计划是醵金制计划，那么雇员对保单的部分现金价值享有既得利益，既得利益的金额由雇员的保费分担额决定。

团体万能寿险计划在很多方面的功能更类似于个人保单而不是团体保单。大多数团体万能寿险计划由团体被保险人自行选择愿意缴付的保费，而雇主通常不支付任何保费。因此，团体万能寿险保单的现金价值取决于团体被保险人所缴付的保费。如同个人万能寿险的保单所有人一样，团体被保险人也可以将这种保险产品作为一种储蓄工具使用。

在团体万能寿险的核保过程中，可以应用团体核保原理，如果保额较高（经常是这种情况），则保险公司可以要求团体被保险人提供一些可保证明。团体被保险人也可以改变其保险金额，但在增加保险金额时，需要提供可保证明。

当团体人数足够多时，团体万能寿险保单的死亡费用可以根据其自身的索赔经验而定，而其他附加费用则低于相应的个人万能寿险保单，这是因为团体保单持有人承担了该计划的某些管理工作。

团体万能寿险计划与其他大多数团体寿险计划不同，它为个人提供随同保障，即当被保险雇员脱离某一团体时，可以继续享有该团体保险计划的保障。在其他大多数团体人寿保险计划中，被保险成员脱离团体以后，如果希望继续享有保险保障，则必须将其团体保险转换为个人保险。

除上述保险以外，健康保险保障也可以由团体健康险保单提供。如果健康保险是由保险公司与购买保险保障的团体保单持有人之间签订的合同，那么它就是团体健康保险。国际上大多数由商业保险公司签发的健康保险是由团体健康险保单提供的。团体的被保险成员并不是这种合同的当事人，因而不持有个人保单。但每个被保险成员会持有一个保险凭证或给付手册，提供关于他的团体健康险保障的信息。其中团体医疗费用保险说明了属于保险范围的费用类型、最高给付金额（如果存在的话）、免赔额以及共保特征。团体残疾收入保单规定了免赔期间、残疾收入保险金的厘定方法和最大给付期间。团体健康保险中包含一些特殊的条款，比如转换条款、协调给付条款、体检条款等，上面关于团体人身险条款已经进行了说明。

此外，团体健康险核保与个人健康险核保方面也有不同，比如并不需要对每位被保险人进行核保，只关注团体所在行业、团体成员的年龄结构与性别结构，因为不同行业、不同年龄与不同性别的人，其疾病发生率有所不同。除上述内容外，其他并无太大不同，因此不再赘述。

关键词

团体保险　买卖协议　延期补偿计划　保费分担计划　保险凭证

观察期	适任期（注册期）	责任终止	转换条款	既存现状条款
协调给付	表定费率	经验费率	保费退还	遗属收入计划
团体债权人寿险				

复习思考题

1. 简述团体保险的应用场合。
2. 简述团体保险核保的主要方面。
3. 简述团体保单的常见条款。
4. 简述团体寿险、团体健康保险的特有条款。
5. 简述团体保险保费的种类及适用场合。
6. 简述团体人身保险的种类及其适用范围。

第十章　人身保险市场与监管

本书前面相关章节对人身保险的需求方、供给方、有关产品进行了介绍。那么，作为供需双方的人身保险市场又是怎样的呢？作为人身保险市场存在与正常运行的必要条件，我国的人身保险监管制度如何？本章将对这些内容进行简单介绍。

第一节　保险市场概述

一、保险市场的参与者

保险市场的参与者既包括合同订立双方的保险人、投保人及相关利益者，也包括为保险合同的订立提供服务的中介人，还包括监管者以及其他市场参与者。其中保险人与投保人被称为保险合同的当事人，被保险人与受益人是保险合同的关系人，与合同相关的市场参与者还包括各类保险辅助人，比如代理人、经纪人与公估人。

（一）保险人

保险人接受被保险人的风险，对被保险人发生的损失进行补偿或给付，作为回报，收取投保人的保费。作为广义保险的内容，保险人还包括各级政府提供的各种保障计划，比如各国政府提供的社会保障计划、国民医疗补助制度、劳动补偿保险等。

保险人通常以公司形式运作。以公司形式运作保险业务有着不可替代的优势：第一，公司与其所有者相互独立，可以起诉和被起诉，可以签订合同，也可以拥有资产、承担债务。公司债务和责任属于公司自身，而不属于其所有者，所有者以其出资额为限对公司的债务负责。第二，任何一个或者全部所有人的死亡都不影响公司的持续经营。公司的这一特性提供了独资企业、合伙企业无法保证的稳定性与永久性优势。这种稳定性使公司成为保险企业的理想经营组织形式。因为保险企业必须是一个稳定的永久性组织，所以绝大多数国家的法律都要求保险企业以公司形式运作。当然，保险企业也存在特殊的非公司的组织形式，比如英国劳合社就是全球唯一的允许个人经营保险业务的保险组织。

（二）投保人及相关利益者

投保人是指提出保险要求、与保险公司订立合同并按照合同缴纳保费的自然人或法人及其他组织。只有具有完全民事行为能力与民事权利的人、对保险标的具有保险利益的人，才可以成为投保人。

与投保人相关的关系人包括被保险人与受益人。其中身体、健康或寿命受保险合同保障并享有保险金请求权的人是被保险人；至于受益人，我国《保险法》第18条规定："受益人是指人身保险合同中由被保险人或者投保人指定的享有保险金请求权的人。投保人、被保险人可以为受益人。"

（三）监管机构

保险公司的绝大多数业务都在一定程度上受到监管。保险监管主要集中在对费率、偿付能力和消费者权益保护的监管上。费率监管主要包括费率的充足性、合理性与非歧视性（公平性）三方面；偿付能力监管则主要集中于对保险公司的边际偿付能力的监管上；监管部门的重要职责是保护被保险人的利益，维护保险市场的稳健。

（四）其他市场参与者

其他市场参与者包括保险业务员、行业协会、律师、会计师、工程师、康复护士等。

保险业务员包括代理人与经纪人两大类。两者的区别在于：代理人受保险人委托向保险人收取代理佣金，完全代表保险人，其业务行为的法律后果由保险人负责；经纪人则代表投保人选择保险人与保险产品，向委托方收取保费，其业务行为的后果由自身承担。

行业协会也是一类重要的保险市场参与者，对保险业的发展有着深远影响。比如美国的各类保险咨询组织、我国的保险行业协会等。这些团体与协会由各公司自愿参加（国内有些特殊，由于协会一般均具有半官方性质，也基本属于强制参加），为公司提供各种服务，比如提供标准格式的参考保单、提供数据管理与分析服务、提供基础费率等。

除上述参与者外，保险公司经营活动中有时也会聘用、咨询其他人员，比如保险公司可能聘用其他人员为公司处理理赔业务，还可能咨询其他领域的专家，比如会计师、工程师、火灾调查专家、康复护士等。

二、我国保险市场的发展

（一）我国保险市场发展历程

1. 1949 年前的人身保险业

自 1884 年英国人首先在上海设立了永福和大东方两家寿险公司算起，近代人身保险制度传入我国已 200 多年历史，1899 年成立的永宁人寿保险公司是我国第一家民族人寿保险公司。1949 年以前，人身保险制度虽然已进入我国并产生了民族寿险公司，但由于经济落后，政治不独立，加上战火不断，人民生活贫困，人身保险业务发展缓慢，而且很长时间内基本为外资垄断，民族寿险公司只是市场补充的角色。

2. 计划经济体制下的人身保险（1949—1980 年）

新中国成立以后，中国人民保险公司（以下简称中国人保）于 1949 年 10 月 20 日成立，标志着新中国第一家国家保险机构诞生。中国人保成立以后，在全国范围内经营财产保险和人身保险。中国人保的成立结束了外商保险公司垄断、操纵中国保险业的局面，担负起了全国保险业发展的重任。当时中国人保经营的人身保险业务范围较广，包括旅客意外伤害强制保险、各种个人人寿保险如两全保险和终身保险、简易人身保险、职工团体人身保险、人身意外伤害保险等，还设计了综合福利保险、保健保险等许多适应群众要求的新险种。1956 年生产资料私有制的社会主义改造完成后，我国进入了全面大规模的社会主义建设时期，受“一切均在计划中，即便出现天灾人祸，人民公社的力量也足以应对”错误思想的影响，自 1958 年开始，除涉外保险业务以外，国内保险业务均被停办；从 1959 年开始，铁路、轮船、飞机旅客意外伤害强制保险分别移交给铁路、交通、民航部门办理，其他人身保险业务则清理停办。

这种局面一直延续到 1979 年 4 月国务院《中国人民银行分行行长会议纪要》作出“逐步恢复国内保险业务”的重大决策时为止。1979 年 11 月，全国保险工作会议在北京召开，停办了 20 多年的国内保险业务开始恢复，至 1980 年底，除西藏外的 28 个省（市、自治区）都已恢复了保险公司分支机构。当时的中国人保直属中国人民银行，独家垄断全国保险市场，资源配置效率较低。

3. 多元化市场格局形成阶段（1980－1998 年）

（1）1980—1985 年的恢复阶段。我国在 1980 年和 1982 年先后恢复国内财产险业务和人身险业务。这一阶段保险市场由中国人保一家垄断，产寿统一经营，险种单一，且保费收入中财产险份额大大高于人身险。

1982 年，香港民安保险公司经中国人民银行批准，在深圳设立了分公司。1984 年党的十二届三中全会通过了《中共中央关于经济体制改革的决定》后，我国保险业也逐步打破了中国人保独家垄断保险市场的格局，开始出现了多家公司办保险的局面。同年中国人保从中国人民银行分离出来，成为独立的国务院直属机构。

（2）1986—1991 年的平稳发展阶段。这一阶段的开始以 1986 年新疆生产建设兵团农牧业生产保险公司成立为标志，区别于前一阶段的突出特征是出现了包括新疆兵保、太平洋、平安等在内的 4 家保险公司。1988 年 5 月，平安保险公司在深圳蛇口成立；1991 年批准成立了中国太平洋保险公司，这成为继中国人保之后的第二家全国性的保险公司。1992 年 9 月，平安保险公司更名为中国平安保险公司，成为第三家全国性的保险公司。新成立的这两家全国性保险公司属于综合性保险公司，同时经营产险业务和寿险业务。中国保险市场由中国人保独家垄断的格局在形式上被打破。

（3）1992—1998 年的快速发展阶段。1992 年，中国人民银行批准首家外资保险公司——美国友邦保险公司上海分公司成立，这成为保险业对外开放的重要标志；1994 年 11 月，日本东京海上火灾保险公司经批准也在上海开设了分公司，我国保险市场迈出了国际化的第一步。这个阶段具有以下特点：市场主体不断增加，多元化的市场格局初步形成；保险业实现产寿分业经营，保费收入结构发生变化，人身险份额超过财产险；保险险种迅速增加，保险服务改善；保险监管的组织体系和法规体系逐步建立，我国保险市场初步形成了以国有保险公司为主，中外保险公司并存，多家保险公司竞争的寡头垄断的市场竞争新格局。

1995 年颁布的《中华人民共和国保险法》以法律形式确立了产寿险分业经营的原则，此后国内各保险公司陆续开始实施分业经营体制改革。1996 年 7 月，经国务院批准，中国人保改组为中国人民保险（集团）公司，下设中保财产保险有限公司、中保人寿保险有限公司、中保再保险有限公司，实行产寿险分业经营。同时，国务院决定将 17 家地方寿险公司全部并入中保人寿保险有限公司。但在 1998 年 10 月 7 日，国务院又批准《撤销中国人民保险（集团）公司实施方案》，将中保人寿保险有限公司更名为中国人寿保险公司。1996 年，为继续探索寿险与财产险分业经营的发展思路，积极推动商业寿险业务的发展，中国人民银行还批准设立新华人寿保险股份有限公司、泰康人寿保险股份有限公司两家专业寿险公司。1992 年 9 月，美国国际集团在上海设立美国友邦保险有限公司上海分公司，成为首家获批在国内经营寿险及非寿险业务的外资保险机构。1996 年，我国第一家中外合资寿险公司——中宏人寿保险有限公司成立。

4. 分业监管格局形成，对外开放力度加大（1998 年至今）

1995 年 6 月，《中华人民共和国保险法》的颁布，为规范我国保险市场提供了坚实的法律基础，也为发展我国保险市场创造了良好的法律环境。1998 年 11 月，中国保监会成立，保险业在国民经济中的重要地位日益显现。

1998 年 11 月，中国人民保险（集团）公司撤销，改组成立了独立的中国人民保险公司、中国人寿保险公司、中国再保险公司，实行保险分业经营。1999 年至今，一大批合资保险公司成立，我国保险业的投资主体更加多元化，包括港澳台保险企业、国有企业、上市公司等纷纷投资保险市场。新的保险机构的设立，为保险业的发展注入了活力，促进了我国保险市场竞争机制的形成。

（二）近期保险市场的特征

1. 保险需求增加，保险业发展迅猛

随着社会经济发展，人民生活水平提高，对保险需求迅速提高，我国保险行业近几年迅猛发展。2014 年，我国保险业共实现保费收入 20 233.6 亿元[①]，保险深度为 3.18%，保险密度为 1 479.3 元，赔款给付金额达 7 194.4 亿元。保险公司总资产达 10.2 万亿元。其中人身保险公司全年实现保费收入 12 687.3 亿元。到了 2016 年，保险市场业务规模快速增长。一是寿险业务一马当先，实现原保险保费收入 17 442.22 亿元，同比增长 31.72%。其中，普通寿险贡献突出，实现原保险保费收入 10 451.65 亿元，同比增长 55.34%，对行业保费收入增长的贡献率为 55.77%。二是健康险业务高速增长，实现原保险保费收入 4 042.50 亿元，同比增长 67.71%。随着社会发展速度的加快，人们对保险的需求还将继续增加，保险业增速超过国内生产总值增速的趋势至少还可以持续 15 年至 20 年。

反映保险市场发展水平的指标有保险深度与保险密度。

保险深度是指某地保费收入占该地国内生产总值（GDP）之比，反映了该地保险业在整个国民经济中的地位。

保险深度＝某地区保费收入÷某地区的国内生产总值（GDP）

保险密度是指按当地人口计算的人均保险费，反映该地国民参加保险的程度。

保险密度＝某地区当年保费收入÷某地区当年常住人口数

2. 主体增加，市场竞争逐步打破垄断格局

截至 2014 年末，人身保险公司资产总额达 82 545.4 亿元。全国共有 73 家人身保险公司，较 2013 年增加了 3 家。其中，中资公司 45 家，外资公司 28 家。2014 年，保费收入居前 5 的人身保险公司市场份额总计 62.5%（见表 10－1），较 2013 年有所下降，市场集中度在继续下降。

表 10－1　2014 年保费收入居前 10 的保险公司

排名	公司名称	资本结构	保费（亿元）	市场份额（%）
1	中国人寿保险股份有限公司	中资	3 310.0	26.1
2	中国平安人寿保险股份有限公司	中资	1 739.9	13.7
3	新华人寿保险股份有限公司	中资	1 098.7	8.7
4	中国太平洋人寿保险股份有限公司	中资	986.9	7.8
5	中国人民人寿保险股份有限公司	中资	786.3	6.2

① 数据来源：保监会 2015 中国保险市场年报（中文）。

续表

排名	公司名称	资本结构	保费（亿元）	市场份额（%）
6	泰康人寿保险股份有限公司	中资	679.0	5.3
7	太平人寿保险有限公司	中资	651.3	5.1
8	安邦人寿保险股份有限公司	中资	528.9	4.2
9	生命人寿保险股份有限公司	中资	367.1	2.9
10	中邮人寿保险股份有限公司	中资	219.5	1.7
合计			10 367.6	81.7

这种趋势仍在继续，2016年中国保监会共批准了20家保险公司筹建，仅在2016年12月就有5家保险公司获批。全年全国已开业保险机构共203家，较年初增加9家。其中人身险公司77家，新增1家，人身险公司前10家原保险保费收入合计15 683.75亿元，市场份额为72.3%，同比下降3.55个百分点。

3. 人身保险业保障能力提高，做到了“保险姓保”

随着人身保险费率市场化改革，人身保险产品的结构得到显著改善。2014年，普通寿险保费收入4 296.5亿元，保费占比33.9%。分红保险保费收入6 508.8亿元，保费占比51.3%。投资连结保险保费收入4.4亿元，保费占比0.03%。万能险保费收入91.9亿元，保费占比0.7%。

随着“新国十条”的出台以及相关法律制度的不断完善，我国保险服务业已经进入黄金发展期。保险对人们生活的影响日益显著，甚至成为必需品，随之而来的是保险市场中持续增长的保险需求。我国作为一个经济大国，保险发展与日本、美国等国家相比远远落后，因此，可以预见未来5年至10年保险业将实现稳健较快的发展。保险业将广泛影响社会各领域，并充分体现其社会效益。

2016年保险业提供风险保障金额2 372.78万亿元，同比增长38.09%，高于原保险保费收入增速10.59个百分点，保额增速明显快于业务增速。其中人身险公司提供风险保障金额1 089.90万亿元，同比增长40.35%。从赔付支出看，2016年，保险业累计赔付支出10 512.89亿元，同比增加1 838.75亿元，增长21.20%，同比上升1个百分点。其中，财产险、意外险、健康险业务赔款支出5 652.27亿元，同比增长14.85%；人身险业务死伤医疗给付461.23亿元，同比增长23.28%，满期给付3 647.56亿元，同比增长31.26%；年金给付751.83亿元，同比增长25.41%。由此可见，“保险姓保”的趋势得到了发展。

4. 制度与技术创新取得突破性进展

从制度上讲，吸收大量资本进入保险业是完善我国保险市场体系的一个重要问题。随着保险市场的发展，银行资本、民营资本等各类资本进入保险市场，投资设立保险企业，成为我国保险体系的重要组成部分。这种制度创新有利于我国进一步推动保险市场的发展，推动保险技术、保险产品的创新，促进保险业的竞争发展。

从技术角度讲，我国保险行业深入发展，新技术方兴未艾。仅 2016 年，云计算、移动互联网等新技术在保险业中的应用不断深入。从云计算应用来看，全行业已有 50 余家机构与第三方社会化云平台合作，有效降低运营成本，促进产品创新。从电子保单应用来看，全行业有 104 家机构签发了 3.61 亿份电子保单，其中人身险公司 58 家，电子保单数量 1.63 亿份。从互联网保险业务来看，117 家保险机构开展互联网保险业务，实现签单保费 2 347.97 亿元。其中人身险公司 61 家，实现签单保费1 944.95亿元。新技术的应用拓展了保险业务范围，便利了人民群众的保险消费。

第二节　人身保险的监管

保险监管是政府为保护被保险人的合法利益对保险业依法监督管理的行为。1998 年之前，我国保险监督管理机关是中国人民银行；1998 年 11 月 18 日，中国保险监督管理委员会成立，并根据国务院授权履行行政管理职能，依照法律、法规统一监督管理全国保险市场，维护保险业的合法、稳健运行。目前，中国保险监督管理委员会的监管目标为“保护保单持有人利益、防范和化解风险、促进保险业持续健康发展”。2018 年 4 月，中国银行保险监督管理委员会正式挂牌。

人身保险监管是保险监管的重要组成部分，本节将从人身保险公司市场准入与退出的监管、人身保险公司业务的监管、人身保险公司财务的监管以及人身保险公司偿付能力的监管等方面来介绍我国的人身保险监管情况。

一、人身保险公司市场准入与退出的监管

（一）市场准入监管

目前，各国对保险市场准入的处理原则上可以分为两类：一类是登记制，即申请人只要满足法律规定的条件，就可以向政府主管部门提出申请。政府部门对符合条件的申请必须予以登记。另一类是审批制，即申请人除必须符合法律规定的条件外，还需要经过政府主管部门的审查批准后，才可以进入市场。《中华人民共和国保险法》第 67 条规定：“设立保险公司应当经国务院保险监督管理机构批准。国务院保险监督管理机构审查保险公司的设立申请时，应当考虑保险业的发展和公平竞争的需要。”因此，我国保险市场的准入采取的是审批制。自 2015 年以来，越来越多的公司申请保险牌照，到 2016 年一季度，排队申请保险牌照的公司已经近 2 200 家，但经过严格审查后，截至 2016 年二季度最终获批筹建的仅 18 家。由此可见，

我国对保险公司实行较为严格的审批制，申请人即使符合条件，也可能无法通过审批。

1. 人身保险公司设立的基本条件

《中华人民共和国保险法》第 68 条规定："设立保险公司应当具备下列条件：(一) 主要股东具有持续盈利能力，信誉良好，最近三年内无重大违法违规记录，净资产不低于人民币二亿元；(二) 有符合本法和《中华人民共和国公司法》规定的章程；(三) 有符合本法规定的注册资本；(四) 有具备任职专业知识和业务工作经验的董事、监事和高级管理人员；(五) 有健全的组织机构和管理制度；(六) 有符合要求的营业场所和与经营业务有关的其他设施；(七) 法律、行政法规和国务院保险监督管理机构规定的其他条件。"

中国保险监督管理委员会新修订的《保险公司管理规定》第 7 条规定："设立保险公司，应当向中国保监会（现为中国银保监会，下同）提出筹建申请，并符合下列条件：(一) 有符合法律、行政法规和中国保监会规定条件的投资人，股权结构合理；(二) 有符合《保险法》和《公司法》规定的章程草案；(三) 投资人承诺出资或者认购股份，拟注册资本不低于人民币 2 亿元，且必须为实缴货币资本；(四) 具有明确的发展规划、经营策略、组织机构框架、风险控制体系；(五) 拟任董事长、总经理应当符合中国保监会规定的任职资格条件；(六) 有投资人认可的筹备组负责人；(七) 中国保监会规定的其他条件。中国保监会根据保险公司业务范围、经营规模，可以调整保险公司注册资本的最低限额，但不得低于人民币 2 亿元。"

2. 人身保险公司设立的程序

根据《中华人民共和国保险法》和《保险公司管理规定》的相关要求，人身保险公司的设立必须经过以下三个阶段：申请筹建并按规定递交相关材料、中国保监会批准筹建并在规定期限内完成筹建工作和开业申请。

根据《保险公司管理规定》第 8 条和《中华人民共和国保险法》第 70 条的规定，申请设立人身保险公司，应当向中国银保监会提出书面申请，并提交下列材料：(1) 设立申请书，申请书应当载明拟设立保险公司的名称、拟注册资本和业务范围等；(2) 设立保险公司可行性研究报告，包括发展规划、经营策略、组织机构框架和风险控制体系等；(3) 筹建方案；(4) 保险公司章程草案；(5) 中国银保监会规定投资人应当提交的有关材料，即投资人的营业执照或者其他背景资料，经会计师事务所审计的上一年度财务会计报告；(6) 筹备组负责人、拟任董事长、总经理名单及本人认可证明；(7) 中国银保监会规定的其他材料。

中国银保监会应当对筹建保险公司的申请进行审查，自受理申请之日起 6 个月内作出批准或者不批准筹建的决定，并书面通知申请人。决定不批准的，应当书面说明理由。经中国银保监会批准筹建保险公司的，申请人应当自收到批准筹建通知之日起 1 年内完成筹建工作。筹建期间届满未完成筹建工作的，原批准筹建决定自动失效。同时，筹建机构在筹建期间不得从事保险经营活动。筹建期间不得变更主要投资人。

筹建工作完成后，符合《保险公司管理规定》和《中华人民共和国保险法》要求的相关条件的，申请人可以向中国银保监会提出开业申请，中国银保监会在规定时间内审查开业申请，进行开业验收，并作出批准或者不批准开业的决定。经批准开业的保险公司，应当持批准文件以及经营保险业务许可证，向市场监督管理部门办理登记注册手续，领取营业执照后方可营业。

从获得审批的保险公司来看，中国银保监会在市场准入的审批上坚持四个原则：一是申请设立保险公司的企业自身条件要过硬，包括企业要有良好财务报表，主要股东三年连续盈利；具备持续出资的能力；股东具有良好的社会信誉；具备专业化的人才队伍。二是区域化，即向国家重大战略的承接区域倾斜，更好地服务国家经济社会发展的战略全局。三是关注空白区域，如向西藏、青海、甘肃、内蒙古等没有法人保险机构地区倾斜，“一个省可以有一家财险公司、一家寿险公司”。四是专业化，主要针对专业性很强的创新领域，如科技型保险、航运保险、互联网保险等，加大机构准入力度。

3. 人身保险公司分支机构的设立

《保险公司管理规定》第 15 条规定：“保险公司可以根据业务发展需要申请设立分支机构。保险公司分支机构的层级依次为分公司、中心支公司、支公司、营业部或者营销服务部。保险公司可以不逐级设立分支机构，但其在住所地以外的各省、自治区、直辖市开展业务，应当首先设立分公司。保险公司可以不按照前款规定的层级逐级管理下级分支机构；营业部、营销服务部不得再管理其他任何分支机构。”因此，人身保险公司必须通过设立分支机构，才能够拓展业务版图。

设立分支机构，应当提出设立申请，并符合下列条件：（1）上一年度偿付能力充足，提交申请前连续 2 个季度偿付能力均为充足；（2）保险公司具备良好的公司治理结构，内控健全；（3）申请人具备完善的分支机构管理制度；（4）对拟设立分支机构的可行性已进行充分论证；（5）在住所地以外的省、自治区、直辖市申请设立省级分公司以外其他分支机构的，该省级分公司已经开业；（6）申请人最近 2 年内无受金融监管机构重大行政处罚的记录，不存在因涉嫌重大违法行为正在受到中国银保监会立案调查的情形；（7）申请设立省级分公司以外其他分支机构，在拟设地所在的省、自治区、直辖市内，省级分公司最近 2 年内无受金融监管机构重大行政处罚的记录，已设立的其他分支机构最近 6 个月内无受重大保险行政处罚的记录；（8）有申请人认可的筹建负责人；（9）中国银保监会规定的其他条件。

保险公司以 2 亿元人民币的最低资本金额设立的，在其住所地以外的每一省、自治区、直辖市首次申请设立分公司，应当增加不少于人民币 2 千万元的注册资本。申请设立分公司，保险公司的注册资本达到上述规定的增资后额度的，可以不再增加相应的注册资本。保险公司注册资本达到人民币 5 亿元，在偿付能力充足的情况下，设立分公司不需要增加注册资本。

分支机构的设立程序与保险公司类似，需要向中国银保监会提出申请，获准筹建后在规定期限内完成筹建，最后提出开业申请。

（二）人身保险公司变更的监管

《中华人民共和国保险法》第 84 条规定："保险公司有下列情形之一的，应当经保险监督管理机构批准：（一）变更名称；（二）变更注册资本；（三）变更公司或者分支机构的营业场所；（四）撤销分支机构；（五）公司分立或者合并；（六）修改公司章程；（七）变更出资额占有限责任公司资本总额百分之五以上的股东，或者变更持有股份有限公司股份百分之五以上的股东；（八）国务院保险监督管理机构规定的其他情形。"

人身保险公司的变更主要有以下几种情形。

1. 保险公司名称的变更

按照《中华人民共和国公司法》及工商行政管理部门有关规定进行变更登记的企业名称预核准，保险公司应当经中国银保监会依法批准后进行工商变更登记。

2. 注册资本与公司股东的变更

新增股东应符合的要求：（1）单个股东（包括关联方）出资或者持股比例可以超过 20%，但不得超过 51%。（2）两个以上的保险公司受同一机构控制或者存在控制关系的，不得经营存在利益冲突或者竞争关系的同类保险业务，中国银保监会另有规定的除外。（3）持有保险公司股权 15%以上，或者不足 15%但直接或者间接控制该保险公司的主要股东，还应当符合以下条件：1）具有持续出资能力，最近 3 个会计年度连续盈利；2）具有较强的资金实力，净资产不低于 2 亿元人民币；3）信誉良好，在本行业内处于领先地位。（4）出资或者持股比例超过 20%（不含 20%）的股东，除满足上述要求外，还应满足以下条件：1）最近 1 年年末总资产不少于 100 亿元人民币；2）净资产不低于总资产的 30%；3）包括对保险公司投资在内的对外长期股权投资不超过净资产；4）投资该保险公司已满 3 年（含 3 年）；5）无违反相关法律规定的有关保险公司股东行为规范的行为。保险公司成立不满 3 年的，单个股东（包括关联方）出资或者持股比例不得超过 20%。

境内企业法人向保险公司投资入股，应当符合以下条件：（1）财务状况良好稳定，且有盈利；（2）具有良好的诚信记录和纳税记录；（3）最近 3 年内无重大违法违规记录；（4）投资人为金融机构的，应当符合相应金融监管机构的审慎监管指标要求；（5）法律、行政法规及中国银保监会规定的其他条件。

境外金融机构向保险公司投资入股，应当符合以下条件：（1）财务状况良好稳定，最近 3 个会计年度连续盈利；（2）最近 1 年年末总资产不少于 20 亿美元；（3）国际评级机构最近 3 年对其长期信用评级为 A 级以上；（4）最近 3 年内无重大违法违规记录；（5）符合所在地金融监管机构的审慎监管指标要求；（6）法律、行政法规及中国银保监会规定的其他条件。

有限合伙制股权投资企业投资入股保险公司，应当符合以下条件：(1) 被投资的保险公司存在控股股东或者实际控制人，且股权结构合理，公司治理良好稳定；(2) 如实披露资金来源和合伙人背景情况，包括名称或者姓名、国籍、经营范围或者职业、出资额等；(3) 负责执行有限合伙企业事务的普通合伙人，应当具有良好的诚信和纳税记录，无重大违法违规记录，并承诺资金来源不违反反洗钱的有关规定，且对股权投资企业投资入股保险公司承担相关责任；(4) 在单个保险公司中，单个有限合伙制股权投资企业的出资或者持股比例不得超过5%，有限合伙制股权投资企业的出资或者持股比例合计不得超过15%；(5) 有限合伙制股权投资企业不得成为保险公司的第一大股东、控股股东或者实际控制人，不得参与保险公司经营管理；(6) 有限合伙制股权投资企业设有存续期限的，应当在存续期限届满前转让所持保险公司股权；(7) 中国银保监会规定的其他条件。

外资保险公司新增境外股东（包括现有外资保险公司和因境外投资者持股比例变化使中资保险公司变为外资性质的）应符合相关法律法规[①]的规定：(1) 经营保险业务30年以上；(2) 在中国境内已经设立代表机构2年以上；(3) 提出设立申请前1年年末总资产不少于50亿美元；(4) 所在国家或者地区有完善的保险监管制度，并且该外国保险公司已经受到所在国家或者地区有关主管当局的有效监管；(5) 符合所在国家或者地区偿付能力标准；(6) 所在国家或者地区有关主管当局同意其申请；(7) 中国保监会规定的其他审慎性条件。第 (7) 项所称其他审慎性条件，至少包括下列条件：法人治理结构合理；风险管理体系稳健；内部控制制度健全；管理信息系统有效；经营状况良好，无重大违法违规记录。

变更注册资本涉及公司合并事项，应符合《保险公司收购合并管理办法》有关规定。

3. 营业场所的变更

有与业务规模和人员数量相适应的营业场所和办公设备，营业场所安全消防设施符合要求。

4. 公司分立和合并

公司分立应按照《中华人民共和国公司法》的有关规定，将其财产作相应的分割。应当编制资产负债表及财产清单。应当自作出分立决议之日起10日内通知债权人，并于30日内在报纸上公告。公司分立前的债务由分立后的公司承担连带责任，但是，公司在分立前与债权人就债务清偿达成的书面协议另有约定的除外。

公司合并应符合如下有关规定：(1) 保险公司合并必须遵守法律、行政法规及中国银保监会的规定，不得损害保险消费者的合法权益，不得危害国家金融安全和社会公共利益。涉及行业准入、经营者集中申报、国有股权转让等事项，需要取得国

---

① 有关的法律法规包括《中华人民共和国保险法》《中华人民共和国外资保险公司管理条例》《中华人民共和国外资保险公司管理条例实施细则》。

家相关部门批准的，应当在取得批准后进行。合并的有关各方必须向中国银保监会提供真实、准确、完整的信息，不得有虚假记载、误导性陈述或者重大遗漏。（2）保险公司的董事、监事、高级管理人员在合并活动中应当诚实守信、勤勉尽责，维护保险公司资产的安全，保护保险公司和全体股东的合法权益。会计师事务所、专业评估机构、律师事务所等专业中介服务机构在保险公司合并中应当勤勉尽责，遵守行业规范和职业道德。（3）保险公司合并可以采取吸收合并或者新设合并，但不得违反《中华人民共和国保险法》中关于分业经营的有关规定。

5. 修改公司章程

修改章程应符合如下有关规定：（1）《中华人民共和国公司法》《中华人民共和国保险法》或有关法律、行政法规及监管规定修改后，章程内容与相关规定相抵触。（2）公司章程记载的基本事项或规定的相关权利、义务、职责、议事程序等内容发生变更。（3）股东大会审议并通过修改章程的议案；外资公司可提交董事会通过的修改章程的决议。

（三）人身保险公司市场退出的监管

保险作为社会发展的“稳定器”和“助推器”，其经营的稳定性有着至关重要的意义。对人身保险而言，主要体现在：一是人身保险公司根据法律规定的经营范围，承担着被保险人的生、老、病、死、残的保障，一旦由于经营不善而随意破产，就会给被保险人的生活保障和社会安定构成严重影响。二是人身保险大多数是长期业务，通过投保人历年缴纳的保费，积累了大量的资金，是国家金融体系不可或缺的一部分。如果不能妥善处理，将会对社会经济带来难以估计的损失。正因为人身保险公司经营的特殊性，法律法规一方面对保险公司经营的稳定性有着严格的要求，另一方面对人身保险公司的退出作出了一系列的规定，来保障被保险人的合法利益不受损失。

1. 人身保险公司的解散和清算

保险公司解散是指依法设立的保险公司因公司章程的规定或法定的解散事由的出现，经保险监督管理部门批准，关闭其营业机构，终止公司业务经营活动的行为。保险组织的解散原因主要包括：（1）保险公司新设分立后，原保险公司分立为两个或两个以上的公司，原保险公司解散。（2）保险公司新设合并后，所有参加合并的保险公司均解散，形成一个新的保险公司。（3）公司章程规定的解散事由。

由于人身保险业务大多期限长、金额大，人身保险公司的解散会损害被保险人、受益人的合法权益。因此，《中华人民共和国保险法》第 89 条规定：“经营有人寿保险业务的保险公司，除因分立、合并或者被依法撤销外，不得解散。”之所以分立和合并除外，是因为分立和合并之后的权利、义务将由新设立的公司全部承担，不会损害被保险人和受益人的合法权益。

《中华人民共和国保险法》第 89 条还规定：“保险公司解散，应当依法成立清算组进行清算。”

2. 人身保险公司的破产和清算

《中华人民共和国保险法》第 90 条规定：“保险公司有《中华人民共和国企业破产法》第二条规定情形的，经国务院保险监督管理机构同意，保险公司或者其债权人可以依法向人民法院申请重整、和解或者破产清算；国务院保险监督管理机构也可以依法向人民法院申请对该保险公司进行重整或者破产清算。”这里提到的《中华人民共和国企业破产法》的规定是：“企业法人不能清偿到期债务，并且资产不足以清偿全部债务或者明显缺乏清偿能力的，依照本法规定清理债务。企业法人有前款规定情形，或者有明显丧失清偿能力可能的，可以依照本法规定进行重整。”

当人身保险公司宣布破产时，对其持有的人身保险合同和准备金有特殊的规定。《中华人民共和国保险法》第 92 条规定：“经营有人寿保险业务的保险公司被依法撤销或者被依法宣告破产的，其持有的人寿保险合同及责任准备金，必须转让给其他经营有人寿保险业务的保险公司；不能同其他保险公司达成转让协议的，由国务院保险监督管理机构指定经营有人寿保险业务的保险公司接受转让。转让或者由国务院保险监督管理机构指定接受转让前款规定的人寿保险合同及责任准备金的，应当维护被保险人、受益人的合法权益。”保险合同转移双方应在平等自愿的基础上，充分协商并达成转让协议。若不能与保险公司达成协议的，由中国银保监会根据当时的保险业务情况，指定一家或多家经营有人寿保险业务的保险公司接受人寿保险合同和准备金，被指定的保险公司一般不得拒绝。

保险监督管理部门对保险公司的破产往往采取的是防止和限制的原则。在对保险公司的监管过程中，注重公司的财务状况，保证其充足的偿付能力。一旦公司财务状况出现危机，通过采取一系列措施（如：实行接管；安排保险合同的转移和公司财产的转让，同时与财务状况良好的公司合并；在债权人提出破产请求的情况下，帮助公司与债权人协调，以期达成和解，并帮助保险公司取得担保；等等）以帮助保险公司渡过难关，避免破产清算。

目前，我国对人身保险公司市场退出的机制尚处于探索阶段。只有通过不断完善保险市场的准入和退出制度，我们才能够打造一个健康、可持续发展的保险市场。

二、人身保险公司业务的监管

（一）人身保险业务范围的监管

1. 人身保险业务的范围和分类

《中华人民共和国保险法》第 95 条对保险公司的业务范围作出了明确的规定：人身保险业务，包括人寿保险、健康保险、意外伤害保险等保险业务；财产保险业务，包括财产损失保险、责任保险、信用保险、保证保险等保险业务；国务院保险监督管理机构批准的与保险有关的其他业务。同时，保险人不得兼营人身保险业务和财产保险业务。但是，经营财产保险业务的保险公司经保险监督管理机构批准，可以经营短期健康保险业务和意外伤害保险业务。

我国将全部保险业务分为财产保险和人身保险，将介于财产保险和人寿保险之间的健康保险、意外伤害保险与人寿保险归为一类，组成人身保险。保险公司的业务范围在设立之时由金融监管部门核定，保险公司只能在被核定的业务范围内从事保险经营活动。

《保险公司业务范围分级管理办法》第 4 条规定："根据保险业务属性和风险特征，保险公司业务范围分为基础类业务和扩展类业务两级。"对于人身保险公司而言，基础类业务包括以下五项：(1) 普通型保险，包括人寿保险和年金保险；(2) 健康保险；(3) 意外伤害保险；(4) 分红型保险；(5) 万能型保险。人身保险公司扩展类业务包括以下两项：投资连结型保险和变额年金。除此之外，经保险监督管理机构批准，保险公司可以经营上述保险业务的再保险业务。

2. 对违规经营的处罚

《中华人民共和国保险法》第 160 条规定，保险公司违反规定，超出批准的业务范围经营的，由保险监督管理机构责令限期改正，没收违法所得，并处违法所得 1 倍以上 5 倍以下的罚款；没有违法所得或者违法所得不足 10 万元的，处 10 万元以上 50 万元以下的罚款。逾期不改正或者造成严重后果的，责令停业整顿或者吊销业务许可证。

（二）人身保险费率和保险费的监管

人身保险费率是人身险种中每个危险单位交纳保险费占保险金额的比例。由于费率的确定、保险费的交纳先于实际损失的发生，保单的购买者一般难以判断价格是否合理，尤其是人身保险产品。因此保险监督机构对保险费率的公平性、合理性和适当性的监管，能够保证投保人的利益。

合理的保险费率水平的确定对于人身保险公司的经营和被保险人的权益保障都有着重要的影响。保险费率过高会影响保险公司的市场竞争力和保险市场的需求；保险费率过低，往往伴随着恶意竞争，保险公司通过低费率争夺市场份额；合理的费率是支付保险金索赔请求和日常的经营和管理费用的保证，过低的费率不但影响保险公司的偿付能力，还会破坏保险市场的稳定和发展。因此，必须对保险费和保险费率进行适度监管。

《中华人民共和国保险法》第 135 条规定："关系社会公众利益的保险险种、依法实行强制保险的险种和新开发的人寿保险险种等的保险条款和保险费率，应当报国务院保险监督管理机构批准。国务院保险监督管理机构审批时，应当遵循保护社会公众利益和防止不正当竞争的原则。其他保险险种的保险条款和保险费率，应当报保险监督管理机构备案。"

三、人身保险公司财务的监管

（一）人身保险公司资本金和保证金的监管

1. 人身保险公司资本金的监管

人身保险公司的资本金是人身保险公司的自有资本金，是公司成立时股东认缴的股金或政府拨款的金额。资本金是人身保险公司从事经营活动的基本保障，是保证公司偿付能力的关键。大多数国家都规定了人寿保险公司的最低资本金要求，将其作为控制人身保险公司成立之初的财务状况的重要手段，用于企业开业初期营运之用。《中华人民共和国的保险法》第 69 条明确规定，设立保险公司，其注册资本的最低限额为人民币 2 亿元。国务院保险监督管理机构根据保险公司的业务范围、经营规模，可以调整其注册资本的最低限额，但不得低于人民币 2 亿元。同时，保险公司的注册资本必须为实缴货币资本。

2. 人身保险公司保证金的监管

保证金是人身保险公司成立之初向国家交存的、由政府控制、非遇特殊情况并经保险监督机关批准不得提取使用的保证资金。保证金制度有利于加强对保单持有人利益的保障。在保险公司出现偿付能力危机或破产时，政府可以通过控制的保险公司的保证金，来清偿保险公司债务。《中华人民共和国保险法》第 97 条规定："保险公司应当按照其注册资本总额的百分之二十提取保证金，存入国务院保险监督管理机构指定的银行，除公司清算时用于清偿债务外，不得动用。"

（二）人身保险公司准备金的监管

1. 人身保险公司总准备金的监管

总准备金又称自由准备金，是指保险公司从每年利润中提取并累积的，为满足超常损失和巨灾损失赔付的准备金。总准备金是保险公司的资产，总准备金的累积速度应与其承担的风险责任和业务发展速度相适应。总准备金由保险公积金和保险保障基金组成。

保险公积金是指保险公司为满足保险经营业务和发展需要而保留的盈余。它包括法定公积金和任意公积金。法定公积金是保险公司根据法律规定强制提取的公积金，任意公积金是根据公司股东大会的决议或公司章程提取的公积金。按照保险法和公司法的规定，保险公司在分配当年税后利润时，应当提取利润的 10%列入公司的法定公积金；法定公积金累计额达到或超过公司注册资本的 50%时，可以不再提取；法定公积金不足以弥补公司上一年度亏损的，在提取法定公积金之前，应当先用当年利润弥补亏损；保险公司从税后利润中提取法定公积金后，经股东大会决议，可以提取任意公积金，股东大会或者董事会违反规定，在公司弥补亏损和提取法定公积金之前向股东分配利润的，必须将违反规定分配的利润退还公司；公司的公积金应当用于弥补公司的亏损，扩大公司的生产经营或者转为增加公司的资本。《中华人民共和国保险法》第 99 条规定："保险公司应当依法提取公积金。"

保险保障基金是为了保障被保险人的利益，支持保险公司稳健经营，由保险公司按照保险监督管理机构的规定提存的，并由中国银保监会集中管理、统筹使用的准备金。根据《保险保障基金管理办法》的规定，人身保险公司经营的业务中，有保证收益的人寿保险按照业务收入的 0.15%缴纳，无保证收益的人寿保险按照业务收入的 0.05%缴纳；短期健康保险按照保费收入的 0.8%缴纳，长期健康保险按照保费收入的 0.15%缴纳；非投资型意外伤害保险按照保费收入的 0.8%缴纳，投资型意外伤害保险，有保证收益的，按照业务收入的 0.08%缴纳，无保证收益的，按照业务收入的 0.05%缴纳。根据《中华人民共和国保险法》第 100 条的规定，保险保障基金只有在下列情形下才可以使用：(1) 在保险公司被撤销或者被宣告破产时，向投保人、被保险人或者受益人提供救济；(2) 在保险公司被撤销或者被宣告破产时，向依法接受其人寿保险合同的保险公司提供救济；(3) 国务院规定的其他情形。

2. 人身保险公司责任准备金的监管

人身保险合同中，保费的缴纳方式可以分为趸交、期交或按照双方约定缴纳等。因为死亡率会随着年龄增长逐渐增加，采用均衡保费期交或趸交的缴费方式，有助于减轻投保人的经济压力，鼓励投保人续保，减少退保事件的发生。在保单成立初期，投保人缴纳的保费高于实际保费，而在保险期限后期则恰恰相反。早期累积的保费是用于未来被保险人发生保险事故时保险金的给付。责任准备金就是寿险公司为了确保履行保险金赔偿和给付责任的能力，将这部分累积的保费提存起来形成的后备资金，其实质是寿险公司对被保险人的负债。

均衡纯保费寿险责任准备金计提方法分为过去法和未来法。(1) 过去法又称追溯法，即以评估时点之前的保费收入终值与全部已付保险金来计算准备金。(2) 未来法又称预期法，它是根据未来的保费收入现值和未来保险金给付现值来确定准备金。我国人身保险业务提取责任准备金的原则是，会计年度末保单法定责任准备金应当用未来法逐单计算，对确实不能用未来法逐单计算的条款，经中国保监会同意，可以用过去法逐单计算。

《中华人民共和国保险法》第 98 条规定："保险公司应当根据保障被保险人利益、保证偿付能力的原则，提取各项责任准备金。"对于未按照规定提取或者结转各项责任准备金的，由保险监督管理机构责令改正，处 5 万元以上 30 万元以下的罚款；情节严重的，可以限制其业务范围、责令停止接受新业务或者吊销业务许可证。

四、人身保险公司偿付能力的监管

2012 年，中国保监会为完善我国保险监管体系，改进和加强偿付能力监管，深化保险业市场化改革，转变行业增长方式，更好地保护保险消费者权益，开始建设中国风险导向的偿付能力体系；2015 年 2 月，中国第二代偿付能力监管制度体系

（简称“偿二代”，即中国风险导向的偿付能力体系）正式发布并进入实施过渡期；2016年，偿二代正式实施。

（一）偿二代实施的背景

偿一代（中国第一代偿付能力监管制度体系）施行之初，我国保险市场的产品尤其是人身保险产品以传统寿险为主，保险资金的投资范围比较小，监管对象主要是寿险公司、财险公司和再保险公司。随着社会经济的发展，金融市场日益完善，中国保险市场的风险呈现多元化和复杂化的趋势。偿一代过度保守的资产负债评估和以业务规模为基础的资本要求，无法全面反映风险，不利于指导保险企业加强风险管理能力，而偿二代的施行就是要科学准确地计量风险并提高风险敏感度，推动行业不断提升风险管理能力。偿一代和偿二代的监管特点见表10-2。

表10-2　偿一代和偿二代的监管特点

项目	偿一代	偿二代
产品类型	传统型保险产品	分红险 万能险 投连险 变额年险
保险资金运用	银行存款、政府债券	股票 公募基金 私募基金不动产投资 企业债 境外投资
监管对象	寿险公司、财险公司和再保险公司	保险资产管理公司 健康险公司 保险集团 综合金融集团 相互保险 自保组织

（二）中国风险导向的偿付能力体系①

中国风险导向的偿付能力体系（China Risk Oriented Solvency System，CROSS），又称偿二代。与偿一代侧重定量监管和规模导向的特征相比，偿二代监管框架分为三大支柱，即定量监管要求、定性监管要求和市场约束机制，其主要特征是以风险为导向、注重行业发展实际和国际可比。

① 陈文辉．中国保险偿付能力监管改革［J］．中国金融，2013（15）．

1. 第一支柱：定量监管要求

定量监管主要防范的是可量化风险，即能够用资本量化的风险，包括保险风险、市场风险和信用风险三大类。为保证保险公司具备的资本与其风险相适应，定量监管中采取一系列措施来识别和量化上述风险，具体内容包括：（1）最低资本要求，即三大类量化风险的最低资本、控制风险最低资本和附加资本。（2）实际资本评估标准，即保险公司资产和负债的评估标准。（3）资本分级，即根据资本吸收损失能力的不同，对保险公司的实际资本进行分级，明确各类资本的标准和特点。（4）动态偿付能力测试，即保险公司在基本情景和各种不利情景下，对未来一段时间内的偿付能力状况进行预测和评价。（5）监管措施，即监管机构对不满足定量资本要求的保险公司，区分不同情形，采取监管干预措施。

2. 第二支柱：定性监管要求

定性监管主要防范的是难以量化的风险，包括操作风险、战略风险、声誉风险和流动性风险。定性监管的具体内容包括：（1）风险综合评级，保险监管部门在对量化风险进行定量评价的基础上，结合第二支柱对难以量化风险进行定性评价，每季度对保险公司所有风险进行监管评估。（2）保险公司风险管理要求与评估，即监管部门对保险公司的风险管理提出具体要求，并对其进行监管评估，进而根据评估结果计量公司的控制风险最低资本。（3）监管检查和分析，即对保险公司偿付能力状况进行现场检查和非现场分析。（4）监管措施，即监管机构对不满足定性监管要求的公司，区分不同情形，采取监管干预措施。

3. 第三支柱：市场约束机制

第一支柱和第二支柱防范的是可监管的风险，而第三支柱是通过公开信息披露、提高透明度等手段，发挥市场的监督约束作用，防范依靠常规监管工具难以防范的风险。

（三）人身保险公司的偿付能力监管规则①

2015 年 2 月，中国保监会出台了偿二代全部主干技术标准，共有 17 项监管规则——《保险公司偿付能力监管规则（1—17 号）》，包括第一支柱 9 项规则，第二支柱 3 项规则，第三支柱 3 项规则，偿付能力报告和保险集团各 1 项。其中，寿险公司相关的监管规则共有 14 项。

1. 第一支柱涉及人身保险公司的监管规则

此类规则共有 7 项，具体内容包括：

（1）第 1 号规则“实际资本”规范保险公司认可资产、认可负债和实际资本的

① 中国保监会．保险公司偿付能力监管规则（1—17 号）．http：//www.circ.gov.cn/web/site0/tab5168/info3951923.htm.

评估原则，明确资本分级的标准。实际资本，是指保险公司在持续经营或破产清算状态下可以吸收损失的财务资源。实际资本等于认可资产减去认可负债后的余额。认可资产是指处置不受限制，并可用于履行对保单持有人赔付义务的资产，包括现金及流动性管理工具、投资资产、长期股权投资、再保险资产、应收及预付款项、固定资产、独立账户资产（投资连结保险等各投资账户中的投资资产）和其他认可资产。认可负债是指保险公司无论在持续经营状态下还是破产清算状态下均需要偿还的债务，以及超过监管限额的资本工具，包括保险合同负债、金融负债、应付及预收款项、预计负债、独立账户负债、资本性负债和其他认可负债。根据资本吸收损失的性质和能力，保险公司资本分为核心资本和附属资本。核心资本是指在持续经营状态下和破产清算状态下均可以吸收损失的资本。核心资本分为核心一级资本和核心二级资本。附属资本是指在破产清算状态下可以吸收损失的资本。附属资本分为附属一级资本和附属二级资本。保险公司各级资本应当符合以下限额标准：1）附属资本不得超过核心资本的100%；2）核心二级资本不得超过核心资本的30%；3）附属二级资本不得超过核心资本的25%。

（2）第2号规则“最低资本”规范保险公司最低资本的构成、计量原则和计量方法。保险公司最低资本由三部分组成：量化风险最低资本、控制风险最低资本和附加资本。量化风险最低资本，即保险风险、市场风险、信用风险对应的最低资本；控制风险最低资本，即控制风险对应的最低资本；附加资本，包括逆周期附加资本、国内系统重要性保险机构的附加资本、全球系统重要性保险机构的附加资本以及其他附加资本。

（3）第3号规则“寿险合同负债评估”规范人身保险公司和再保险公司基于偿付能力监管目的的寿险合同准备金的评估标准。这里的寿险合同指的是长期寿险合同（含年金保险）、长期健康险合同和长期意外险合同。寿险合同负债可以分为两部分，即未到期责任准备金和未决赔款准备金。

（4）第5号规则“保险风险最低资本（寿险业务）”规范保险公司寿险业务保险风险最低资本的计量。保险风险，是指由于损失发生、费用及退保相关假设的实际经验与预期发生不利偏离，导致保险公司遭受非预期损失的风险。此种计量主要采用情景法的方式，分为基础情景下的计量和不利情景下的计量。

除此之外，涉及人身保险公司的监管规则还有：第7号规则“市场风险最低资本”规范保险公司市场风险最低资本的计量；第8号规则“信用风险最低资本”规范保险公司信用风险最低资本的计量；第9号规则“压力测试”建立了保险公司偿付能力压力测试制度，明确了压力测试的方法和要求。

2. 第二支柱定性监管要求涉及人身保险公司的监管规则

此类规则共3项，具体内容包括：

（1）第10号规则“风险综合评级（分类监管）”通过结合定量监管与定性监管，对保险公司总体的偿付能力风险进行全面评价。中国保监会按照偿付能力风险大小将保险公司分为四个监管类别：A 类公司，偿付能力充足率达标，且操作风险、战略风险、声誉风险和流动性风险小的公司；B 类公司，偿付能力充足率达标，且操作风险、战略风险、声誉风险和流动性风险较小的公司；C 类公司，偿付能力充足率不达标，或者偿付能力充足率虽然达标，但操作风险、战略风险、声誉风险和流动性风险中某一类或几类较大的公司；D 类公司，偿付能力充足率不达标，或者偿付能力充足率虽然达标，但操作风险、战略风险、声誉风险和流动性风险中某一类或几类严重的公司。

分类监管评价采用加权平均法。其中，量化风险评分所占权重为 50%，难以量化风险评分所占权重为 50%（见表 10－3）。

表 10－3 风险综合评级的计算方法

评分方法	根据充足率水平、变化特征等评分，再使用加权平均法综合评级	
风险综合评级	量化风险×50%	核心偿付能力充足率
		综合偿付能力充足率
	难以量化风险×50%	操作风险×50%
		流动性风险×25%
		战略风险×15%
		声誉风险×10%

（2）第 11 号规则“偿付能力风险管理要求与评估”规定保险公司偿付能力风险管理能力的监管评估制度，将资本要求与风险管理能力挂钩，即人身保险公司的风险管理能力越强，资本要求越低。

保险公司偿付能力风险由固有风险和控制风险组成。固有风险是指在现有正常的保险行业物质技术条件和生产组织方式下，保险公司在经营和管理活动中必然存在的客观的偿付能力相关风险，由量化风险和难以量化风险组成；控制风险是指因保险公司内部管理和控制不完善或无效，导致固有风险未被及时识别和控制的偿付能力相关风险。

中国银保监会根据保险公司的发展阶段、业务规模、风险特征等，将保险公司分为Ⅰ类保险公司和Ⅱ类保险公司，分别提出偿付能力风险管理要求。对Ⅰ类保险公司的要求是：1）公司成立超过 5 年；2）人身保险公司最近会计年度签单保费[①]超过 200 亿元或总资产超过 300 亿元；3）省级分支机构数量超过 15 家。外国保险公司分公司及不满足上述条件的保险公司为Ⅱ类保险公司。

另外，第 12 号规则“流动性风险”建立了财产保险公司和人身保险公司统一的流动性风险监管要求、流动性风险监管指标和现金流压力测试制度，构建了完整的流动性风险防范网。

① 签单保费是指保险公司按照保险合同的约定向投保人收取的保费。

3. 第三支柱市场约束机制涉及人身保险公司的监管规则

此类规则共 3 项，具体内容包括：第 13 号规则“偿付能力信息公开披露”建立了偿付能力信息公开披露制度，要求保险公司每季度披露有关偿付能力信息，提升偿付能力信息的透明度，增强市场约束力；第 14 号规则“偿付能力信息交流”建立健全了监管部门与保险消费者、投资者、信用评级机构、媒体等市场相关方之间的交流机制，以充分发挥市场相关方对保险公司的监督约束作用；第 15 号规则“保险公司信用评级”规范了保险公司的信用评级制度，以更好地发挥评级机构在风险防范中的作用。

在涉及人身保险偿付能力监管的规则中，除与三大支柱相关的 15 项，还有第 16 号规则“偿付能力报告”，即报告体系从以年报为核心改为以季报为核心，以便中国银保监会能够及时发现行业风险，并作出预警和处理。

关键词

保险深度　保险密度　保险监管　市场准备监管　财务监管
偿付能力　最低偿付能力　实际偿付能力　偿二代

复习思考题

1. 请简要说明目前保险市场的概况。
2. 保险监管的内容主要有哪些？
3. 简述规范保险市场的准入和退出机制对保险行业发展的意义。
4. 保险合同采用均衡保费的缴付方式有哪些优点？
5. 简述偿二代的监管体系，并说明偿一代与偿二代的区别与联系。

参考文献

1. 戴稳胜. 保险学［M］. 北京：中国人民大学出版社，2011.
2. 吴定富. 保险原理与实务［M］. 北京：中国财政经济出版社，2010.
3. 张洪涛，郑功成. 保险学［M］. 3版. 北京：中国人民大学出版社，2008.
4. 北京当代金融培训有限公司. 个人风险管理与保险规划［M］. 北京：中信出版社，2014.
5. 刘冬姣. 人身保险［M］. 2版. 北京：中国金融出版社，2010.
6. 陈文辉. 中国保险偿付能力监管改革［J］. 中国金融，2013（15）.